# SIGNOS DE VIDA NUEVA EN AMÉRICA CENTRAL Y EL CARIBE

## Revitalización cristiana en medio de cambios sociales

Karla Ann Koll
Editora

*First Fruits Press*
*Wilmore, Kentucky*
*©2019*

ISBN: 9781621719809 (electronic)

*Signos de vida nueva en América Central y el Caribe : revitalización cristiana en medio de cambios sociales*
Translation of: Signs of new life in Central America and the Caribbean:
Christian revitalization amid social change.
Edited by Karla Ann Koll.
First Fruits Press, ©2019
Digital version at http://place.asburyseminary.edu/firstfruitsspanish/2

For all other uses, contact:
First Fruits Press
B.L. Fisher Library
Asbury Theological Seminary
204 N. Lexington Ave.
Wilmore, KY 40390
http://place.asburyseminary.edu/firstfruits

**Signos de vida nueva en América Central y el Caribe : revitalización cristiana en medio de cambios sociales** [electronic resource] / **Karla Ann Koll, editora.**
    Wilmore, KY : First Fruits Press, ©2019.
    1 online resource (307 p. : port.) : digital.
    Translation of: Signs of new life in Central America and the Caribbean : Christian revitalization amid social change.
    ISBN: 9781621718819 (pbk)
        9781621719809 (uPDF)

    OCLC: 1084735254

    1. Church renewal—Central America. 2. Church renewal-Caribbean Area. 3. Church growth-Central America. 4. Church growth-Caribbean Area. 5. Central America-Church history. 6. Caribbean Area-Church history. I. Koll, Karla Ann, editor. II. Signs of new life in Central America and the Caribbean : Christian revitalization amid social change.
BV600.A1 S5318 2019eb

Cover design by Jon Ramsay

asburyseminary.edu
800.2ASBURY
204 North Lexington Avenue
Wilmore, Kentucky 40390

*First Fruits*
THE ACADEMIC OPEN PRESS OF ASBURY SEMINARY

First Fruits Press
*The Academic Open Press of Asbury Theological Seminary*
204 N. Lexington Ave., Wilmore, KY 40390
859-858-2236
first.fruits@asburyseminary.edu
asbury.to/firstfruits

# CONTENIDOS

# AUTORAS Y AUTORES

Carlos Aguirre Salinas. Profesor e investigador de la Universidad Martín Lutero, Managua, Nicaragua; investigador del Centro de Análisis Sociocultural (CASC) de Universidad Centroamericana (UCA); miembro de la Red Latinoamericana de Estudios Pentecostales (RELEP).

Herbert Mauricio Álvarez López. Católico laico, docente de Teología en la Universidad Rafael Landívar de Guatemala, docente en CEDEPCA (Centro Evangélico de Estudios Pastorales en Centro América), miembro del Núcleo AMERINDIA-Guatemala. Master en Ciencias de la Caridad (Teología Social) de la Universidad Albert Ludwigs, Freiburgo, Alemania; Master en Docencia Universitaria y Licenciado en Teología de la Universidad Rafael Landívar, Guatemala.

Priscila Barredo Pantí. Directora de comunicaciones de la Universidad Bíblica Latinoamericana (UBL) y coordinadora de comunicación del Movimiento Juntos con la Niñez y la Juventud. Master en Biblia del Seminario ESEPA (Escuela de Estudios Pastorales) y Maestrando en Estudios Lainoamericanos en la Universidad Nacional de Costa Rica.

Robert Brenneman. Profesor Asociado de Sociología, Universidad de San Miguel, Colchester, Vermont, EEUU. Ph.D. de la Universidad de Notre Dame.

H. Fernando Bullon. Profesor emérito de SENDAS (Seminario Nazareno de las Américas) y profesor adjunto de la UNELA (Universidad Evangélica de las Américas) San José, Costa Rica. Especialista en religión y desarrollo.

Ph.D. de la Facultad de Estudios Económicos y Sociales de la Universidad de Manchester, Inglaterra.

Ondina Cortés, rmi. Profesora asistente de Teología Práctica, Universidad de Santo Tomás, Miami, Florida, EEUU. Ph.D. de la Universidad de Santo Tomás.

Jordan Dobrowski. Asistente para la investigación, Programa Latinoamericano de Estudios Soc;orreligiosos, (PROLADES), San José, Costa Rica. B.A. en antropología de la Universidad de Augustana, Sioux Falls, Dakota del Sur, EEUU.

Laura María Fernández Gómez. Líder laica, Diócesis de Santa Clara, Cuba.

Bryan T. Froehle. Profesor de Teología Práctica, Universidad de Santo Tomás, Miami, Florida, EEUU. Director de investigación y facilitador principal de la consulta en Costa Rica, de la cual salió este libro, además de varias de las consultas financiadas por las dos donaciones de la Fundación Luce para el Centro para el Estudio de Movimientos de Revitalización en el Cristianismo Mundial del Seminario Teológico de Asbury. Ph.D. en sociología de la Universidad de Michigan, EEUU.

Wanjiru M. Gitau. Investigadora visitante, Seminario Teológico de Asbury, Wilmore, Kentucky, EEUU. Graduada de la Universidad de Nairobi. Doctorado en misiones transculturales de la Universidad Internacional de África, Centro para el Cristianismo Mundial, Nairobi, Kenia.

Clifton L. Holland. Director, Programa Latinoamericano de Estudios Socjorreligiosos (PROLADES), San José, Costa Rica. M.A. del Seminario Teológico de Fuller, Pasadena, California, EEUU. Estudios doctorales en antropología cultural, misionología y historia de la iglesia.

Karla Ann Koll. Profesora de Historia, Misión y Religiones de la Universidad Bíblica Latinoamericana, San José, Costa Rica. Ph.D. en Misión, Estudios Ecuménicos e Historia de las religiones, Seminario Teológico de Princeton, Nuevo Jersey, EEUU.

Nestor Medina. Investigador visitante, Centro para la Investigación en Religión de Emmanuel College, Universidad de Toronto, Canadá. Especialista en teología y cultura. Ph.D. de Escuela de Teología de Toronto, Universidad de Toronto, Canadá.

America Gabriela Ochoa. Maestra de español, Universidad de San Miguel, Colchester, Vermont, EEUU. M.A. en historia y literatura latinoamericana, Universidad Rafael Landívar, Guatemala, Guatemala.

Stephen Offutt. Profesor asociado de estudios del desarrollo, Seminario Teológico de Asbury, Wilmore, Kentucky, EEUU. Ph.D. en sociología de la Universidad de Boston, Massachusetts, EEUU.

Pablo Richard. Teólogo chileno. Exdirector del Departamento Ecuménico de Investigaciones (DEI), San José, Costa Rica. Doctorado en sociología de la religión de la Sorbona, París, Francia.

Hilda Romero. Directora, Asociación A-Brazo, San Salvador, El Salvador.

Adrián Tovar Simoncic. Antropólogo y sociólogo mexicano con especialidad en temas de diversificación religiosa en América Latina, Pentecostalismo, y Teología Indígena. M.A. en estudios culturales de la Universidad de Bayreuth, Alemania.

# INTRODUCCÍON

La conversación mundial sobre religión y
revitalización en el contexto
latinoamericano y caribeño

Bryan T. Froehle

Este libro introduce la conversación mundial sobre religión y revitalización desde la perspectiva de América Latina y el Caribe. La conversación se construye a partir de casos y contextos específicos desde distintas tradiciones confesionales e históricas. Como tal, se relaciona con el trabajo continuo de renovación, dentro del cristianismo y dentro de la vida social, además del vínculo inextricable entre ambos. En el fondo, esta es una conversación comparativa que abarca las diferencias y la pluralidad de expresiones del cristianismo en el mundo, reconociendo así que las diferencias en los contextos religiosos y espirituales en cada lugar permiten profundizar en la comprensión y en las posibilidades de la transformación social.

Este capítulo introductorio revisa acercamientos a la religión y la revitalización y propone caminos hacia un compromiso más integrado. Presenta a las personas participantes y sus aportes contextualizados, situándolos, al mismo tiempo, dentro de otras siete conversaciones en otras partes del mundo que han explorado el movimiento de revitalización dentro del cristianismo hoy en día. La sección final ofrece algunas reflexiones sobre el papel de las personas que estudian los fenómenos religiosos como intelectuales públicos que contribuyen a procesos de transformación social.

## Acercamientos

Este libro es el producto final de un proyecto diseñado para promover la conversación sobre renovación religiosa en el contexto cristiano mundial. Representa la culminación de una serie de siete consultas celebradas alrededor del mundo en diferentes años.[1] Durante este tiempo, se probaron varios modelos teóricos, a veces en forma intencional y otras veces casi por accidente. El proyecto se inició cuando el Centro para el Estudio

---

1 El Centro para el Estudio de Movimientos de Revitalización en el Cristianismo Mundial del Seminario Teológico de Asbury (CSWCRM por sus siglas en inglés), Wilmore, Kentucky, agradece el apoyo generoso de la Fundación Luce para estas siete consultas celebradas entre 2009 y 2016. La Fundación Luce proveyó dos donaciones, una inicial que cubrió las primeras tres consultas y una segunda de seguimiento que apoyó las cuatro consultas finales. Se celebraron las consultas en Wilmore, Kentucky, EEUU; Edimburgo, Reino Unido; Toronto, Canadá; Nairobi, Kenia; Dehradun, India; Manila, Filipinas; y San José, Costa Rica.

de Movimientos de Revitalización en el Cristianismo Mundial del Seminario Teológico de Asbury cambió de un marco teórico previo basado en una narrativa particular con un enfoque histórico, hacia un marco más misionológico basado en comprensiones teóricas de renovación y revitalización.[2] El proyecto concluye con este libro que representa el desarrollo de una comprensión desde el estudio teológico empírico profundo a partir de la especificidad de casos particulares. Presenta lo mejor de un acercamiento a la misionología que refleja el trabajo ecuménico y hasta interreligioso dentro de la disciplina emergente del Cristianismo Mundial. Revela un acercamiento contemporáneo dentro de la teología práctica que es intencionalmente intradisciplinario, adoptando un enfoque crítico realista para vincular varias disciplinas, como la sociología, la historia y la teología, de tal forma que respete los fundamentos epistemológicos de cada una y apoya el desarrollo de todas.[3]

## Enmarcando la espiritualidad, la teología, la religión y la religiosidad

Reducir la espiritualidad o la religión a una sola esfera de la vida es un paso puramente heurístico y artificial. Aquellos marcos cerrados, que cosifican y que son demasiado especializados, en lugar de realzarla, inhiben la comprensión del proceso humano de producir sentido que está en el corazón del espíritu humano y de la conciencia humana. En este sentido, la espiritualidad es compartida por todas las personas precisamente porque la mente humana a nivel neurológico proporciona la experiencia de la conciencia y la creación de sentido. Los marcos teológicos surgen dentro de esta realidad y se vinculan con las expresiones vitales de fe y las tradiciones que enriquecen esta producción de sentido. Al igual que la traducción del griego del término "teología" puede ser "hablar de Dios", la etimología latina del término "religión" ofrece el significado de "volver a vincular". La religión se puede entender en términos más estructurales, que incluye

---

2     Esta es la historia del Centro mismo, que se inició como Centro de Estudios de la Santidad Wesleyana. En 2006, el Centro cambió a su nombre que enfatiza la revitalización en el cristianismo mundial y también cambió el nombre de su boletín, publicado desde el año 1992, a Revitalization.

3     Sobre la intradisciplinaridad, véase Johannes van der Ven (1998). Para saber más sobre el realismo crítico, véase Margaret Archer, et. al. (1998).

las manifestaciones externas o comportamientos, acciones que siguen códigos morales o rituales, o ambos, además de las estructuras organizadas de poder y otros aspectos relacionados con las religiones. La religiosidad reside en las dimensiones sociales o psicológicas a niveles personales de compromiso e identidad. Por cierto, todos estos conceptos se pueden estudiar a través de una variedad de disciplinas intelectuales. Este trabajo, las investigaciones y consultas en las cuales se basa, y la visión del centro que lo ha organizado, intencionalmente propusieron estos marcos para el diálogo con el fin de avanzar en la comprensión mutua tanto dentro de las disciplinas como también a través de las tradiciones religiosas, espirituales y teológicas.

Marcos y disciplinas

Los marcos se pueden construir en forma reducida o en forma amplia. No es necesario identificar un marco con una disciplina intelectual en particular. Así como un marco es un campo espacial y visual, las disciplinas se ofrecen como hábitos, es decir, como formas acostumbradas de estudio. Estas formas habituales producen nuevas comprensiones aun cuando necesariamente contienen deficiencias e imponen limitaciones.

La revitalización dentro del cristianismo mundial se puede estudiar dentro de la misionología, la disciplina teológica que se enfoca en el missio Dei tanto en "el envío" del evangelio cristiano alrededor del mundo, así como Dios enviándose a sí mismo a toda la creación, incluyendo a la humanidad. Este modelo es útil pero también deficiente como enfoque disciplinario, dado que algunos aspectos se captan mejor desde una disciplina sociológica o histórica. Este libro, y la conversación más amplia de la cual forma parte, sugieren el gran valor del uso de formas múltiples de críticas mutuas para corregir los marcos como parte central de la conversación.

Las disciplinas también están limitadas por el gran volumen de literatura producida dentro de ellas, lo que sugiere la necesidad de hacer una reforma de vez en cuando dentro del paradigma que le dé un vuelco a la disciplina misma. Esto lo vemos en cómo la disciplina de la misionología recientemente está dando paso a la disciplina emergente que se llama "cristianismo mundial". Por cierto, hay limitaciones en el dualismo implícito en mucha de la literatura misionológica que enfatizan los lugares donde el cristianismo, o formas específicas del cristianismo, han llegado a la escena más recientemente. Una parte de esta literatura se enfoca más bien en la evangelización y otra parte enfatiza la autorevelación de Dios y su gracia que atraviesa el tiempo y el espacio, pero casi siempre los textos se refieren a áreas consideradas fuera del "centro del cristianismo" y ubicadas en una "periferia". De allí puede surgir un dualismo reduccionista que aísla la reflexión del cristianismo en aquellas regiones que por mucho tiempo se han constituido como su núcleo, dando a entender que en estos contextos se tienen los criterios con los cuales se deben comparar o juzgar las expresiones del cristianismo en otras partes del mundo.

La sociología ofrece otra forma para corregir el estudio de estos marcos. Aquí también, como en todos los acercamientos disciplinarios, hay limitaciones. Dichas limitaciones también tienen sus orígenes, en parte, dentro de la literatura acumulada del campo disciplinario. Este legado académico puede ser instructivo, pero también genera distorsiones cuando no entra en diálogo con otras disciplinas. La comprensión intelectual, en este sentido, es siempre relativa. Por eso, la teología, los estudios de la religión y otras disciplinas tienen un papel de crítica mutua que deben ejercer. Tomemos, por ejemplo, la sociología. La teoría sociológica clásica refleja sus orígenes europeos en el siglo diecinueve con sus énfasis en la secularización y en la disminución de poder de las instituciones religiosas. De igual manera, la teoría de la elección racional expresa sus orígenes en los Estados Unidos a final del siglo veinte con su énfasis en la toma de decisiones individuales y específicamente en la vida asociativa religiosa. La secularización toma cierta experiencia europea como normativa y la teoría de la elección racional hace lo mismo con la experiencia en los Estados Unidos. En ambos casos, no queda para nada claro el porqué estas experiencias particulares deben ser privilegiadas en el mundo y tomadas como normativas para otros lugares y tiempos históricos. La multiplicidad de paradigmas emergentes hoy cuestiona la preeminencia de aquellas teorías.

Revitalización y la conversación en el cristianismo mundial

Las diferentes cosmovisiones, que definitivamente incluyen distintas comprensiones religiosas y teológicas, apoyan diversos acercamientos intelectuales. Una cosmovisión nutrida en el contexto de varias tradiciones teológicas cristianas enfatizaría una visión de florecimiento humano que anticipa una renovación continua orientada hacia el futuro, por un lado, vinculándola con una normatividad orientada hacia el pasado que afirma una serie de principios y nociones, que "se dan por sentados" o que "deberían ser," fundamentados en una revelación particular o lugar o tiempo histórico.

## Renovación más allá de la teoría de la revitalización

La revitalización no se debe aplicar exclusivamente en un contexto de avivamiento que mira hacia el pasado ni tampoco como una teorización antropológica funcionalista. Sin embargo, hay algo fundamentalmente religioso y espiritual sobre el acto de la restauración. Como se mencionó antes, la palabra "religión" se refiere a un proceso de vincularse de nuevo. Pone atención en la renovación o el regreso que parece constituir parte de la experiencia religiosa e incluso de la conciencia misma. Por tanto, la espiritualidad se construye desde un sentido de conexión que transciende un lugar o momento, al mismo tiempo que forja conexiones con distintos lugares y tiempos. Esto se encuentra expresado en muchas tradiciones religiosas en el mundo, desde las tradiciones abrahámicas a las dhármicas, incluyendo las expresiones religiosas humanas más antiguas y tradicionales, sean éstas africanas o de los pueblos originarios. Esto se ve claramente en el cristianismo de habla española en América Central y el Caribe, desde donde vienen los casos presentados en este libro.

## Cristianismo mundial más allá de los confines

Ciertos conceptos se relacionan con las áreas culturales y lingüísticas donde se originaron. La negritud se originó en lugares del mundo de habla francesa; la conversación sobre el poscolonialismo se desarrolló y se profundizó en áreas donde se habla inglés, al inicio especialmente al sur de Asia. En el mundo angloparlante, incluyendo las regiones del mundo donde el inglés es la lingua franca como en Asia y mucho del continente africano, se discute y se estudia más el cristianismo mundial que se entiende como un fenómeno sobre todo de grupos evangélicos y protestantes. Se ha extendido el estudio a los lugares francófonos y lusófonos de África además de las áreas de América Latina donde se habla español y portugués, pero siempre con un enfoque en las formas independientes o evangelicales del cristianismo. Esto ha pasado a pesar del hecho de que el catolicismo, las iglesias ortodoxas y el anglicanismo expresan una diversidad considerable dentro de sí y en muchos lugares tienen más adeptos y comunidades de fe, dependiendo de las definiciones que se usan además del contexto. Por cierto, es necesario involucrar a las diversas expresiones del cristianismo donde sea que se encuentran y de las tradiciones que sean para expandir la conversación sobre el cristianismo mundial. Esto incluye ir más allá que los estudios escritos en inglés y los casos de grupos pentecostales y evangélicos.

En otras palabras, un enfoque en el cristianismo mundial debe abrirse a un acercamiento comparativo, que sea de verdad ecuménico o interconfesional. También debe ser un acercamiento interreligioso, dado que no se puede entender el cristianismo mundial afuera del contexto de las otras tradiciones religiosas que son reflejadas en muchas expresiones del cristianismo y comprensiones religiosas alrededor del mundo. Es posible que no se perciban estas formas excepto cuando se logra comparar el cristianismo en una parte del mundo con sus expresiones particulares en otras regiones. El cristianismo mismo, la religión más extendida en el mundo, también se presta para los estudios comparativos con otras maneras de producir sentido espiritual precisamente porque ofrece un punto común para la comparación.

## Avances sugeridos por este libro

Este libro sigue a una serie de consultas celebradas alrededor del mundo sobre el tema de la revitalización en el cristianismo mundial. Ofrece tanto la última palaba de dichas consultas como el punto de partida de conversaciones futuras.

Nuevas comparaciones. Este libro se enfoca en América Central y el Caribe donde se habla español, con casos tomados de Guatemala, El Salvador, Nicaragua, Costa Rica y Cuba. Otros casos adicionales están incluidos en la parte inicial de la visión global, con referencia a casos presentados en las consultas previas en África Oriental, el norte de la India y Nepal, y las Filipinas. Se han hecho las comparaciones entre mega-iglesias y micro-iglesias, entre católicos y evangélicos, entre iglesias de los pobres e iglesias de las clases profesionales, además entre contextos con diversas formas de poder gubernamental y político.

Nuevas conversaciones

Estas consultas orientadas a nivel mundial iniciaron en Wilmore, Kentucky en EEUU en 2009, Edinburgh en 2010, y Toronto en 2011. La segunda serie de consultas se hicieron bajo un segundo proyecto, esta vez con un enfoque en regiones específicos del mundo, primeramente en Nairobi en 2013, Dehradun, la India en 2014, las Filipinas en 2015, y Costa Rica en 2016. Cada consulta buscó crear nuevas conversaciones entre varias tradiciones confesionales, como entre evangélicos y católicos, así como también entre personas de la academia y personas en la práctica, y entre seminarios y líderes de iglesias.

La consulta final en Costa Rica en 2016 se construyó sobre dicho legado de los diálogos teológicos entre perspectivas y tradiciones diversas. Cada momento en sí mismo fue una conversación, desde el diálogo de apertura entre una académica africana y una académica ubicada en América Central quien estudia misión y el cristianismo mundial, hasta las presentaciones de los estudios de casos en las sesiones prolongadas. Las conversaciones fueron fortalecidas por remembranzas profundas del crecimiento de las iglesias evangélicas en Costa Rica y la vitalidad continua de liberación en las iglesias de los pobres en la región. La mesa redonda final ofreció nuevas síntesis sobre los aprendizajes en cuanto a la revitalización, los cambios culturales y la transformación. La conversación final estuvo a cargo de un académico pentecostal de origen guatemalteco, quien señaló nuevos desafíos y posibilidades sugeridos tanto por esta consulta como por las seis anteriores.

## Incorporar la teología de nuevo

Este libro demuestra como la teología puede ser una contraparte igual y esencial en estudios de profundización sobre la comprensión del cambio religioso en América Latina. Involucrar a la teología y a teólogos y teólogas permite más que solamente ayudar a entender las distintas tradiciones religiosas y creencias, vidas y formas de adoración de sus miembros. La teología es un colaborador crítico en el método mismo de la comprensión. El método y las metodologías de la teología traen cierto rigor a los acercamientos existentes.

### Acercamientos de la teología práctica y empírica

La teología práctica y la teología empírica son disciplinas teológicas que enfatizan el diálogo con las ciencias sociales de igual manera en que la teología bíblica enfatiza un diálogo con los estudios lingüísticos y culturales o la teología dogmática hace referencia a los estudios históricos. Las personas que hacen teología práctica muchas veces usan el "método del círculo" descrito más adelante en este libro, lo cual tiene dentro de sí espacio para incluir las comprensiones de las ciencias sociales además de las comprensiones que vienen de las enseñanzas religiosas y las escrituras. Su metodología crítica realista le permite crear espacios para conversaciones entre fuentes de comprensión que no se oponen entre sí pero que son sencillamente distintas. El método del círculo facilita tanto la capacidad de enfocar como de compartir a través de cuatro movimientos, descritos aquí en parejas de términos, cada uno con sus propios aspectos críticos: identificar e involucrarse, evaluar y analizar, correlacionar y confrontar, y por fin, empoderar e incrementar.

### Interdisciplinaridad e intradisciplinaridad

Tal acercamiento significa que todas las disciplinas del pensamiento funcionan en conjunto. Así, la teología se constituye en colaboración interdisciplinaria con otras disciplinas como historia, sociología y ciencia política. Al mismo tiempo, la teología debe abrirse a la intradisciplinaridad, lo cual significa que las personas que trabajan en la teología necesitan incluir cuestiones sobre narrativas históricas, análisis social y relaciones de poder dentro de su propio trabajo teológico. Esto lo ilustra este libro en el análisis de poder de Offutt y Romero, el análisis histórico de Cortés y Fernández Gómez, y el acercamiento sociológico de Ochoa y Brenneman. Todos los textos, incluyendo el estudio del caso basado en una investigación de encuestas de Holland y Dobrowski, son tanto teológicos como sociológicos. El trabajo histórico, combinado con entrevistas a profundidad, de Aguirre Salinas y Tovar Simoncic de igual manera avanza en la comprensión teológica mientras contextualiza el desarrollo y crecimiento de una iglesia emergente. El uso que hace Pablo Richard del poder, la historia y la teoría social apoya su argumento teológico. La perspectiva mundial de Wanjiru M. Gitau, junto con la perspectiva regional contextualizada de Karla Ann Koll, aporta tanto a la misionología y al estudio del cristianismo mundial como a un análisis histórico comparativo.

## Metodología

En el análisis final, estos métodos trabajan en conjunto y hacen aportes importantes a áreas diversas del campo académico precisamente porque abordan cuestiones metodológicas profundas. En lugar de sencillamente tratar las cuestiones del método a nivel técnico, iluminan las comprensiones filosóficas de método, es decir, la metodología. Este libro, sus autoras y autores, y las conversaciones nutridas por sus aportes, subrayan el papel crítico que juega una comprensión profunda del método. En lugar de un empirismo sencillo, estos estudios toman muy en serio lo empírico sin negar las preguntas subyacentes de conocimiento y entendimiento.

### Integración fenomenológica

La metodología ofrece un medio para abarcar una gama amplia de métodos y disciplinas cuando hace un giro fenomenológico. Es decir, al aceptar los fenómenos como observados y entendidos por los participantes y otras personas, permite entrar en el mundo del pensamiento de otras personas. De esta manera, es posible unir todo en la medida que forma parte de la vida y de la experiencia colectiva.

## Realismo crítico

Los métodos basados en un empirismo que acepta la realidad como dada pueden ignorar preguntas mucho más profundas sobre el conocimiento y la percepción. Tales preguntas no pueden negar la realidad presentado por el sentido común, pero no la aceptan como la única realidad. El realismo crítico no niega ni las experiencias comunes descritas por los sentidos ni las comprensiones que se derivan de la experiencia y la observación. Además, el realismo crítico no niega que nuestros sentidos y comprensiones comunes tengan limitaciones. Reconoce que el empirismo también es una construcción que se vuelve aún más débil cuando niega las realidades comúnmente conocidas o experimentadas sencillamente porque no se las puedan medir. La realidad es mucho más compleja, a pesar de las afirmaciones simplistas de las ideologías empiristas. Así, un acercamiento crítico realista busca la verdad más que afirmar que tiene el conocimiento de toda la verdad.

### Intelectuales públicos y cuestiones públicas

El propósito del trabajo metodológico y teológico serio es avanzar la comprensión de tal forma que sirva más allá de las instituciones religiosas o los debates dentro de las disciplinas académicas. El objetivo de este libro, y las consultas y el proyecto que lo han generado, es unir las voces de las personas académicas y las personas en la práctica al servicio de las necesidades y los asuntos públicos. El propósito es la transformación social continua a través de la actividad consciente y más reflexiva. El intelectual público reconoce la existencia de otros públicos, algunos con enfoque académico y otros enfocados en la espiritualidad.

El intelectual público se abre a la sorpresa, dado que los aportes se hacen en el diálogo abierto del foro público. De hecho, tales sorpresas surgieron al considerar estos casos y aportes en las consultas. Cuando las personas que están en la práctica y las académicas trabajaron juntas por varios días utilizando un método de la teología práctica, se generaron nuevas comprensiones. Hablar como intelectuales públicos informados por una variedad de disciplinas académicas, la teología, las ciencias sociales y la comunicación social, ofrecieron nuevas síntesis apuntadas hacia el futuro. En la conclusión de la consulta, Álvarez López, Koll, Bullon, y Barredo Pantí hicieron intervenciones que sugirieron una convergencia no anticipada de comprensión nueva. Esto lo enfatizó aún más Néstor Medina en su presentación final integrativa que se basó en la observación continua del método empleado dentro del contexto de la consulta.

## Compromiso académico

La voz del intelectual público requiere un compromiso académico. No es necesario decir que el trabajo académico es el sine qua non de la persona intelectual, sea que trabaje en una universidad o en forma independiente, sea que tenga un título en el campo de su especialización o que sea autodidacta a través de la investigación. El público principal del intelectual público pueda ser la sociedad en general o líderes del pensamiento y lectores de un tipo u otro, pero una persona intelectual siempre tiene alguna interacción con la academia. Existen muchas maneras para hacer esto, y este libro ilustra varias formas en que personas en la práctica, personas que investigan en forma activa y pensadores más dados a la contemplación pueden unirse en beneficio mutuo de una comprensión que emerge. Así estas personas, como intelectuales públicas, sirven tanto a la academia como a la sociedad en general.

## Compromiso espiritual

La voz del intelectual público también requiere un compromiso espiritual de algún nivel. Sin importar si una persona pertenece a una religión específica o no, si es practicante o no, la identidad del intelectual público tiene una dimensión espiritual en la medida que sirve a una realidad más allá del individuo. Para las personas que pertenecen a distintas tradiciones religiosas, como en este libro, el resultado de su voz de intelectual público implica aportes religiosas distintivos. Esto incluye los aportes dados dentro de la organización o tradición religiosa con la cual la persona se identifica. También incluye el compromiso espiritual y los aportes a la vida espiritual o a la comprensión en un sentido que podría ser reconocido o compartido por todas las personas humanas si se presenta en términos suficientemente abiertos. A fin y acabo, el intelectual público y la teóloga y el teólogo, igual que la persona que lee este libro, tienen un papel que jugar en la contribución al progreso humano, con los recursos que salen de un trasfondo espiritual y que se desarrollan en una pluralidad de expresiones.

Obras citadas:

Archer, Margaret, Roy Bhaskar, Andrew Collier, Tony Lawson, and Alan Norrie, eds.
    1998.    Critical Realism: Essential Readings. London: Routledge.

van der Ven, Johannes.
    1988.    Practical Theology: An Empirical Approach. Leuven: Peeters.

# CAPÍTULO 1:
# "EN TODO EL MUNDO, ESTE EVANGELIO ESTÁ CRECIENDO."

Para entender el cristianismo revitalizado
en Asia, África, y América Latina

I. Una visión mundial

Wanjiru M. Gitau

II. Acercándonos al cristianismo en América
Latina y el Caribe

Karla Ann Koll

## I. Una visión mundial

### Wanjiru M. Gitau

Los mercados vibrantes en las calles de San José, Costa Rica, me hicieron recordar el tiempo que viví en un edificio de cinco pisos hace unos años atrás. Desde el techo del edificio podía ver el mercado al aire libre que se expandía abajo incontrolablemente. Desde arriba, miraba el mercado abarrotado, demasiado lleno de personas y productos. Pero al caminar por los puestos del mercado para hacer mis compras la experiencia fue muy distinta. En aquel soko en Kenia, podía encontrar casi cualquier cosa: ropa, alimentos, utensilios, libros, repuestos para carros, hasta una bolsa Gucci (de imitación). Se hallaba de todo por un precio accesible. Si un vendedor no tenía a mano el producto deseado, no había problema—él desaparecería por algunos minutos y lo traía.

El escenario cristiano en nuestro mundo en los últimos cien años es un poco parecido a este lugar loco y colorido. Muchas investigaciones han señalado la transformación del cristianismo en todo el mundo, haciéndola la religión más ampliamente difundida a nivel global, así como la más diversa. Hace un siglo, sesenta y ocho por ciento de la gente cristiana en el mundo vivía en Europa. En cambio, hoy en día, el setenta y cinco por ciento se encuentra fuera de Europa (Jacobsen 2015, 106). ¡Qué cambio más radical!

Esta vista panorámica no es nueva ya que existe abundante literatura que señalan los factores del desplazamiento del cristianismo del norte hacia el sur. Estos factores incluyen el trabajo misionero descrito por investigadores como Brian Stanley (1990) y David Bosch (2000), la traducción de la Biblia (Sanneh 1989), el surgimiento de iglesias indígenas (Kalu 2008, Anderson 2010), la inculturación (Cleary 2007, Bevans 2011, Schreiter 1985), y el hecho de que las personas cristianas en varias partes del mundo se han unido a las luchas contra la injusticia y en ese proceso han producido teologías contextuales.

Alrededor del mundo, la actividad cristiana forma parte de la vida cotidiana. Se pueden encontrar iglesias cada dos o tres cuadras o inclusive una enfrente a la otra. Ofrecen una gama amplia de actividades, las cuales señalan el compromiso profundo de los y las participantes. Veamos algunos ejemplos. La Iglesia del Nazareno Negro en Quiapo, Manila, se llena por completo para la celebración de la misa cada hora todos los días desde las 8:00 a.m. hasta las 8:00 p.m. En New Theological College en la India, el estudiantado se reúne cada mañana a las 5:30 a.m. para orar, tal como lo hacen los grupos estudiantiles en muchos lugares en África. En la Basílica de Nuestra Señora de los Ángeles en Cartago, Costa Rica, las peregrinas y los peregrinos que visitan a La Negrita caminan de rodillas hacia el altar en penitencia y oración.[4] En Manila, las mega-iglesias ofrecen cultos dentro de centros comerciales exclusivos. En todas partes de África hay sociedades juveniles, movimientos estudiantiles, campamentos para la niñez, desayunos para hombres de negocios, sociedades femeniles y conferencias de pastores. Hospitales, escuelas, casas publicadoras, casas de acogida, proyectos para el desarrollo socio-económico, organizaciones sin fines de lucro para la defensa de los derechos, partidos políticos y un gran número de escuelas teológicas también son parte de esta presencia cristiana dinámica. De verdad, ¡es un mercado vibrante!

Me gustaba mucho ir de compras a los puestos abarrotados del mercado de Toi en Nairobi. Ese mercado fue destruido por un incendio en enero del 2008 después de una disputa política. Algunos meses más tarde, lo reconstruyeron. El consejo municipal arregló y repartió los puestos en forma ordenada, creó pasillos más amplios, mejoró el drenaje e implementó el control de la basura. Como resultado, fue mucho más fácil caminar por el mercado y hacer compras. Fue bueno. El mercado se organizó de otro modo. Lo mismo podemos decir de la revitalización cristiana en el mundo. Nuestra necesidad más urgente ahora es entender este mercado para lograr una perspectiva que moldee la forma de interactuar con él. Creo que necesitemos imaginar una especie

---

4    Nuestra Señora de los Ángeles es una pequeña imagen de la Virgen María con el niño Jesús en sus brazos considerada como la patrona oficial de Costa Rica. Por el color oscuro de la piedra, es conocida a nivel popular como La Negrita.

de viaje a Emaús. Después de los eventos de la crucifixión y la resurrección, los discípulos estaban intentando entender las cosas que habían ocurrido. Jesús se unió a la conversación en forma tranquila y les ofreció una perspectiva desde las escrituras. A mi propia y modesta manera, quiero ofrecer una perspectiva que nos ayude a pensar sobre la revitalización cristiana. Exploraré dos dinámicas. La primera tiene que ver con la volatilidad social dentro de la cual crece el evangelio cristiano. La segunda examina cómo el tiempo configura el surgimiento de líderes, el mensaje y el movimiento.

## Volatilidad social

La sabiduría de los ancianos africanos dice, "Un hombre que no puede decir dónde empezó la lluvia a golpearlo, no puede saber dónde se secó su cuerpo". Esto significa que, para poder darle sentido a nuestras tragedias y a nuestras bendiciones, tenemos que comprender lo que nos ha sucedido. Desde que Cristóbal Colón "descubrió" y reclamó el nuevo mundo, y desde que las potencias europeas se repartieron África en "la disputa por África," nuestras comunidades han experimentado un periodo de profunda desestabilización, especialmente durante los últimos cien años cuando cada vez más nos hemos visto forzados a entrar al círculo de la consciencia global.

Nuestros antepasados no tenían idea de que nos habían incorporado a un orden mundial. Cuando la primera gente blanca llegó a la tierra Kikuyu, la población local pensó que sus rostros pálidos eran como fantasmas. Se sorprendieron de la forma insensata de los blancos al apropiarse y asentarse en las tierras fértiles. Los jóvenes Kikuyu que confrontaron a los extranjeros groseros fueron abatidos a balazos. Los que quedaron vivos fueron confinados en reservas hacinadas. Cuando el pueblo Kikuyu rehusó ayudar a cultivar las tierras robadas, los colonos introdujeron un impuesto sobre cada esposa, hijo e hija. ¿De dónde los Kikuyu iban a sacar el dinero para pagar el impuesto? Cortaron los bosques para que la gente blanca pudiera sembrar café y té y construir caminos. Con el tiempo el pueblo Kikuyu se reunió en ciudades, lugares de desplazamiento de sus redes de parentesco, control social y orden. Esta narrativa negativa del surgimiento de las ciudades ha ocurrido una y otra vez.

Kibera en Nairobi es conocida como la barriada más grande de África. Nairobi actualmente tiene una población de cuatro millones (en un país de cuarenta millones) y se fundó en 1899 como un poblado alrededor de la estación del tren. La intención de la administración colonial fue preservar a Nairobi solamente como hogar para colonos. Los trabajadores africanos migrantes solo podían vivir en "reservas para nativos" en la periferia de la ciudad. Uno de estos grupos fue de soldados sudaneses, que después de haber servido al gobierno británico durante la Primera Guerra Mundial, se asentaron a unos cinco kilómetros de la ciudad.  Mientras que Nairobi fue planeada como ciudad para medio millón de habitantes, ha crecido hasta albergar más de cuatro millones. Kibera ha llegado a tener una población de más de 160,000 personas viviendo en un área de menos de siete kilómetros cuadrados.

La lista de los desafíos generados por los eventos mundiales posteriores es larga. Según el historiador Niall Ferguson, "Los cien años posteriores a 1900 fueron los más sangrientos de la historia…. Las víctimas de la violencia organizada en esos cien años (guerras, masacres coloniales, el holocausto, hambruna, conflictos étnicos, genocidios) se estiman en más de 150 - 200 millones en todo el mundo" (2006, xxxiii-xxxiv).  La tragedia es que cuando las sociedades europeas se enfrentaron entre sí en guerras, colapsos económicos y revoluciones culturales, las represalias y las consecuencias de sus pecados fueron enviadas a direcciones equivocadas—hacia África, Asia y América Latina.

Sin embargo, el punto más importante de todo esto para nuestro trabajo es el hecho que el cristianismo ha llegado a ser parte integrante de este encuentro volátil. La compresión única del espacio-tiempo, lo que los estudios sociológicos llaman mundialización o globalización, ha incrementado la presión sobre las comunidades locales, especialmente en las ciudades. Este proceso de consultas sobre la revitalización del cristianismo ha hecho una opción preferencial por las ciudades. No es que los cambios sociales solamente se concentran en las ciudades, sino que lo que pasa en las ciudades impacta a las áreas rurales más alejadas. En todas partes las personas han tenido que adaptarse a un ritmo no natural, lo que crea una cosmovisión disonante para las mayorías que intentan entender la vida en situaciones paradójicas. Los problemas de violencia, injusticia, pobreza y desplazamiento social son, en realidad, síntomas de sociedades en conflicto psicológico. El caso del Proyecto Educativo Laboral Puente Belice implementado por la Compañía de Jesús ilustra muy bien este punto (Capítulo 3). El Padre Iznardo trabaja con jóvenes atrapados en violencia y pobreza en un país con recursos naturales abundantes. Desgraciadamente, la riqueza se encuentra concentrada en manos de una clase alta minoritaria que vive en áreas exclusivas con grandes medidas de seguridad. Dado la naturaleza de la estratificación social, es muy difícil para las comunidades indígenas crear un mejor futuro. La juventud recurre a la violencia y otros vicios porque cree que no tiene otras opciones a su alcance. Como muestra de este caso, la iglesia no está exenta de estas desigualdades; un complejo de terrenos y edificios de una mega-iglesia, valorado en más de cincuenta millones de dólares, está al lado de la pobreza flagrante—es la historia de Nairobi, Delhi, Manila y cada una de las ciudades que conocemos.

¿Cómo puede estar el evangelio implicado en disparidades tan evidentes? Se debe a que el encuentro del evangelio con las culturas es una realidad dinámica. Tal como podemos observarlo en el ministerio de Jesús en los evangelios, Dios encuentra a las personas donde están. Gentil o judío, bárbaro, escita, esclavo o libre, Cristo vino y predicó la paz a las personas que estaban lejos y a las que estaban cerca (Col. 3,11). Andrew Walls llama a este proceso indigenización, que quiere decir que la fe cristiana siempre entra en una sociedad que ya está condicionada por su contexto histórico y geográfico (1996, 7). En nuestros contextos, el evangelio fue sembrado por primera vez en culturas religiosamente muy fértiles. Después el evangelio adquirió su propia dinámica al entrar en contacto creativo y crítico con culturas continuamente llenas de vida. El resultado es una variedad de respuestas cristianas. Una de las formas más recientes de esta creatividad son las mega-iglesias. La existencia de iglesias grandes no es nada nuevo en la historia del cristianismo, pero su gran número y concentración es un fenómeno nuevo hecho en nuestra época. El término mega-iglesia se aplica a iglesias que congregan más de dos mil personas. ¡En las Filipinas, Corea, y Nigeria hay iglesias de veinte, treinta y hasta ochenta mil personas! ¿Qué se puede esperar en una ciudad de seis, diez, o doce millones de habitantes? No existen suficientes iglesias para toda esa población. Las mega-iglesias no solamente reflejan la demografía de las grandes ciudades, sino que también responden a un momento histórico en el que surge una naciente clase media llena de aspiraciones, pero que todavía no ha acumulado mucha riqueza. Su mensaje enfocado en la prosperidad, el éxito, la realización personal, y en comunidades construidas artificialmente es altamente atractivo para esta clase emergente.

Existen investigaciones que identifican intentos creativos de utilizar el evangelio para reconstruir la sociedad como movimientos de revitalización. Dichos movimientos surgen en situaciones traumáticas, las cuales conllevan altos niveles de disfunción crónica (alcoholismo, hogares disueltos, crimen, conflictos entre las generacionales, crisis morales, etc.). Se llaman movimientos de "revitalización" porque conectan el presente con el pasado—buscando revivir un pasado dorado—y proveen una visión para el futuro. La naturaleza radical de las actividades conducidas por líderes perceptivos durante un momento de crisis distingue el movimiento naciente como una revitalización, en contraste con los procesos graduales de reacciones en cadena que requieren más tiempo. En la revitalización cristiana, el Espíritu Santo juega un papel central en el despertar espiritual a través de la oración, la predicación, el arrepentimiento, la restauración y la formación de una comunidad revivida. Después de esto, el liderazgo cristiano reforma la teología, las estructuras de poder de la iglesia y los métodos de involucramiento con la sociedad.

Durante el siglo veinte, las fluctuaciones dentro del capitalismo, el colonialismo y las guerras mundiales colmaron a muchas comunidades locales de inestabilidad y temor. Ante estas circunstancias, el cristianismo proveyó mecanismos para hacer frente a perturbaciones sociales y psíquicas fundamentales, ofreciendo no solamente un nuevo cuadro de valores sino también nuevas relaciones cuando las personas se sintieran rechazadas por sus familias o sus mundos. Instituciones nuevas reemplazan a las antiguas. En la consulta celebrada en el norte de la India, vimos el ejemplo del movimiento de revitalización cristiana de Bharat Susamachar Samiti y el New Theological College (BSS-NTC) que se fundó hace veinticinco años.[5] Este movimiento se inició como un sencillo esfuerzo de un equipo liderado por George Kuruvilla para evangelizar a las castas más bajas. Pronto los y las evangelistas reconocieron que el evangelismo no era suficiente. Para ayudar a que las personas excluidas salieran de la desesperanza infranqueable de la pobreza y la exclusión social estructural del sistema de castas, se necesitaba introducir la educación formal, llevar arroz y lentejas a sus mesas y aumentar su autoestima. Hoy en día el movimiento BSS-NTC no solamente funda iglesias, sino que también cuenta con una red de escuelas, proyectos de desarrollo y un centro de educación teológica. Una nueva generación está creciendo con la confianza de que está incluida en el plan bueno de Dios para un futuro lleno de esperanza.

## El factor tiempo

Los movimientos de revitalización del siglo veinte han sido medios para ayudar a las personas a hacer frente a muchas situaciones. Tener en cuenta los elementos de tiempo nos ayudará a conceptualizar el proceso de revitalización.

### El momento kairós

Por lo general, los movimientos de revitalización empiezan "en el momento justo", lo cual los teólogos y las teólogas del Nuevo Testamento llaman el kairós. En las ciencias sociales se refiere a un momento "liminal" o cautivador durante una crisis. Es como el momento cuando Mardoqueo descubre el complot para destruir la comunidad judía y dice a la reina Ester, "¡Quién sabe si no has llegado al trono precisamente para un momento como éste!" (Ester 4,14 NVI)

---

5    Esta consulta se celebró mediados de 2014 en la New Theological College en Dehra Dun, India.

La clave de un momento kairós de revitalización es el surgimiento de una persona líder como punto de cristalización de un movimiento. Tal líder o lideresa, que se define como una personalidad carismática, cuenta con dones extraordinarios del Espíritu y actúa como respuesta a un fuerte sentido de llamado (Gerlach and Hine 1970, 106). El liderazgo de los movimientos de revitalización son intelectuales con dotes de análisis. Muchas veces internalizan la crisis social a través de una crisis personal que les permite ver la realidad de una manera nueva y la comparten como una visión de renovación. También, vinculan su lectura de los tiempos con la obra de Jesús en los evangelios (Shaw 2010, 61-62).

La pastora Magdalena presenta un buen ejemplo de esta dinámica (Capítulo 2). La exclusión y falta de apoyo que experimentó de su iglesia después de la crisis personal provocado por su divorcio cuando tenía dos niños pequeños, la condujo a identificarse con la crisis de las personas viviendo de la basura en La Chureca. En aquel momento cuando se sentía sola, abandonada y sin apoyo, desarrolló un amor incondicional radical que la llevó a fundar la Iglesia Nueva Jerusalén en medio del vertedero de basura. La crisis experimentada por una mujer y la crisis vivida por las familias deshumanizadas en el basurero desataron un movimiento. La pastora Magdalena no necesitó tener poder o recursos económicos. Tales líderes y lideresas no fundan movimientos porque tienen recursos a la mano; estos vienen después. Lo único que Magdalena hizo fue ir al basurero a compartir su testimonio para convencer a la gente de allí de su propio valor. En la medida en que su fidelidad logró vencer el escepticismo y las dudas, movilizó la buena voluntad y los recursos económicos de los grupos con poder, como la vicepresidenta de España, María Teresa Fernández de la Vega, para construir viviendas dignas y proveer empleo para estas familias. Fue la Iglesia Nueva Jerusalén en Managua, guiada nada menos que por una mujer en un contexto donde las mujeres han sido excluidas de puestos de liderazgo, la que inspiró los sueños de una nueva generación al despertar su deseo de aprender, servir y encontrar oportunidades de empleos dignos.

La variedad de movimientos refleja percepciones distintas de la crisis además de las diversas ubicaciones sociales de las personas con necesidades. El surgimiento de cada movimiento revela formas de comprender las necesidades más básicas de las personas en las calles y la convicción de que las respuestas vienen de Jesús (¡aun cuando la respuesta no parece adecuarse a la pregunta!): Jesús como salvador del alma condenado en un mundo que ha creado nuevas maneras para pecar (la era de la revolución cultural de Billy Graham); Jesús como respuesta a las necesidades materiales (el evangelio de la prosperidad en un mundo de pobreza); Jesús como un revolucionario que subvierte los gobiernos injustos del mundo (la teología de la liberación en América Latina); Jesús como el pariente que sufre (Watchman Nee de las iglesias en las casas en China); Jesús como el hijo de una madre que se preocupa profundamente de un mundo donde los valores de la familia están en riesgo (Juan Diego y la Virgen de Guadalupe, La Negrita, Nuestra Señora de la Caridad); Jesús como él que ama sin condiciones; y la lista podría continuar. Todas estas respuestas se encuentran en las enseñanzas de Jesús y en el Nuevo Testamento. La restauración de la esperanza a través de la visión de un futuro nuevo ayuda a las personas a sentirse responsables y capaces de hacer algo en respuesta a su mundo quebrantado.

Muriithi Wanjau de la Iglesia Mavuno nos presenta un ejemplo de un líder que surgió en el momento justo. Era un joven universitario brillante cuando fue invitado a asistir a una iglesia pequeña. Más tarde, fue aconsejado y guiado por otro pastor joven en la década de 1990 en una época cuando Kenia se encontraba en una profunda crisis nacional a nivel político, económico, social y de salud. Oscar Muriu se dio cuenta que la solución de los problemas de la nación era educar a toda la generación de estudiantes contemporáneos de Muriithi a pensar como africanos y africanas (en contraste con los grupos juveniles urbanos enamorados con los nuevos medios liberales recién importados); a resolver problemas (en lugar de esperar soluciones de las generaciones mayores); a crear oportunidades (en lugar de quejarse por la falta de empleos); a educar a otras personas para delegar el liderazgo (en lugar de aferrarse al poder); y a levantar fondos para el ministerio (en lugar de esperar ayuda financiera de afuera). Cuando Kenia experimentó su propio momento de renovación, Muriithi y otros líderes formados por Oscar Muriu tuvieron un impacto significativo en la sociedad keniana en general (Gitau 2015).

Los seguidores y las seguidoras

Una idea de revitalización se cristaliza alrededor de una persona líder. Sin embargo, los verdaderos agentes de la renovación, quienes nunca van a ser mencionados en los titulares de los noticieros, son predicadores itinerantes, sacerdotes de las parroquias, pastoras y pastores de comunidades pequeñas y voluntariado laico.  En su investigación sobre cómo algunos miembros logran salir de las maras en Centroamérica, Roberto Brenneman encontró un número considerable de sacerdotes, pastoras y pastores trabajando en sus propias comunidades para ayudar a las personas jóvenes a evitar entrar en las maras o a poder salir de ellas. La mayoría de quienes realizan este ministerio pastoral no pertenece a ninguna asociación o movimiento formal (2012). No tienen la capacidad de movilizar recursos como lo hacen los Jesuitas en el Proyecto del Puente Belice, pero sirven como puentes hacia la vida abundante a través de sus esfuerzos para inspirar esperanza y abrir puertas para la juventud marginalizada. ¿No es ésta la misma experiencia de los primeros discípulos evangelistas, cuyos nombres desconocemos, que "se había dispersado a causa de la persecución" y que predicaron en toda parte donde iban? (Hechos 11,19 NVI)

Un movimiento popular surge en un momento kairós. Pero la renovación prolongada de la comunidad y de la sociedad requiere un proceso que va más allá del momento kairós, que algunas teologías llaman el tiempo cronos utilizando la palabra griega para el tiempo cronológico o secuencial. Con el paso del tiempo, el liderazgo religioso. junto al liderazgo laico. tienen que desarrollar estructuras que faciliten el crecimiento.

En la Iglesia del Nazareno Negro en Quiapo, una de las iglesias católicas más populares en las Filipinas, ha existido un movimiento popular ya por bastante tiempo. Esta parroquia es el hogar del Nazareno Negro, una imagen muy venerada de Jesucristo que tiene más de cuatrocientos años. La imagen está vestida con una túnica de rojo quemado y una corona de espinas de la cual salen tres rayos plateadas. El Nazareno carga una cruz grande de madera en una posición semi-arrodillada y su rostro se contrae de dolor. Cada nueve de enero se celebra una fiesta en donde alrededor de doce millones de personas devotas caminan en una "experiencia de peregrinaje" para honrar al Nazareno y ofrecerle oraciones. La devoción a esta imagen cae fuera del marco teológico de la Iglesia Católica para sus oraciones y liturgias, pero la fuerza y la devoción reflejan algo de la experiencia de millones de personas pobres. La iglesia oficial expresaba un cierto grado de desprecio hacia esta expresión de piedad popular y a veces entraba en conflictos con las personas devotas. Pero en 2008, el Padre José Clemente Ignacio, ministrando inteligentemente como sacerdote encargado, reconoció en esta piedad una semilla para la renovación de toda la iglesia. Realizó una amplia consulta con el liderazgo de las personas devotas y después empoderó un movimiento de catequistas laicos quienes organizaron clases de educación, estudios bíblicos y ministerios parroquiales para profundizar la espiritualidad de la feligresía. Como resultado, la Iglesia del Nazareno Negro ha experimentado una notable revitalización. A cada hora del día se celebra una misa y varias actividades de formación espiritual organizadas por el liderazgo laico que han renovado la iglesia de gran manera.[6]

La renovación estructural, o auto-reforma, es especialmente necesaria para la revitalización de comunidades eclesiales pre-existentes. Vemos algo similar en el caso de Cuba (capítulo 4). La devoción a Nuestra Señora de la Caridad se convirtió en un punto de encuentro para los mambises, los rebeldes; la vieron a ella misma como una rebelde luchando por la libertad de Cuba. El movimiento de independencia liderado por Carlos Manuel de Céspedes se consagró en el templo de esta imagen. Este acto de devoción religiosa personal y colectiva echó raíces durante la lucha por la independencia de Cuba, declarando a Nuestra Señora de la Caridad como patrona de Cuba en 1915. Cuando Cuba enfrentó múltiples desafíos en su historia reciente, con la iglesia reducida al silencio y el ateísmo oficial impuesto, la renovación vino a través del peregrinaje de la cruz. Después se

---

6    Del estudio del caso presentado en la consulta celebrada en la International Graduate School of Leadership en Manila, Las Filipinas, en julio de 2015.

organizó una peregrinación con la imagen de Nuestra Señora de la Caridad, la mambisa. Así se reiniciaron las conversaciones espirituales y la asistencia a los cultos, y la revitalización empezó en serio. La visita del Papa Juan Pablo II a la Diócesis de Santa Clara abrió una puerta más amplia para la re-evangelización, el centro de capacitación diocesano y las actividades de caridad en toda la diócesis. Aquí el trabajo estructural de renovación incluye abrirse a la piedad popular pero también el fortalecimiento de la identidad estructural de la iglesia.

### Las implicaciones de estas nuevas realidades para nuestro testimonio

Empecé por señalar la realidad mundial del cristianismo en la actualidad, una conversación interdisciplinaria sobre demografía, datos numéricos, composición racial y étnica, y distribución geográfica y denominacional de los nuevos grupos cristianos. También señalé las implicaciones de estos cambios para la política, la economía, y la cultura. En el fondo, eso se debe entender como una conversación teológica crítica para la vida del cristianismo hoy. Por supuesto, en círculos académicos y otros espacios vamos a seguir debatiendo muchos temas. ¿La teología de la prosperidad es algo bueno o no? ¿Los líderes de las mega-iglesias neopentecostales deben postularse para cargos políticos? ¿Los proyectos de desarrollo relacionados con iglesias deben seguir recibiendo apoyo económico del exterior?

Esta consulta sobre revitalización organizada por el Centro para el Estudio de Movimientos de Revitalización en el Cristianismo Mundial forma parte de una conversación en curso sobre lo que Dios está haciendo en contextos específicos para transformar nuestro mundo. Somos testigos de la obra de Dios, sea en la revitalización como respuesta a las crisis de violencia y marginalidad en la sociedad en general, tal como se ve reflejado en el estudio del caso de Guatemala, o sea en la revitalización como la restauración de la dignidad humana básica, tal como en la comunidad de La Chureca en Nicaragua. La revitalización también puede ser la capacidad de recuperación y auto-reforma, como en el caso de la Iglesia Católica en Cuba ante los desafíos estructurales e ideológicos del comunismo. O se puede experimentar la revitalización en la reconstrucción de estilos de adoración y la fundación de nuevas iglesias, como en el caso de la mega-iglesia Vida Abundante (Capítulo 5). La revitalización podría venir a través de la formación de nuevas redes transnacionales que ofrecen a las comunidades locales nuevas maneras de acceder a los recursos que necesitan (Capítulo 6). Dios está obrando en todas partes.

Podemos decir junto con Pablo en el primer siglo del cristianismo, "Este evangelio está dando fruto y creciendo en todo el mundo, como también ha sucedido entre ustedes desde el día en que supieron de la gracia de Dios y la comprendieron plenamente." (Col. 1,6 NVI). Al reconocer que Dios está obrando a través de nosotros y nosotras, ¿cómo debemos enmarcar nuestras conversaciones en el cuerpo de Cristo? Quiero sugerir tres maneras. En primer lugar, Jesús oró por la unidad de los y las creyentes. ¿Cómo podemos mejorar una conversación colaborativa a nivel local para fortalecernos mutual mente y realizar nuestro testimonio? Como segundo punto, es importante recordar las enseñanzas de Pablo de que todos y todas formamos un solo cuerpo, aunque tengamos dones distintos. ¿Qué dones personales tenemos para ofrecer, por ejemplo, en relación a la adoración, el servicio, los recursos, el liderazgo, la formación de comunidades radicales? ¿Cómo podemos aprender en forma recíproca y compartir estos aprendizajes con nuestras comunidades? En tercer lugar, los cristianos y las cristianas actualmente enfrentan desafíos únicos y nuevos en un mundo que ofrece como nunca antes un gran abanico de opciones diversas. ¿Cómo podemos aportar a la revitalización del cristianismo mundial en nuestro propio trabajo y en el trabajo del cuerpo universal de Cristo?

## II. Acercándonos al cristianismo en América Latina y el Caribe

### Karla Ann Koll

Es cierto. En el siglo pasado el cristianismo se convirtió en una religión mundial. A mis estudiantes les digo: "¿No es maravilloso ser cristiana o cristiano ahora en el siglo XXI cuando un mayor número de personas de las más diversas culturas se identifican como seguidoras de Jesucristo como nunca antes en la historia del mundo?" De esta manera, cada grupo entiende el evangelio desde su propia cosmovisión y aporta sus perspectivas particulares a la iglesia universal de Cristo. Hay tanto que conocer y aprender hoy en día. El desafío es enorme para quienes pretendemos estudiar los fenómenos religiosos y explicar esta gran diversidad. Debemos entrar en este campo con mucho cuidado para evitar caer en conclusiones fáciles o posturas triunfalistas.

Propongo que nos ubiquemos en el contexto latinoamericano y caribeño. Este proyecto del Seminario Teológico de Asbury se encuentra dentro de un nuevo campo académico del "cristianismo mundial", el cual surgió en las últimas décadas en reconocimiento que el centro de gravedad de la población cristiana mundial migró hacia el sur en el trascurso del siglo XX. Sin embargo, la experiencia de América Latina no cabe dentro de esta narrativa, la cual se basa en las experiencias en África y Asia, y en los estudios poscoloniales. El cristianismo no llegó a América Latina en el siglo XIX, sino hace más de quinientos años como la justificación religiosa e ideológica de las conquistas de los poderes ibéricos. Esta primera mundialización o globalización, que construyó el mundo atlántico bajo el control de los poderes europeos, trajo muerte y esclavitud a los pueblos invadidos no solamente en América, sino también a pueblos africanos. En el llamado "nuevo mundo," los poderes ibéricos lograron imponer la cristiandad que se estaba fragmentando en Europa. Para el final del primer siglo de colonización, casi toda la población se identificaba como cristiana. América Latina, en contraste con el crecimiento del cristianismo en África y Asia, ha sido la región más cristiana del mundo ya por siglos. Si en muchos lugares de África y Asia se celebra la llegada del cristianismo como una experiencia nueva y se encuentran paralelos entre las vivencias de las nuevas comunidades cristianas y las situaciones de las iglesias de los primeros dos siglos de la era cristiana, en América Latina las personas que quieren ser seguidoras de Jesús tienen que cargar con el peso de todo lo que se hizo en nombre de Cristo en el pasado.

Las naciones de América Latina lograron su independencia política en el transcurso del siglo XIX, aunque en realidad no han cambiado las relaciones sociales de poder y la estructura del conocimiento establecidas en el proceso colonizador, dejando a América Latina en una situación de "colonialidad" continua (Quijano 2000). Es decir, no estamos en una situación poscolonial. También, en gran parte de la región sigue existiendo una cristiandad funcional que en algunos casos se mantiene a nivel formal como, por ejemplo, en Costa Rica donde persiste un estado confesional católico.

Además de los procesos históricos de la región, hay que tomar en cuenta el hecho de que las prácticas religiosas, aún desde antes de la llegada de los españoles y los portugueses, han sido eclécticas. La hegemonía institucional de la Iglesia Católica ha escondido esta realidad, pero en verdad nunca tuvo suficientes hombres en el terreno para controlar las prácticas religiosas de los pueblos conquistados, mucho menos sus creencias. El liderazgo religioso indígena incorporó en sus propias cosmovisiones lo que entendía del cristianismo. Los invasores y migrantes ibéricos trajeron formas de religiosidad popular influenciadas por siglos de interacción con el islam y el judaísmo. Asimismo, las personas africanas que llegaron en cadenas reconstruyeron sus prácticas religiosas en los nuevos contextos latinoamericanos y caribeños. A pesar de toda esta diversidad de prácticas y creencias religiosas, casi toda la población de América Latina se identificó como miembro de la Iglesia Católica. La llegada de los grupos protestantes organizados, quienes se aliaron con los partidos liberales para luchar a favor de la libertad de culto, rompió con el control institucional de la Iglesia Católica e hizo visible la diversidad religiosa. Las opciones religiosas siguen diversificándose, llevando a varios investigadores a utilizar la metáfora del mercado para describir la pluralidad de ofertas.

Entonces, ¿cómo se manifiesta esta naturaleza ecléctica de las prácticas religiosas en América Latina en nuestros días? Hace años, en una conferencia en el Seminario Teológico de Princeton, escuché al teólogo africano John Mbiti hablar de "cristianos ecuménicos", es decir, personas que en el transcurso de sus vidas transitaban por diversas comunidades de fe de distintas tradiciones cristianas. Las historias de vida de mis estudiantes de diferentes países latinoamericanos indican la importancia de la migración en estos cambios de afiliación religiosa, sea del campo al área urbana, de un barrio a otro, o de un país a otro. Por otro lado, noto que en muchos casos, ya las personas no sienten la necesidad de una afiliación religiosa exclusiva, sino, antes bien, participan en diversos espacios religiosos según sienten sus necesidades. Traigo a colación a una mujer que conozco en Quetzaltenango, Guatemala, quien los domingos asiste al culto en una mega-iglesia de corte neopentecostal. Entre semana, participa en el culto femenil en la Iglesia Presbiteriana en su barrio. Cuando alguien en su familia se enferma, busca a un curandero maya tradicional. Además, escucha una emisora evangélica o ve en televisión las prédicas trasmitidas de una mega-iglesia en la capital. Sospecho que como ella hay muchas personas. La evaluación que hagamos de esta situación dependerá de nuestras propias perspectivas. Podríamos considerarlas como personas religiosamente confundidas o podríamos verlas como sujetos religiosos que aprovechan las ofertas religiosas a mano para construir una vida espiritual que responde a sus propias necesidades. Como mínimo, esta diversidad de prácticas religiosas nos debe animar a ofrecer conclusiones tentativas sobre afiliación religiosa y su significado hoy en América Latina.

Para el estudio de los fenómenos religiosos es imperativo enfocarnos en la ubicación social. En las teologías latinoamericanas, como en otras teologías contextualizadas, la ubicación social es un concepto fundamental. La ubicación social está dada en cada situación. La indigenización, también llamada contextualización, es el proceso a través del cual las personas o los grupos cristianos, en forma más o menos consciente, se apropian del evangelio en un contexto dado y construyen sus identidades como creyentes. La ubicación social condiciona, pero no determina la forma de asumir la contextualización. Hay varios factores que conforman la ubicación social, algunos de los cuales se visualizan en los casos estudiados en esta consulta. Sin embargo, hay otros que merecen mayor atención.

La celebración de la consulta en esta región del mundo de hecho resalta el aspecto geográfico de la ubicación. Nos interesa intentar discernir lo que está pasado aquí en América Central y el Caribe. ¿Cómo se compara con la experiencia en otros partes del mundo y qué nos enseña sobre el cristianismo en el mundo actual?

América Latina y el Caribe son espacios pluriculturales. Las buenas nuevas del evangelio han sido apropiadas en una gran diversidad de situaciones culturales. En agosto de 2015 se reformó la constitución política de Costa Rica para declararse una nación multiétnico y pluricultural. Sin embargo, los distintos grupos étnicos no han tenido el mismo acceso al poder social. La relación entre la etnicidad y la opción religiosa en la construcción de identidades en América Latina es tema de debate académico. En el caso de Guatemala, algunos estudios han sugerido que la conversión a una iglesia evangélica permite a las personas dejar atrás una identidad étnica maya y asumir una nueva identidad ladina para participar en la cultura dominante (Véase, por ejemplo, Cabarrus 1998). Otras personas miran a la conversión a una iglesia evangélica como una manera de reconstruir una identidad étnica maya en circunstancias nuevas, o sea, como una forma de revitalización (Samson 2007). Me parece evidente que las dos cosas están ocurriendo, aunque en contextos distintos. ¿Qué significa el hecho de que la etnicidad no ha salido como tema explícito en los estudios de casos incluidos en este libro?

Género es otro aspecto de la ubicación social que no se ha tratado mucho en los estudios de casos. ¿Cuáles roles de género para hombres y mujeres promueven las instituciones religiosas, sean éstas iglesias u organizaciones no-gubernamentales? ¿Están apoyando roles tradicionales o proponen cambios? ¿Ofrecen masculinidades alternativas al machismo prevalente para hombres jóvenes? ¿Las situaciones de pobreza y violencia afectan de la misma manera a las mujeres como a los hombres? ¿Quiénes tienen acceso a los recursos que las redes de instituciones logran movilizar? Es vital tener siempre presente la cuestión de género en el estudio de los fenómenos religiosos.

El mismo siglo que ha visto migrar hacia el sur el centro de gravedad de la población cristiana mundial, también ha presenciado concentraciones de riqueza jamás vistas en la historia de la humanidad. No quiero sugerir que existe una relación directa causal entre estos dos fenómenos, pero debemos mantener presente esta situación. Estamos en un contexto marcado por una desigualdad creciente en la distribución de ingresos y riquezas. A nivel socio-económico, debemos preguntarnos si las experiencias religiosas estudiadas en esta consulta son parte de las transformaciones culturales que las teorías de revitalización nos animan a buscar. ¿O son más bien acomodaciones religiosas al sistema económico neoliberal? Nos preguntamos si incluso el trabajo de las organizaciones no-gubernamentales basadas en la fe con las poblaciones empobrecidas y marginalizadas podría jugar el rol que el sistema asigna a los grupos religiosos, es decir, cuidar a las personas en los márgenes de la sociedad mientras la riqueza sigue concentrándose cada vez más en pocas manos.[7] Algunos analistas en la región centroamericana han sugerido que la migración y el trabajo de las organizaciones no-gubernamentales sirven como válvulas de escape, inhibiendo así la acumulación de presiones sociales que evita que la población exija cambios radicales. Sospecho que vamos a necesitar no solamente las herramientas teóricas ofrecidas por Weber, Durkheim y Wallace para entender lo que está pasando en la región, sino también las desarrolladas por Marx, Gramsci, Bourdieu, y Maduro, entre otros y otras.

Cada persona que pretenda analizar los fenómenos religiosos debe identificar y reconocer su propia ubicación social, es decir, desde dónde está leyendo las realidades. Pero también debe buscar des-ubicarse, escuchar las perspectivas de las otras personas, especialmente a las personas cuyas prácticas religiosas pretendemos observar. Las personas en las iglesias y organizaciones estudiadas en este proceso de consulta nos han ofrecido sus testimonios de fe. Les invito, por lo tanto, a recibirles con gratitud y reverencia. No hay duda de que en cada uno de los

---

7   En su libro Imperio, Michael Hardt y Antonio Negri (2002) sugirieron que las ONGs de hoy cumplen el mismo papel que las órdenes mendicantes en la fase mercantil del surgimiento del capitalismo en Europa.

casos estudiados ha habido transformaciones de vidas. Pero esto no nos libera de la responsabilidad de hacer un análisis profundo de los mismos.

La pregunta sobre la ubicación es una pregunta fundamental para las personas creyentes. Va mucho más allá del deseo de definir nuestra propia ubicación. También nos preguntamos ¿dónde está Dios? En la encarnación, Dios asume no solamente una historia humana particular, sino revela la historia como el espacio donde Dios nos encuentra. Discernir dónde está Dios nos indica dónde debemos estar nosotras y nosotros. Hace muchos años vine a Costa Rica como estudiante de teología en el Seminario Bíblico Latinoamericano. Llevé el curso de cristología con el profesor Saúl Trinidad, un metodista del Perú. Saúl insistía que el texto de Mateo 26,11, en el cual Jesús dice a sus discípulos que "los pobres siempre estarán con ustedes", es un texto sobre ubicación. La función del texto no es justificar la existencia continua de la pobreza, sino indicar a los seguidores y las seguidoras de Jesús donde deben estar, con las personas empobrecidas mientras exista la pobreza.

En América Latina, la revitalización que necesita el cristianismo no es un intento de regresar a un pasado glorioso idealizado. Como hemos visto, el pasado del cristianismo aquí en América Latina está manchado con sangre, especialmente con los pueblos indígenas. La descolonialización de la fe cristiana inicia con el arrepentimiento por ese pasado y la construcción de un futuro distinto con sociedades más justas e inclusivas. Necesitamos una renovación de la fe cristiana que permita a mujeres y hombres construir nuevas identidades y nuevas relaciones, tanto a nivel personal como a nivel político y económico. Buscamos una revitalización del cristianismo que sea buena nueva.

Obras citadas:

Anderson, Allan, et al., eds.
    2010.   Studying Global Pentecostalism: Theories and Methods. Berkeley: University of California Press.

Bevans, Stephen B.
    2011.   Constants in Context: A Theology of Mission for Today. Maryknoll, N.Y.: Orbis Books.

Bosch, David Jacobus.
    2000.   Misión en transformación: Cambios de paradigm en la teología de la mission. Grand Rapids: Libros Desafío.

Brenneman, Robert.
    2012.   Homies and Hermanos: God and Gangs in Central America. New York: Oxford University Press.

Cabarrus, Carlos Rafael.
    1998.   Lo maya, ¿una identidad con futuro? Guatemala: CEDIM-FAPO.

Cleary, Edward L. and Timothy J. Steigenga, eds.
    2007.   Conversion of a Continent: Contemporary Religious Change in Latin America. New Brunswick: Rutgers University Press.

Ferguson, Niall.
    2006.   The War of the World: Twentieth-Century Conflict and the Descent of the West. New York: Penguin Press.

Gerlach, Luther P. and Virginia H. Hine.
    1970.   People, Power, Change: Movements of Social Transformation. Indianapolis: Bobbs-Merrill.

Gitau, Wanjiru M.
    2015.    "Revitalization of Christianity in Nairobi: The Mavuno Church". In Africa Urban Christian Identity: Emerging Patterns, edited by Philomena Njeri Mwaura and J. Steven O'Malley, 56-81. Nairobi: Acton Publishers.

Hardt, Michael and Antonio Negri.
    2002.    Imperio. Buenos Aires: Paidós.

Jacobsen, Douglas G.
    2015.    Global Gospel: An Introduction to Christianity on Five Continents. Grand Rapids: Baker Academic.

Kalu, Ogbu.
    2008.    African Pentecostalism: An Introduction. Oxford: Oxford University Press.

Quijano, Anibal.
    2000.    "Colonialidad del poder, eurocentrismo y América Latina". En Lander, Edgardo, comp., La colonialidad del saber: Eurocentrismo y ciencias sociales, 201-245. Buenos Aires: CLACSO-UNESCO, 2000.

Samson, C. Matthews.
    2007.    Re-enchanting the World: Maya Protestantism in the Guatemala Highlands. Tuscaloosa: Univ. of Alabama Press.

Sanneh, Lamin O.
    1989.    Translating the Message: The Missionary Impact on Culture. American Society of Missiology Series, no. 13. Maryknoll, N.Y: Orbis Books.

Schreiter, Robert J.
    1985.    Constructing Local Theologies. Maryknoll, N.Y.: Orbis Books.

Shaw, Mark.
>    2010.    Global Awakening: How 20th-Century Revivals Triggered a Christian Revolution. Downers Grove, Ill.: IVP Academic.

Stanley, Brian.
>    1990.    The Bible and the Flag: Protestant Missions and British Imperialism in the Nineteenth and Twentieth Centuries. Leicester, England: Apollos.

Walls, Andrew F.
>    1996.    The Missionary Movement in Christian History: Studies in the Transmission of Faith. Maryknoll, N.Y.: Orbis Books.

# CAPÍTULO 2:
# NUEVA JERUSALÉN EN UN BASURAL

Revitalización religiosa del
espacio urbano en Managua

Carlos Aguirre Salinas y Adrián Tovar Simoncic

De modo que la Ley ha sido nuestro pedagogo hasta
Cristo, para que por medio de la fe seamos justificados.
Pero llegada la fe, ya no estamos bajo pedagogo, pues
todos sois hijos de Dios a través de la fe en Cristo Jesús.
Pues cuantos fuisteis bautizados en Cristo, fuisteis
investidos en Cristo. No hay judío ni griego, no hay
esclavo ni libre, no hay varón y hembra, pues todos
vosotros sois uno solo en Cristo Jesús.
(Gal 3,24-28 NVI)

Corren los años ochenta en Nicaragua. En la campiña
de Matagalpa tres niñas—Carmen, Reina y Magdalena—van
bajando del monte hacia la muchedumbre que se reúne movida
por el Espíritu. Se trata de una campaña de evangelización
llevada a cabo por las Asambleas de Dios en Rancho Grande. La
encomienda de la madre hacia sus hijas va acompañada de una
católica advertencia: "Van a vender dulces, nada más, cuidado van
a aceptar a Cristo". Poco importó. "Era tanto el mover del Espíritu
que cuando me vi, yo ya estaba recibiendo a Cristo", recuerda la
pastora Magdalena. Tenía entonces once años. Si bien iracunda
por el acto de desobediencia, la madre instó a sus hijas a cumplir
con el compromiso recién adquirido, pero solo a condición de no
descuidar las labores en la finca. Quizás albergaba en secreto
la esperanza de que sus hijas desistieran al cabo de un tiempo,
dada la considerable carga que conllevaba aunar al trabajo en
el campo el activismo evangélico. Se equivocaría. Está inspirada
transgresión de las reglas impuestas y una perseverancia
clarividente van a marcar también años más tarde el ministerio
de la pastora Magdalena y con él, el surgimiento de la Misión
Pentecostés Nueva Jerusalén en medio del basurero municipal
capitalino, conocido entre la gente como la Chureca.

## El llamado de Magdalena: orígenes

En 1986 las inclemencias de la guerra[8] llevan a la madre de Magdalena a enviar a sus hijas con una amiga a la capital, ya que temía por su seguridad.

Magdalena trabaja de día como empleada y de noche visita la escuela nocturna donde su empleador la había inscrito. Aprendió a leer con la Biblia, comenta. La alfabetización revolucionaria apenas pudo disfrutarla, ya que el recrudecimiento de los enfrentamientos en las áreas rurales significó también el secuestro de muchos alfabetizadores. A los 14 recibe el bautismo en una congregación de los Hermanos Unidos en Cristo. Durante la dura experiencia de ser migrante campo-ciudad en edad adolescente y habiendo sido separada de su madre, la socialización religiosa como cristiana evangélica juega un papel importante. Entre el trabajo, la escuela y la iglesia, la vida en congregación significó para Magdalena no solo disciplinamiento sino un estilo de vida que le posibilitó orientarse, centrarse, así como protegerse de las múltiples vulnerabilidades que produce el ser joven, migrante y mujer en la ciudad.

Es también en la vida congregacional donde adquiere sus primeras experiencias de liderazgo y servicio a la comunidad, atendiendo a los niños de la congregación. A los 17 años es llamada por su madre de nuevo a su lugar de origen para ayudar con el cuidado de sus hermanos menores y la reorganización de la finca después de la guerra. Había alcanzado para ese entonces el tercer año de educación secundaria; tuvo que interrumpirlo.

El pastor de su congregación en Managua le siguió hasta ese lugar y tras una semana de instrucción le encomendó abrir allí una obra. Ella replicó que no conocía a nadie, además de que la labor resultaba especialmente difícil al tener que realizar los servicios en un hogar donde nadie, excepto ella, era evangélica.

---

8    En 1986 la guerra se intensificó en Nicaragua con la reelección de Reagan en Estado Unidos, quien autorizó a la CIA financiar a la Contra, acto que fue condenada por la Corte Internacional de Justicia de la Haya. Entre 1980 y 1989, más de 30.000 nicaragüenses murieron en el conflicto entre los Contras y el gobierno Sandinista. La migración de la pastora Magdalena hacia Managua coincidió en este contexto cuando la guerra fue más intensa en el país.

"¡Aquí va a abrir una obra porque hay necesidad de Dios!", fue la respuesta que antecedió a la partida del pastor. Magdalena narra que—si bien con grandes dificultades y sin entender qué ocurría—comenzó a predicar y siguió predicando hasta que, eventualmente, la obra se levantó.

A los 21 años regresa a Managua para casarse con un miembro de su congregación y entra a servir en el concilio de mujeres. A los 27, en medio de una severa crisis matrimonial que termina en una separación, con dos niños de brazos a los cuales tiene que proveer sola y un pequeño comedor en el mercado oriental como única fuente de ingresos, Magdalena toma la más improbable de las decisiones.

"Eso no es Nicaragua, es África o qué se yo, pero no puede ser Nicaragua", pensó Magdalena llena de estupor cuando una tarde de noviembre de 1998 un reportero mostraba por televisión sin tapujos la realidad de los pepenadores en la Chureca. Gente habitando y viviendo de la basura, vistiendo de la basura, comiendo de la basura. Niños, mujeres y adultos enfermos de la basura, con la única y siniestra compañía de los zopilotes. Allí, frente a un pequeño televisor blanco y negro, Magdalena experimentó un llamado inequívoco. A partir de ese momento decidió dedicar su vida a un ministerio cristiano al servicio de los seres humanos que son víctimas de la más extrema marginalización en cualquier aspecto pensable, aquellos a los que la sociedad ha negado la humanidad misma.

Sin embargo, este proyecto no partía solamente de una suma de dificultades e inconvenientes obvios, como la situación personal en la que se encontraba la propia Magdalena o la enorme cantidad de todo tipo de recursos y energía social necesaria para si quiera aproximarse a una vida digna en un contexto que es la estación terminal de una cadena histórica y estructural de procesos de exclusión, explotación y marginación. Magdalena tuvo que aprender muchas más lecciones inesperadas. Algunas desalentadoras, como el haber sido abandonada a su suerte por su congregación, en medio de una serie de suspicacias marcadas por estructuras de autoridad patriarcal o abiertamente machistas. O la lucha con estructuras burocráticas y ministerios expansivos, que le enseñaron que la ayuda a los pobres también puedes ser un negocio, una transacción de dinero por prestigio, una disputa por los laureles del altruismo en el espacio público. Pero también aprendió que la ayuda sincera viene a veces de los lugares más inesperados, que los aliados más importantes están a veces ahí mismo al alcance de la mano, en el contexto local, donde los afectados se organizan a sí mismos.

La chispa de amor radical e incondicional con la que Magdalena desató un proceso de revitalización comunitaria, hoy soportado por una red de iglesias locales y autónomas, y que transforma parte de los espacios urbanos más problemáticos de Managua, no es reducible al análisis sociológico. Sin embargo, una buena parte de las lecciones aprendidas en el camino se vuelven más inteligibles si analizamos su contexto, las estrategias desarrolladas, los procesos creativos que resultan de la autogestión. Este texto intenta ser un aporte en este sentido.

El campo religioso y las políticas de marginalidad: contextos

Para entender la experiencia de revitalización vivida en Villa Guadalupe—nombre del barrio donde fueron reubicados los trabajadores de la basura—es útil comprender, por un lado, dónde se ubica semejante experiencia dentro del espectro de las diferentes estrategias de evangelización que hoy caracterizan la expansión evangélico-cristiana[9] en Nicaragua y Centroamérica. En jerga sociológica podríamos hablar entonces del campo religioso, es decir, de las lógicas y prácticas que dominan la dinámica propia de los actores religiosos, sean estos individuos, ministerios o denominaciones completas. Por otro lado, es menester comprender el contexto local de la Chureca no solo como espacio de marginalidad urbana sino también como espacio de disputa política, ya que las políticas públicas dirigidas a la

---

9   Cualquiera involucrado el análisis del crecimiento protestante en América Latina sabe lo difícil que usar categorías "evangélicos", "pentecostales", "carismáticos", etc. ya que son categorías sumamente elásticas cuyo contenido depende de una correspondencia variante y complicada entre auto-adscripciones, tradiciones históricas, estructuras denominacionales y observaciones estadísticas. Aquí hablamos en general de evangélicos abocándonos por un lado a la definición de trabajo de Paul Freston (1998, 2004) y al significado y extensión semejante de la categoría de "Renewalist" propuesta por PEW (2006).

población más desamparada no son solo un medio de combate a la pobreza y de crear justicia sino de acumulación de prestigio. El dominio sobre las formas de ayuda y sobre quiénes tienen derecho a ayudar de qué forma se vuelve así un campo de disputa. Finalmente, no debe dejar de mencionarse que la regulación del almacenamiento y reciclaje de basura puede resultar en modelos de negocios altamente rentables donde intereses estatales y privados juegan un papel importante. Pero vayamos por partes.

Campo religioso: pastores itinerantes y ministerios empresariales

Nicaragua se encuentra hoy, junto con otros países centroamericanos, entre los primeros lugares de América Latina en cuanto a su proporción de población no católica. (Pew Research Center, 2014) Y, al igual que en el resto del continente, está claro que el crecimiento del protestantismo evangélico-pentecostal es un factor principal de diversificación religiosa. Ahora, si observamos cuáles son las estrategias de evangelización que dominan en este segmento del campo religioso, nos daremos cuenta que, a pesar de su diversidad y complejidad, estas pueden reducirse a dos vertientes. Por un lado, tenemos el método tradicional de fundación de campos blancos a partir de la labor "de a pie" de misioneros itinerantes. Este método dominó mucho tiempo y está asociado a estructuras denominacionales tradicionales. Por el otro lado, tenemos las estrategias de evangelización basadas en las doctrinas de iglecrecimiento, bajo una lógica de expansión territorial, estructuras institucionales centralistas y una logística de redes de células, grupos familiares, y otros nombres dados a estas unidades de expansión. Este grupo de métodos es considerado por muchos la nueva forma de evangelización por excelencia, ya que parecen ser más eficientes, al menos desde el punto de vista numérico. Estos métodos tienen su origen y se encuentran con más frecuencia en estructuras post- o interdenominacionales, como lo son muchas así llamadas mega-iglesias y ministerios independientes que operan en las zonas metropolitanas. Estas estructuras presentan por lo común formas de gobierno episcopales marcadamente jerárquicas, poco transparentes y sumamente dependientes del liderazgo carismático de sus pastores en jefe, lo que contrasta con formas de gobierno presbiterial, cuyo origen histórico es precisamente una eclesiología opuesta al modelo romano. Vemos entonces cierta correspondencia entre formas de gobierno eclesial y estrategias de evangelización. Creemos que esta clasificación alcanza cierto poder descriptivo por su fundamento histórico, ya que cada estrategia corresponde a momentos y estructuras institucionales distintas, y puede ser corroborada, al menos parcialmente, en la observación empírica. Pero las cosas son un poco más complicadas.

Hemos observado que los nuevos métodos de evangelización gozan cada vez de mayor popularidad entre las grandes denominaciones, dentro de las cuales encontramos a la par formas de gobierno tradicional y nuevos ministerios que aplican métodos de iglecrecimiento, para entusiasmo de unos y escepticismo de otro. Las Asambleas de Dios en Nicaragua es un claro ejemplo de esto, y hay entre los funcionarios una discusión interna viva sobre la forma y el grado en el que hay que abrirse a estas nuevas formas de hacer iglesia, pero en general la tendencia es claramente incorporarlas en las estructuras denominacionales. Este fenómeno, si bien está avalado por el éxito de ciertos liderazgos pastorales, presenta una serie de aspectos dignos de reflexión crítica.

Cómo no notar el carácter gerencialista de muchas iglesias y ministerios que son manejados en palabra y obra como empresas. Obsesión por la eficiencia de las estructuras organizacionales, por las cifras de crecimiento, por la expansión territorial, por la movilización masiva de fieles en mega-eventos vistosos y por la movilización de recursos en una competencia surrealista por construir templos faraónicos. Claro que gran parte de este gerencialismo ha sido traducido a un lenguaje religioso que todos conocemos: ganar almas para Cristo, ganar territorios para Cristo, realizar visiones y profecías del pastor, etc. En su lógica de expansión territorial no pocos de estos ministerios se han tenido que enfrentar al problema de la mutua canibalización, ya que muchos creyentes buscan identificarse con el nivel de éxito de la iglesia a la que pertenecen. Pequeñas obras que trabajan de manera local durante mucho tiempo en zonas marginales muchas veces no tienen ninguna oportunidad de persistir cuando llegan los buses de las mega-iglesias a llevar evangélicos ya conversos a sus cultos espectaculares.

De nuevo, la realidad es más compleja. Tan evidentes como son estos aspectos críticos, tan absurdo es reducir a ello a las nuevas formas de iglesia. En su mayoría estos nuevos actores crean estructuras de soporte y ayuda para sus fieles que van mucho más allá de lo espiritual, desde guarderías, asesoría financiera y psicológica para las familias, comedores para la población marginada y otros proyectos sociales.[10] Además, algunas de las iglesias grandes han tomado conciencia de estos problemas y colaboran con las pequeñas iglesias locales sin intentar absorberlas. Muchos cristianos y muchas cristianas se congregan en mega-iglesias y su congregación local al mismo tiempo. Sin embargo, hay una pregunta que guarda toda pertinencia. ¿Por qué ninguno de los muchos y muy exitosos nuevos ministerios e iglesias habían llegado a la Chureca, ahí donde había más necesidad que en ningún otro lado? Consideramos que para muchos ministerios la ayuda a personas pobres y marginadas sigue subordinada a cuestiones estratégicas moldeadas por el gerencialismo.

---

10 De 1990 al 2007 el Ministerio de Gobernación inscribió 643 iglesias e instituciones evangélicas. Es notable la presencia de instituciones evangélicas dedicadas al trabajo social. De las 643 instituciones evangélicas inscritas hasta el 2007 en el MINGOB, 80 de ellas se presentan como organizaciones sociales, con proyectos comunitarios, atención a la familia, acompañamiento a la niñez, la adolescencia, juventud y las mujeres, programas de derechos humanos, desarrollo económico e iniciativas de rehabilitación a personas en riesgos y con adicción a licor y droga. De esa cantidad, 72 mujeres son representantes legales de estas iglesias e instituciones, y en su mayoría las organizaciones que dirigen incluyen iniciativas sociales a favor de la niñez, la adolescencia y la juventud. En ese mismo período fueron inscritas 123 instituciones católicas, con fines netamente religiosos y acciones de caridad; así mismo unas 172 organizaciones cristianas de servicios sociales, educativos y comunitarios. En total 938 instituciones religiosas fueron inscritas durante este período, lo que nos hace pensar en la relevancia que cada día tienen este tipo de instituciones en la sociedad nicaragüense. (Aguirre 2012, 1-6).

Para ser precisos, tampoco las denominaciones tradicionales habían llegado a la Chureca.[11] Nadie. Magdalena misma pertenecía a una. En un gesto eufemístico, durante el culto donde fue ungida como pastora, fue al mismo tiempo despedida de su congregación. Se le deseaba todo lo mejor en su nuevo ministerio, pero la iglesia no la entendía y no la apoyaría. Como mujer separada y en proceso de divorcio, una serie de acusaciones y puestas en duda tanto de su integridad moral como de su salud mental acompañaron este doloroso proceso. Hoy, tras una exitosa labor, el medio evangélico la celebra. No queremos extendernos aquí en las complejidades de las cuestiones de género en las iglesias evangélicas, pero es claro que el debate debe continuar y que no basta una división del trabajo donde la pastora le toca profetizar y reproducir la imagen social de la mujer exitosa al lado del hombre exitoso.

Lo que toca resaltar aquí es que el punto de partida de la pastora Magdalena solo puede entenderse desde un momento de suspensión de todo método. No va "a abrir un campo" o "a levantar la obra" ni "a ganar territorios" o "almas para Cristo," ni a fundar una célula o a llevar una "guerra espiritual." Al principio está lo insoportable del sufrimiento y la marginación extrema, en su forma llana e inefable.

Era una de las primeras ocasiones en que Magdalena predicaba en la Chureca, sin público, una voz en medio del desierto de basura. Cuando anochecía pequeñas luces comenzaron a asomar de entre los escombros. Le decían curiosamente exactamente lo mismo que los hermanos, hermanas y pastores

---

11  Según datos del Directorio de las Iglesias Protestante en Nicaragua 1996 – 1997, realizada por INDEF, desde la década de los 60s a los 90s, en los sectores de Acahualinca y Los Martínez, que rodean el basurero La Chureca, estaban presentes las siguientes iglesias: Iglesia Internacional del Evangelio Cuadrangular (1957), Misión Evangélica La Primitiva de Nicaragua (1962), Misión Cristiana (1970),   Asociación de Iglesias de Cristo de Nicaragua (1972), Iglesia Apostólica de la Fe en Cristo Jesús (1990), Iglesia Ebenezer Asambleas de Dios (1990),   Iglesia Apostólica Libre (1991), Iglesia Apostólica Las Palmas de Jesús (1995),   Ministerio Una Voz de Alerta con Jesucristo (1996) y Segunda Iglesia Catedral Cristiana de las Asambleas  de Dios (1995). A partir de la primera década del siglo 21 hay presencia de nuevas iglesias pentecostales y células de mega-iglesias con tendencias a un crecimiento numérico acelerado.

de su iglesia. "¿Qué está haciendo aquí? Váyase, le van a hacer daño." Su respuesta lo dice todo. "No, al que le han hecho daño es a ti."

Políticas de marginalidad urbana

La Chureca, gracias a Dios, ya no es la Chureca que era antes. A la iniciativa de Magdalena se fueron sumando otros esfuerzos, tanto de actores religiosos—evangélicos y no evangélicos—como seculares, dígase ONGs, gobierno, etc. Ante semejante urgencia, como la de combatir los horrores sufridos por los habitantes de ese paisaje dantesco, parecería obvio que las alianzas resulten fáciles. No del todo. Lo afortunado que fue el surgimiento de una red local de cooperación entre iglesias independientes, tiene mucho que ver con lo dicho en el punto anterior y será tratado en más detalle en el siguiente segmento. Sobre lo que queremos reflexionar un poco en este segundo punto dedicado a factores contextuales, es la interacción entre una iniciativa religiosa "desde abajo" y las políticas de combate a la pobreza ejercida "desde arriba". De manera más general, luego, es hablar sobre la dimensión política de la revitalización.

La alcaldía de Managua, en conjunto con la Agencia Española de Cooperación Internacional para el Desarrollo (AECID), diseñó en 2007 un proyecto para la mejora de las condiciones de vida en la Chureca y lo operacionalizó entre el 2009 y el 2012 con una inversión de 30 millones de Euros.[12] Este proyecto incluyó el sellado del basurero, la reubicación de los pobladores de la Chureca a un fraccionamiento aledaño construido para ese fin con viviendas formales e instalaciones de recreación, salud y educación; la construcción de una planta de reciclaje, así como la capacitación e integración a un empleo formal de los antiguos pepenadores en esta planta. Además, se iniciaron programas complementarios de alfabetización y educación. No cabe la menor duda de que este proyecto trajo un gran alivio a una cantidad considerable de personas, primero en cuanto a condiciones de salubridad, de vivienda digna y de empleo estable. Además, había un beneficio ecológico para el resto de la ciudad. Sin embargo, este tipo de proyectos no están exentos

12 Http://www.laprensa.com.ni/2013/02/20/nacionales/135365-llego-el-final-de-la-chureca.

de contradicciones. Las inversiones millonarias de agencias para el desarrollo traen consigo también grandes ganancias para las empresas involucradas. La basura misma (para ser precisos: su reciclaje), como se sabe, puede ser un gran negocio. El problema viene cuando la rentabilidad de este tipo de inversiones genera nuevos procesos de exclusión.

Durante las entrevistas que realizamos en Villa Guadalupe, algunos habitantes reportan que no todos los que vivían antes de la basura recibieron vivienda o un empleo en la planta de reciclaje. Los que quedaron fuera y tienen que seguir viviendo de la basura ahora lo hacen en condiciones aún más difíciles, ya que es ilegal acceder al vertedero para personal no autorizado. No hay sitio aquí para detallar el análisis del caso, lo cual es además una tarea pendiente. Lo que es evidente, es que la función de legitimación política de estos proyectos no solo deja poco espacio para la crítica, sino que también excluye, de considerarse un estorbo, los esfuerzos que desde las bases venían realizándose desde años atrás, como fue claramente el caso de la iglesia "Nueva Jerusalén". Si bien los responsables del proyecto se acercaron inicialmente a la pastora Magdalena, simulando apreciar su labor y considerando un espacio para su iglesia en la nueva urbanización, fue excluida "a última hora" de los planes, sin hacerlo de su conocimiento, en un claro caso de intriga que pretendía anular su capacidad de reacción. Las cosas se dieron de otro modo, sí, se podría decir, milagrosamente, gracias, por un lado, al apoyo económico de actores misioneros[13] que permitieron la adquisición de un terreno vecino al fraccionamiento y la empatía de un funcionario de la alcaldía que impidió la caprichosa decisión de trazar la calle de acceso al fraccionamiento a través del terreno de la iglesia, con el fin de expropiarla.

Ahora bien, no toca aquí, como hemos dicho, desplegar el análisis político en detalle. Pero puede observarse de nuevo una forma distinta de interactuar con el poder de parte de los pequeños ministerios "desde abajo" y las grandes denominaciones

---

13  Se trata de misioneros latinoamericanos y caribeños viviendo en Estados Unidos que apoyaron. Actualmente estos mismos misioneros invitan a la pastora Magdalena a contar su testimonio en diferentes países.

y mega-iglesias. Son dos maneras muy distintas de ser político. Para construir el argumento, retomemos muy brevemente la dimensión más general de esta discusión en el campo evangélico.

Las ciencias sociales, junto con otros actores, han criticado de manera constante el carácter apolítico del cristianismo evangélico—sobre todo pentecostal—en América Latina.[14] Este debate ya hace tiempo ha pasado a formar parte de los propios ámbitos de reflexión en las instituciones evangélicas. Ha perdido su sustento empírico a tal grado, que hay que buscar con lupa a los evangélicos que hoy pregonen un retiro radical del mundo que signifique el rechazo de toda participación política. La pregunta que ha cobrado pertinencia en cambio es ¿de qué forma participa un evangélico en política? La posición más frecuente que hemos encontrado entre creyentes en Nicaragua[15] es la de una laica y republicana separación que resalta los deberes ciudadanos del buen cristiano (como votar, respetar las leyes, etc.) como un asunto de conciencia, privado y cuyo lugar no es la iglesia. Otros creen en establecimiento de un orden cristiano, donde el diseño de las políticas públicas está orientado por la Biblia y la elección de candidatos por sus virtudes cristianas, todo esto sin una separación muy clara entre fe y política. Este tipo de posturas, asumidas también a distintos niveles de liderazgo evangélico, han llevado una y otra vez a la fundación de partidos evangélicos para competir en las elecciones. En general estas opciones han fracasado, debido a que el propio electorado evangélico es más complejo de lo que sus propios líderes suelen asumir y tiene una perspectiva muy diferenciada de lo que es su fe y su inclinación política. "Ciudadanos de fe evangélica son votantes de partidos evangélicos." Esta es una ecuación que ha resultado falsa, al menos para Centro América, la mayoría de las veces, y seguro

---

14  Aunque los trabajos de Schäfer (2009a) en Guatemala habían demostrado ya en los noventas las relaciones entre posición social alta, teologías de guerra espiritual y dominación, y estrategias de influencia política directa, por un lado, y de una posición social baja, teologías apocalípticas y de retiro del mundo, y estrategias de no participación política.

15  Es importante mencionar que, para platear un análisis sobre la participación política y ciudadana de los evangélicos en Nicaragua, se han tomado más de ciento cincuenta entrevistas realizadas a liderazgo de diferentes denominaciones, instituciones y organizaciones evangélicas del país.

para Nicaragua. Allí donde esta regla ha producido excepciones, podemos decir, sin que haya que abundar mucho en ello, que los líderes evangélicos se han "quemado las manos con el poder". En Nicaragua, un sector de las Asambleas de Dios se ensaya en un nuevo avance de este tipo, inspirado en dudosas teologías de la dominación. Veremos que trae el futuro. Pero hay una tercera forma de dar respuesta a la pregunta sobre la participación política de los evangélicos, una sobre la que actualmente discuten y escriben los científicos sociales y que nos trae de vuelta al caso discutido aquí. ¿No serán todas esas formas de vida en congregación que traen consigo la autogestión de iglesias, escuelas, clínicas y comedores, que transforman el espacio urbano, que organizan a la gente—gente que precisamente está desilusionada o excluida de la participación política—no serán todas estas formas emergentes de la vida religiosa una especie de ciudadanía? ¿Una ciudadanía alternativa, organizada desde abajo, bajo una lógica religiosa que, por desconfianza o rechazo de lo oficialmente político, no es explícitamente política, o hasta explícitamente no política, no será, sin embargo, por sus efectos, aun así política, en el mejor sentido de la palabra?

Esta pregunta y la respuesta—compleja y cuidadosa, pero en términos generales positiva—que están dando a ella muchas investigaciones sobre y con evangélicos, seguro que corresponde de manera especial al proceso de revitalización en "Nueva Jerusalén". Vemos que la labor humanitaria ha movilizado a mucha gente. Entrevistamos a una "hermana", miembro de la iglesia que tenía una amplia experiencia y capacitación en trabajo social por parte de una ONG feminista. Sufrió ahí una gran decepción cuando el fundamentalismo ideológico de sus compañeras de lucha se volvió contra ella, instándola a abortar para poder seguir dedicando su tiempo a la organización. Es difícil que esta persona hubiese sido movilizada por algún otro ideario político tal y como ahora lo hace desde su identidad religiosa. Lo mismo puede decirse de la educadora formada que dejó un trabajo estable con un buen salario para dirigir la escuela de la iglesia.

Sin embargo, el más importante de los efectos políticos de la labor de esta iglesia, el más revitalizante—y de paso—el que ha interpelado de manera más potente a los actores de la política formal y establecida, es el de la política radical de la inclusión, la política del amor cristiano. Es una inclusión incondicional que no está precedida por ninguna negociación y que está dirigida a la restitución a toda costa de la dignidad de la vida humana a los "Churequeros". Antes de querer hacerlos ciudadanos, votantes empleados o consumidores quiere hacerlos hijos de Dios, dice el cristiano, pero se puede decir también simplemente humanos. No en teoría, sino en la práctica y como experiencia. Nos parece que la reflexión de esta experiencia en contraste con otras formas de aproximación a lo político por parte de los actores evangélicos puede traer muchas más lecciones. Pero vamos a dejárselas a los teólogos, ya que no son oficio ni del historiador ni del sociólogo que suscriben.

Cuando en la Chureca las primeras personas habían aceptado a Cristo al oír predicar a Magdalena, su congregación, que aún no la expulsaba, la exhortaba a que llevara a esa gente a la iglesia, pero que dejara de ir a la Chureca. Ella sabía que eso no iba a funcionar. Los "Churequeros" habían interiorizado de tal manera la exclusión y el asco con que eran tratados, que les entristecía la invitación a salir de allí, pues sabían muy bien que otros no los iban a tratar como la pastora. Mientras seguía predicando entre la basura, un pepenador que por su vejez era ya marginal entre los marginales, le llevó una caja que salvó de entre la basura. "Tenga pastora, para que no esté parada en la basura y la oiga mejor la gente." "¿Cuál gente? ¡Pero si tú eres la gente! Siéntate a escuchar la palabra."

## Iglesias evangélicas revitalizadas por la emergencia nacional

Las iglesias evangélicas en Nicaragua han marcado una historia vinculada a iniciativas solidarias en los momentos de emergencia nacional, donde los más afectados han sido niños, mujeres y personas de la tercera edad. Puede mencionarse el terremoto de 1972 que desbastó la ciudad de Managua, dejándola en escombros y cobró miles de víctimas; lo que marcó el inicio en que las principales denominaciones retomaran un proyecto común en pro de buscar alternativas de solución ante la tragedia ocurrida, surgiendo así el Comité Evangélico Pro-Ayuda a los Damnificados (CEPAD),[16] que en sus primeros años contó con el apoyo directo de la Convención Bautista de Nicaragua; sin embargo, hubo también participación de iglesias pentecostales.

A partir del terremoto del 72 comenzó a formarse el basurero La Chureca, que desde sus orígenes fue integrado por familias damnificadas por el terremoto y las inundaciones que afectaron la zona costera del lago Xolotlán. Posteriormente llegaron migrantes de los diferentes departamentos del país. Fue después del huracán Mitch, en 1998, cuando se dio el boom de la población en el lugar. En la década de los 70s y 80s este lugar fue invisible para las iglesias y otras instituciones sociales, pero a partir de los 90s las ONGs[17] comenzaron a desarrollar proyectos sociales con el fin de atender a la niñez y sus familias que vivían de la basura.

---

16  El CEPAD nació el 27 de diciembre de 1972. El 31 de marzo de 1973 cambió su nombre por Comité Evangélico Pro-Ayuda al Desarrollo, tomando diferentes programas de servicio que comenzó a implementar después del terremoto, tales como: programa de educación, bienestar de la niñez, desarrollo comunal urbano, promoción social y organización comunitaria, capacitación agropecuaria, agua potable y letrinificación, vivienda, salud; ampliando sus proyectos al territorio nacional. El CEPAD fue el principal incentivador para que las iglesias evangélicas incluyeran en su agenda pastoral los proyectos de enfoque social, algo que es común actualmente.

17  Los 90s es el escenario de las ONGs. Para 2011 en Nicaragua el Ministerio de Gobernación reportaba 4,360 asociaciones sin fines de lucro y muchas más sin personería jurídica. El Directorio de ONG apenas alcanzó a registrar 322 ONG en el año 2000. De ese limitado conjunto, únicamente el 6% había surgido antes de 1980. La década de los 80 vio nacer el 22%. En los años 90 tuvo lugar la explosión demográfica: 72% de las ONG que existía en el año 2000 nacieron en la Nicaragua neoliberal. En ese escenario nacen las ONG para eclesiales y de las denominaciones evangélicas, más pentecostales. Los pentecostales se metieron al negocio de las ONG. Para profundizar el tema, véase Rocha (2011).

Agendas de las iglesias en los 70s y 80s

- Proclamación de una escatología premilenarista
- Atención a víctimas de la guerra
- Promoción de la paz en redes interreligiosas
- Participación en acciones políticas y CDS
- Realización de proyectos sociales y educativos

Debe destacarse que las iglesias evangélicas en ese período jugaron un rol importante ante las consecuencias dolorosas de la guerra, acompañando a familias ante el duelo, participando en redes que conducían procesos de paz junto a diferentes instituciones religiosas y sociales, nacionales e internacionales; implementación de proyectos sociales y educativos; desempeñando cargos públicos, participando en los Comité de Defensa Sandinista (CDS). Sin embargo, también hubo un sector que se mantuvo apegado a una escatología premilenarista que proclamaba la venida inminente de Cristo y una actitud de indiferencia ante las cosas terrenales. (Martínez 1989, 137-138.)

En este período las iglesias tuvieron que unirse nuevamente ante la emergencia provocada por el huracán Juana y después por el huracán Mitch, movilizando ayuda nacional e internacional; como donaciones en especie, prestando templos para los damnificados y dando acompañamiento espiritual a los afectados. La situación dolorosa provocada por el terremoto, la guerra y desastres naturales obligó a las iglesias salir de una agenda que limitaba sus acciones a cuestiones internas del quehacer pastoral, enfocado únicamente a lo espiritual, con poco interés a las problemáticas sociales. Al llegar los 90s las iglesias muestran otra forma más dinámica para proyectarse en la sociedad, conjugando iniciativas eclesiales con proyectos sociales.

Iglesias en los 90s

- Proyectos sociales y educativos de las iglesias
- Participación política del liderazgo evangélico en partidos confesionales

• Proceso de reconciliación en una sociedad de postguerra

• Contribución a la integración social a los desmovilizados de la guerra

Las iglesias evangélicas en la década de los 90s experimentaron un llamativo crecimiento numérico; lo interesante es que surgen nuevas denominaciones independientes a las denominaciones históricas del protestantismo en Nicaragua, en su mayoría de tradición pentecostal. El mapa de las iglesias comienza a diversificarse a tal punto que para 2009 el Ministerio de Gobernación tiene inscrito unas 800 denominaciones en todo el territorio nacional. [18] Este crecimiento despertó en el liderazgo un ambiente celebrativo, lo que animó a líderes pentecostales y otras expresiones evangélicas, a implementar iniciativas públicas[19] con la pretensión de ocupar la presidencia para generar cambios en el sistema político del país.

Durante los últimos quince años las iglesias han dado un giro gigante, aunque mantienen sus acciones sociales, toma interés otras teologías que ponen en el centro las cuestiones gerenciales y financieras, como ya lo habíamos dicho, siendo la prosperidad el fin esperado por las congregaciones. En ese sentido, las actividades de carácter sociales son tomadas como estrategias de iglecrecimiento, pero no con el fin de incentivar el desarrollo sostenible de los territorios donde vive la gente que asiste a las mega-iglesias, más bien envían buses para trasladar a la gente para que participe del espectáculo religiosos, donde es ameno el culto a la imagen empresarial.

---

18 El crecimiento de la población evangélica no solamente acontece en número de personas, también crece el número de denominaciones evangélicas. En el año 2009, cerca de 800 denominaciones evangélicas se inscribieron en el Ministerio de Gobernación. Para Axel Borchgrevinch, "A Study of civil society in Nicaragua", en el año 2006, habían en el país, 603 denominaciones evangélicas inscritas en el Ministerio Público. En tres años hubo una multiplicación de casi 200 denominaciones, en su mayoría de tradición pentecostal. Hace quince años se podía contar con las manos las denominaciones evangélicas, ahora eso es una tarea casi imposible. (Aguirre y Araica 2010, 46).

19 Sobre el tema ver los estudios de: Zub (2002, 9-12); Bardeguez (1997, 14-15); y Bautz, González y Orozco (1994, 8).

El enfoque del crecimiento numérico de feligreses y la prosperidad está sustituyendo los proyectos sociales que desde los 70s comenzaron las iglesias. Sin embargo, una minoría de iglesias ubicadas en contextos locales resisten ante esas teologías, con el fin de generar alternativas de solución a problemáticas más sentidas en las comunidades, que a su vez son identificadas con los mismos actores de esos lugares, logrando así redes con gobiernos locales e instituciones nacionales e internacionales.

## Una iglesia que nace en el basurero

Las iglesias independientes ocupan un lugar indispensable en los cambios del protestantismo nicaragüense. Los primeros ochenta años fueron marcados por las denominaciones históricas y denominaciones pentecostales; pero a partir de la diversificación y crecimiento que fue vistoso en los 90s y resultó un boom en los primeros diez años del siglo 21, las iglesias independientes comenzaron a fortalecer espacios organizativos que les dio poder social en las ciudades y en el campo; con una visión nacional y con un liderazgo nicaragüense interesado en resolver situaciones de pobreza, enfermedad y vulnerabilidad a pobladores y miembros de sus congregaciones.

La Iglesia Nueva Jerusalén es parte de las iglesias independientes y autóctonas, en su mayoría pentecostales. Lo interesante es que la presente congregación surgió como respuesta a problemáticas de pobladores que vivían literalmente de la basura; en contraste a los modelos eclesiales de la mayoría de las iglesias que van hacia el centro de la ciudad, esta iglesia eligió y prefirió a los marginados de la urbe, integrando la predicación y la liturgia con el compromiso social.

### El escenario de los niños y las niñas en el basurero

La Chureca está situado en el barrio Acahualinca, en el distrito número II de Managua, en el extremo noroeste de la ciudad y a orillas del Lago Xolotlán. Como dice Grigsby:

> Existe desde 1973. Más de 30 años después, en diciembre de 2007, se ganó un lugar entre "Los 20 Horrores del Mundo Actual" en un concurso organizado por la revista española Interviú. Son 42

hectáreas ocupadas por infinitos estratos de basura en la zona occidental de Managua. Es La Chureca, uno de los botaderos de basura a cielo abierto más grandes de América Latina. (Grisby 2008)

Andrea Lobo Araujo bautizó a estas familias como "El pueblo del basurero", integrado por unas 1500 personas sobreviviendo con el poco dinero que obtienen de la recogida y venta de los desechos que allí se amontonan; de estas el 53% tiene menos de dieciocho años; el 92% vive en casas en ruinas y comparten habitación con otras seis personas, sin agua potable, sin acceso a los servicios de salud ni a la educación; el 62% no dispone de servicios higiénicos y el 25% de los mayores de quince años son analfabetos.

Andrea narra la actividad de las personas en la Chureca:

Recogen plástico, vidrio, papel, aluminio y otros metales. En los días "buenos" se puede recoger un quintal de plástico, otro ta.nto de vidrio y diez libras de aluminio. Familias enteras trabajan todo el día, desde las seis de la mañana en este infierno, refugiándose del sol o de la lluvia bajo una caja de cartón o a la sombra del carro "de familia," los que tiene suerte de contar con él. Los niños, incluso desde los cuatro años, inician su "carrera laboral," ayudando a vigilar el material recogido, seleccionando o volviendo a limpiar. Al principio recogen los materiales más fáciles, el papel y el plástico; a veces encuentran un juguete entre los desperdicios. A los catorce años saben hacer todo lo que debe saber un trabajador del basurero. (http://periodismointegracionucm3.blogspot.com/2012/03/el-pueblo-del-basurero-la-chureca.html).

En las entrevistas realizadas a miembros de la Iglesia Nueva Jerusalén, cuentan las dificultades que pasaron con sus niños y niñas, con quienes trabajaban jornadas intensas desde la mañana hasta caer el sol, primero recogiendo desechos sólidos y después ordenarlos de acuerdo a su categoría; además, aprovechaban recoger residuos de alimentos que encontraban entre la basura. Muchas veces los enlutaban los accidentes fatales donde niños morían bajo las pesadas llantas de los camiones mientras estos buscaban cumplir la tarea asignada o por el cansancio dormían recostados en los cartones tratando de encontrar calor y abrigo; entonces por ser pequeños no eran vistos por los conductores, lo que les ponía en alto riesgo constantemente.

Entre lágrimas y suspiros, hombres, mujeres y jóvenes narran sus historias, las recuerdan como una etapa triste que marcó la pérdida de seres queridos y secuelas en la salud física y emocional, pero igual, expresan una actitud agradecida porque su situación cambió cuando una mujer desconocida llegó a predicarles, Magdalena Herrera, a quien posteriormente comenzaron a llamar "la sierva", "la pastora". A partir de esa fecha la pastora Magdalena inició un trabajo arduo con las familias del basurero la Chureca, hasta lograr conformar una iglesia cuyo propósito desde el principio fue asistir a la comunidad.

Teología que revitaliza lo cotidiano

Prevale en el discurso de la pastora Magdalena y los miembros de la Iglesia Nueva Jerusalén, una teología pentecostal testimonial, que interpreta la presencia de Dios en su actuar cotidiano. Lo interesante es que este tipo de teología es más común en la iglesias pequeñas e independientes, no así en las grandes denominaciones pentecostales y las iglesias históricas, donde se hace más énfasis a lo motivacional y a logros de prosperidad individual o familiar. La teología testimonial era distintiva en el pentecostalismo nicaragüense, pero las nuevas teologías han influido hasta dejarla en un lugar marginal. Actualmente existen pocos espacios o ninguno, para que la congregación comparta sus testimonios, porque la prioridad es para liderazgo estratégico de los sectores religiosos que entretejen una imagen de éxito al público que le escucha a diario.

"Levántate y lleva mi palabra porque yo voy a cambiar las condiciones de esa gente".

De esa manera la pastora Magdalena siente el llamado de Dios para trabajar con las familias que vivían en la Chureca. Es impelida al ver la realidad de niños y niñas que comen de los desperdicios encontrados en el basurero, junto a una manada de zopilotes que también buscan saciar el hambre. El llamado es a servir, a llevar soluciones concretas. Las iglesias ubicadas a los alrededores del basurero mantenían una actitud distante e indiferente a la realidad de los "churequeros"; habían hecho presencia con interés de proselitismo religioso, pero sin asumir un proyecto de largo plazo, excluyéndolos incluso de ser merecedores de sus dogmas y de la hermandad exclusiva para personas de su clase social no acomodada, pero sí con mejores ventajas sociales y económicas.

La decisión de la pastora Magdalena fue diferente. Albergó la esperanza que Dios tenían un plan esperanzador hacia esa población, e inició un proceso que hoy es aplaudido por líderes católicos y evangélicos, funcionarios del gobierno local y organizaciones sociales; el impacto fue mayor al encontrar patrocinio de iniciativas enfocadas a la educación y la seguridad alimentaria de la niñez, como principales propósitos desde que llegó aquel lugar.

"Nos pusimos de acuerdo sin ver doctrina, sino ver la necesidad de la gente".

Lo doctrinal es uno de los aspectos que las iglesias evangélicas ponen como punto primordial en el ejercicio de sus ministerios. Las primeras seis décadas de la historia del protestantismo nicaragüense estuvieron acentuadas por conflictos doctrinales entre las mismas denominaciones, principalmente entre iglesias históricas y las iglesias pentecostales, lo que provocó el surgimiento de nuevas denominaciones de corte nacional. En los últimos treinta años lo doctrinal ha pasado a un segundo término, porque prevalece más el interés por la implementación de métodos de iglecrecimiento a través de iglesias celulares y el anhelo de contar con membresía prosperada. En ese contexto las iglesias pasan un proceso de transición de apego a la doctrina o la tradición, hacia un modelo de ensanchamiento numérico de miembros prosperados.

La pastora Magdalena inicia un trabajo con hermanos y hermanas que proceden de iglesias con doctrinas que divergen en algunos postulados de fe. Entre estos hay trinitarios, unicitarios y adventistas; alejándose de asuntos teóricos pasan a unirse y comenzar una congregación distinta a las tradicionalmente existente, una iglesia entre el basurero, abierta a todas las personas que viven en ese lugar. La predicación, la oración, el consejo y un comedor infantil fueron las primeras acciones que animaron el actuar de la naciente Iglesia Nueva Jerusalén, posteriormente un preescolar y un colegio de educación primaria.

La interpretación de sana doctrina es aquella que identifica las necesidades de la gente y Dios actuando en ella para su restauración integral. A partir de ese principio el proceder de cada creyente está centrado en una dedicación constante y solidaria hacia quienes necesitan apoyo. Eso va acompañado de una ética en cuanto al proceder moral de las personas; por eso, es importante el vestir, el respeto al compromiso matrimonial, un lenguaje respetuoso, la renuncia a consumir bebidas alcohólicas y cualquier droga, consideradas prácticas pecaminosas.

Además de vivir una disciplina espiritual estricta, acompañada de ayuno, oración y confraternidad con otras iglesias pentecostales, los creyentes animados por la pastora Magdalena, dedican tiempo y recursos para visitar a familias necesitadas, muchas sufriendo el desempleo, enfermedad y la escasez de alimentos; por eso, la congregación gestiona ofrendas y donaciones gastronómicas para este tipo de familias que abundan en el territorio donde tiene presencia la iglesia. Esa práctica es identificable en las predicaciones, las conversaciones, los testimonios y oraciones; donde públicamente son expresadas como petición o agradecimiento al Señor.

"Ahora estaba enfocada en dar a la gente necesitada".

Por varios años la pastora Magdalena logró consolidar un comedor ubicado en el Mercado Oriental de Managua, negocio que le facilitaba los medios posibles para llevar alimentos a los hermanos y hermanas que la esperaban en la Chureca. Pero un día inesperado sintió el llamado de ocuparse de tiempo completo en la atención de las familias y decidió dejar el negocio porque Dios le hacía sentir que era el momento para iniciar una nueva etapa del ministerio; fue así que se sometió a 40 días de ayuno y oración con el fin de someter sus planes al designio divino.

Esa decisión es sustentada por una teología que anima una espiritualidad profunda, no solamente donde se quebrante el cuerpo con el ayuno, también exige poner en el centro a las personas, abonando a una cultura de compartir entre los miembros de la comunidad, estando atento por el dolor del otro o la otra. La pastora Magdalena es tomada como ejemplo, porque dejó la comodidad de su hogar para vivir con sus niños pequeños en el basurero, no para acomodarse sino para incentivar un cambio de vida, iniciando en lo espiritual, pasando por la sanidad emocional hasta lograr una restauración social de quienes optan el seguimiento de Cristo.

El enfoque teológico es la necesidad de la gente. No es ni el crecimiento de la iglesia, tampoco la prosperidad de ellos, sino la identificación real de sus necesidades, visitándole, escuchándole, involucrándose en sus actividades diarias, compartiendo sus duelos y alegrías. Los miembros de la iglesia se identifican con ese enfoque; por eso, cuando comparten su testimonio mencionan nombres de personas a quienes han ayudado para su restauración. Ese es el mejor logro; las cuestiones materiales son consideradas secundarias. La persona es importante, es tomada como hermano y la hermana, no como una muletilla del lenguaje religioso, sino como práctica cristiana.

"Tú tienes brazos, Señor, para ayudarme con esos niños".

La gente ve pasar a una mujer risueña, compartiendo versículos bíblicos al grupo de muchachos que la acompaña con un carretón a buscar leña que sirva en la preparación de los alimentos destinado a una mayoría de niños y niñas que participan del comedor infantil de la iglesia, es la pastora Magdalena. La gente la distingue y la aprecia porque la ven acompañada siempre de una población infantil que ríe y corre alegre alrededor de ella, colaborando y esperando el momento en que cada uno recibirá en su plato los preparativos gastronómicos.

La iglesia acoge a niños y niñas de la Chureca; el humilde templo sirve de hogar de protección mientras los padres andan en la selección de desechos sólidos. Los bebés reciben leche, se les trata con ternura y cuando enferman se ora por ellos, pero a la vez son llevados al médico para que reciban la atención necesaria. De esa manera surge una iglesia integrada principalmente por la niñez, acompañada de sus madres y padres.

La pastora y el liderazgo de la iglesia leen la Biblia acentuando que su misión es asistir a los "más pequeños", primero para compartirle el mensaje salvífico, asegurarle la alimentación, facilitarle el estudio y cuidarlos de los males sociales que amenazan su futuro, tales como adiciones al alcohol y la droga; también de compañías insanas que lo lleven a acciones que perturben el orden social.

"Me dice el Señor que a los niños no sólo era darles de comer, que había que capacitarlos para que un día aprendieran a pescar, y cuando yo no tuviera ellos pudieran comer".

La pastora Magdalena le preocupa el futuro de los niños y niñas; sabe que las iniciativas asistenciales no resolverán el problema de escasez de alimentos. Después de unos días de ayuno y oración recibe la visión de poner una escuelita, proyecto que logra concretar en el año 2008. Considera que la educación es la mejor manera de asegurar mejores condiciones para esa niñez y su familia. Hace las gestiones ante el Ministerio de Educación para que la escuela funcione cumpliendo con los requerimientos que exige la ley de Nicaragua.

Comienza a cambiar la mentalidad de los padres, antes llevaban a sus hijos a trabajar con ellos, ahora asumen el compromiso de mandarlos a la escuela. La iglesia comienza a marcar la diferencia entre la comunidad de la Chureca, al incentivar la educación entre los miembros de la familia. Es así que la misma iglesia en alianza con el Ministerio de Educación capacitó a jóvenes cristianos para que ejerzan la docencia como una práctica cristiana al servicio de las comunidades necesitadas no sólo de alimentos, también de conocimientos didácticos sustentados con textos bíblicos, que responden a las temáticas abordadas durante las clases.

Un año después inició el instituto bíblico con el propósito de preparar al liderazgo de la iglesia con una teología del servicio no elaborada desde la academia sino desde la práctica cotidiana; su principal enfoque fue la preparación misionera para atender a los necesitados, donde los niños y niñas fueron los principales beneficiaros, llamados a congregarse y de esa manera surgieron nuevas filiales de la iglesia. La escuela y el instituto bíblico contribuyeron a cambiar la mentalidad de la gente, teniendo la educación como un factor clave para su desarrollo integral. Por eso al entrevistar a los jóvenes de la iglesia, estos comparten el sueño de prepararse profesionalmente con el fin de ayudar a sus comunidades.

"Yo le había dicho que Dios iba a dar casas nuevas, iba a transformar la basurera, y sí veo la visión cumplida".

Mientras proseguía la iglesia en la Chureca, la pastora Magdalena proclamaba una nueva visión que había recibido de un misionero norteamericano, quien le declaró: "sacaré de la esclavitud el asentamiento de la Chureca". A partir de esa visión, la pastora Magdalena veía al pueblo habitando en casas nuevas, todo lo contrario a la realidad que vivía la gente, en sus chozas de plástico, sacos, cartones, pedazos de aluminio, madera, entre otros materiales. Fue así que la pastora y la congregación creyó a esa revelación, esperando los designios de Dios. No sabían precisar cuándo ni cómo acontecería aquello, pero esperaron con fe. Esa expectativa despertó un avivamiento en la iglesia, y surgieron cinco nuevos campos.

Después de la visita de la vicepresidenta de España, María Teresa Fernández de la Vega, en agosto de 2007, quien visitó y quedó "espantada por el drama" de la Chureca, gestionó ante el gobierno ibérico un proyecto con fondos que permitirían clausurar el vertedero y construir uno subterráneo con tecnologías de reciclaje, erigir viviendas para todas las familias residentes, con alcantarillado, agua potable y alumbrado, y desarrollar programas de educación para todos, desde los niños asistentes a escuelas públicas hasta los adultos analfabetos. (http://archive. elnuevodiario.com.ni/nacional/233567-ultimos-dias-chureca/)

La visita de Fernández y la realización del proyecto fueron interpretadas como manifestación de las profecías cumplidas. Este acontecimiento fue teologizado por el liderazgo y miembros de la Iglesia Nueva Jerusalén, también por la comunidad en general, como refiere una joven trabajadora de la planta procesadora: "Gracias a Dios y al proyecto impulsado por el gobierno del presidente Ortega y la compañera Rosario Murillo y la Agencia de Cooperación Española, ahora el trabajo no falla, tampoco a mi esposo y el beneficio fue para mi familia (…) Ahora tenemos un techo, un puesto de trabajo donde no me estoy moviendo de un lugar para otro, estoy bajo techo, no me da el sol y estoy sacando un solo material, tengo protección con mis guantes y mascarilla para trabajar en esta empresa y lo más importante es que tengo salario y seguro, lo que les da estabilidad a mis hijos." (http://www. el19digital.com/articulos/ver/titulo:9911-del-antiguo-botadero-de-basura-de-managua-a-una-vida-digna)

La dicha de vivir en nuevas casas dignas, tener un trabajo y vivir en un lugar con mejores condiciones salubres fue considerada como una manifestación especial de Dios, una liberación. Por eso uno de las líderes de la iglesia de manera expresiva manifestó: "Dios nos sacó de ese lugar como sacó al pueblo de Egipto". Es una frase que durante las entrevistas realizadas se escuchó de manera frecuente en los miembros de la iglesia.

Existe una actitud agradecida a Dios porque su situación cambió, pero ahora tenían que enfrentar nuevos desafíos, como es la lucha contra las influencias de males sociales que aquejan a la juventud, lo que es tomado como una guerra espiritual; por eso ahora se realizan luchas espirituales contra el alcoholismo, la droga, la delincuencia, la violencia intrafamiliar, el desempleo y ante la misma indiferencia social cuando el pueblo se olvida de dónde viene, de dónde Dios los sacó.

## Saliendo hacia afuera, el otro mundo

Varias generaciones pasaron por el vertedero de basura La Chureca; muchas familias fueron poblando el lugar, procedentes de los departamentos de occidente y norte del país, principalmente las afectados por desastres naturales. Durante varias décadas creció una población que tomó una actitud negativa sobre el mundo que le rodeaba, construyó su propio mundo, alejado de la Managua urbana, principalmente por el rechazo recibido por la sociedad circunvecina, marcadas por estereotipos que perjudicó la autoestima de sus pobladores, al considerárseles "gente peligrosa", "personas desaseadas".

Los padres y las madres decidieron que sus niños y niñas no salieran al exterior, con el fin de evitar las burlas y rechazos de otros infantes con mejores condiciones de vida; incluso, negando la oportunidad de la educación hacia sus descendientes. Así pasó el tiempo, y ahora las personas jóvenes en sus testimonios manifestaron que en su niñez no conocieron la gran ciudad de Managua. Sus parques de diversión eran los fardos de basuras que les rodeaban; allí inventaban sus juegos, más cuando entre los desechos había juguetes en malas condiciones, pero, eso no era obstáculo, al contrario, era motivos de alegría. Al caer la tarde el grupo de niños y niñas se juntaba para distraerse entre la montaña de basura que emitía humo, polvo, olores diversos y un ambiente multicolor, allí reían, también lloraban; sin conocer lo que pasaba en la capital que se escuchaba ruidosa, peligrosa, atractiva, pero sobre todo despreciable, por las tristes historias contadas por sus mayores, que transmitían el hecho de ser rechazados por el sólo motivo de tener una alternativa diferente de sobrevivir.

Con esa connotación surgió el término "los ch[é]chequeros", una expresión de burla y sarcasmo para referirse a las familias recolectoras de la basura. Y precisamente ese fue el gran reto que la pastora Magdalena identificó al llegar, y contrario a la terminología despreciativa hacia esta población, ella decía: "tú eres gente". Trabajar la autoestima de las personas fue la primera tarea, convencerles que eran valiosas, importantes para Dios y que tenían una misión transformadora para el resto de la sociedad, que de ese lugar saldría algo grandioso que impactaría no sólo a Nicaragua, también a otros países. Eligió líderes y comenzó una tarea ardua, empoderando a los creyentes de una actitud positiva, confiando en el cambio que ellos llevarían a cabo en aquel territorio. Así pasó.

La primera vez que los miembros de la iglesia recibieron la invitación a participar de un culto especial fuera del basural, a un templo de un barrio vecino, se resistían a salir por el temor de ser rechazados y discriminados por los mismos hermanos de la fe. Su aspecto de la vestimenta, el rostro marcado por el sol, las manos maltratadas por el duro trabajo de recoger objetos reciclables, además de haber adoptado una baja autoestima por el ambiente de rechazo recibido por varias décadas y por varias generaciones, se presentaban como obstáculos para aceptar aquella invitación. Después de varios sermones de la pastora Magdalena, lograron aceptar; esa vez fueron, salieron, se dieron cuenta que había una hermandad que le aceptaba, y de esa manera el liderazgo comenzó a coordinar alianzas entre iglesias locales para la implementación de iniciativas conjuntas, teniendo como eje principal el servicio a los más necesitados. Ahora la misión de la iglesia se ha extendido y familias han aceptado el reto de la tarea pastoral y han abierto campos misioneros donde instauran un lugar de encuentro y ayuda a la niñez, a la vez un acompañamiento cercano a jóvenes en alto riesgo social; además del evangelismo, la visita a las cárceles, hospitales y las casas, donde oran y proveen de ayudas material o financiera a las personas que lo requieran.

A partir de los 90s, las ONGs y el mismo gobierno local había acostumbrado a las familias de la Chureca asumir una imagen victimizante; por eso, sus funcionarios aparecían con donaciones de alimentos, ropa y enseres de aseo personal; por considerarlos "pobrecitos"; teniéndolos como sujetos de lástima con quienes debería de tenerse compasión. Las ayudas llegaban, pero no se evidenciaban resultados que indicaran que la situación difícil iba mejorando; al contrario, se fortalecía una cultura de dependencia. En sus orígenes eso fue un obstáculo para el trabajo de la Iglesia Nueva Jerusalén, incluso en sus primeras acciones adoptó ese mismo modelo paternalista; pero todo fue distinto cuando surgió el liderazgo de la misma comunidad, no venían de fuera, no, pero sobre todo, este mismo liderazgo junto con su pastora descubrieron que podían disponer de sus recursos para enfrentar las problemáticas que afectaban a la comunidad. Aunque plantearon estrategias para desarrollar alianzas con iglesias y ministerios cristianos, además de instituciones del Estado, insistieron que los miembros de la iglesia podían aportar, en recursos materiales, financieros y personal humano. Así surgió el comedor infantil, el preescolar y el colegio de primaria.

Estas iniciativas no surgieron con el financiamiento de instituciones nacionales o extranjeras. Más bien una red de mujeres cristianas del Mercado Oriental y padres de familia proveían de lo que podían dar para que las actividades se realizaran en beneficio de los niños y niñas. Las maestras pertenecen a la iglesia y son de la misma localidad, las que sirven como ejemplo motivador para la juventud que han observado los esfuerzos por superarse y por contribuir en el bienestar de la comunidad. Recientemente existe apoyo de ministerios internacionales debido a que se ha ampliado la meta de población infantil que está siendo atendida en diferentes municipios de Managua.

Imagina la siguiente historia. Una joven sonríe mientras va pasando por el colegio, entra y saluda a la maestra, que es su mamá. Saluda amablemente a quienes acompañan a su mamá. Lleva consigo una mochila cargada de cuadernos y libros. Al mediodía, madre e hijas se despiden con un beso. Mientras la joven emprende el viaje la mamá dice con alegría: "ella va a la universidad, entre poco tiempo comienza a trabajar". La joven universitaria también ayuda en las actividades de la iglesia, la institución que les acompañó en el momento que estaban en la Chureca y de igual manera ahora que están ubicados en Villa Guadalupe. Lo llamativo es que la iglesia despertó sueños en la nueva generación, deseos de estudiar, servir y encontrar oportunidades laborales más dignas para sobrevivir. Eso es notable en la juventud de la congregación y de la población en general.

A las personas entrevistadas les une el haber compartido una misma situación, haber vivido entre la basura, también el mismo origen, víctimas de los desastres naturales y la guerra; arrinconadas en un lugar fuera de la ciudad, olvidadas y utilizadas en muchas ocasiones por instituciones disque de servicio social. En el centro de aquel territorio inició la obra de la iglesia, donde empezó a construir una nueva realidad, la gente fue involucrándose y a tener una visión diferente sobre su futuro.

En el presente el liderazgo no solamente hace gestiones relacionadas con asuntos religiosos, también ha logrado el reconocimiento de la alcaldía de Managua, mantiene comunicación directa con sus principales funcionarios y participa de las reuniones de los Gabinetes del Poder Ciudadano, donde se deciden sobre los proyectos comunitarios. A través de estos espacios públicos la iglesia logró la concesión de un terreno para la construcción de una oficina, albergue para niños y niñas, comedor infantil, escuela vocacional y un lugar de recreación para la comunidad.

La imagen del actuar cristiano según la práctica de la pastora Magdalena y el liderazgo, va más allá del templo, porque se trata de involucrarse directamente en la vida de las personas, sus familias y su contexto local. Esa misma perspectiva están adoptando las personas jóvenes de la comunidad, como es el caso de la coordinadora del barrio, quien además de pertenecer a una iglesia de corte neopentecostal, coordina con el líder político, representantes de instituciones estatales y ONGs, la realización de censos a más de trescientas familias para conocer sus necesitadas y de esa manera gestionar iniciativas que respondan a los problemas locales. Aunque en esas acciones no es muy sentida la participación de las iglesias, se valora el trabajo que realiza la Iglesia Nueva Jerusalén. Resalta la aparición de mega-iglesias que los domingos envían sus buses a traer a niños y niñas para llevarlos a sus templos ubicados en las avenidas céntricas de la capital, pero no tienen presencia en el territorio; siguen prevaleciendo las iglesias pequeñas independientes y autónomas que llegan a la Iglesia Nueva Jerusalén para participar de los planes pastorales y proyectos sociales.

La iglesia ha organizado líderes que desempeñan tareas pastorales y sociales, teniendo como enfoque la solidaridad. La pastora Magdalena actualmente es invitada a diferentes países para contar su testimonio y los resultados satisfactorios logrados de manera conjunta entre la iglesia, la comunidad, ministerios internacionales, medios de comunicación cristiana, y la alcaldía; donde comparte sus planes de futuro, organizar una red de iglesias en diferentes territorios, donde existen comedores infantiles, preescolares, escuela, clínicas, centros vocacionales y espacios recreativos, para favorecer a la niñez y la juventud con sus familias, que encuentren un lugar donde formarse integralmente, principalmente recibir el acompañamiento espiritual que les hará mejores personas. Por eso la pastora al presentar a un niño en la iglesia dice: "Aquí traigo a un futuro profesional que servirá a Dios y la nación."

Obras citadas:

Aguirre Salinas, Carlos.
    2012.    Instituciones religiosas inscritas en el Ministerio de Gobernación en el período de 1990 al 2007, Managua: Procuraduría de Participación Ciudadana.

Aguirre Salinas, Carlos y Alberto Araica.
    2010.    Pentecostalismo en transición y globalización en Nicaragua. Influencia de las nuevas corrientes religiosas en la praxis social y política de las iglesias pentecostales. Managua: CEI.

Bardeguez, Jorge.
    1997.    "Nuevos escenarios políticos en la pastoral evangélica nicaragüense." Misión Evangélica Hoy 8-9.

Bautz, Wolfgang, Noel González, y Javier Orozco.
    1994.    Política y religión. Estudio de caso: Los evangélicos en Nicaragua, Managua. Managua: Friedrich Ebert Stiftung-CIEETS.

Freston, Paul.
    1998.    "Pentecostalism in Latin America: Characteristics and Controversies." Social Compass 45/3: 335-358.

    2004.    Evangelicals and Politics in Asia, Africa, and Latin America. Cambridge: Cambridge University Press.

Freston, Paul, ed.
    2008.    Evangelical Christianity and Democracy in Latin America. Oxford; New York: Oxford University Press.

Grigsby Vergara, William.
    2008.    "Nicaragua: La "nueva" Chureca: de la basura a la dignidad humana". Revista Envío 313. http://www.envio.org.ni/articulo/3736

Martínez, Abelino.
1989.    Las sectas en Nicaragua: Oferta y demanda de salvación. San José: DEI.

Pew Research Center.
2006.    Spirit and Power. Washington, DC: The PEW Forum on Religion and Public Life.

2014.    Religion in Latin America: Widespread Change in a Historically Catholic Region. https://www.pewforum.org/2014/11/13/religion-in-latin-america.

Rocha, José Luis.
2011.    "Los jinetes del desarrollo en tiempos neoliberales. Segundo jinete: las ONG". Revista Envío 30/354: 46-55.

Schäfer, Heinrich.
2003.    Zur Theorie von kollektiver Identität und Habitus am Beispiel sozialer Bewegungen. Berlin: Humboldt Universität.

2009a.   "La generación del sentido religioso - observaciones acerca de la diversidad pentecostal en América Latina." In Voces del pentecostalismo Latinoamericano (III): Identidad, teología, historia, Daniel Chiquete and Luis Orellana, eds. Concepción: RELEP.

2009b.   "The Praxeological Square as a Method for the Intercultural Study of Religious Movements." In Cultures in Process: Encounter and Experience, Stephan Gramley and Ralph Schneider, eds. Bielefeld: Aisthesis.

Zub K., Roberto.
2002.    Protestantismo y participación política en Nicaragua. Managua: CIEETS-UENIC-MLK.

# CAPÍTULO 3:
# CONSTRUYENDO PUENTES HACIA LA INCLUSIÓN Y LA DIGNIDAD

El caso del Proyecto Educativo Laboral Puente Belice

América Gabriela Ochoa y Robert Brenneman

En medio de una realidad de miedo y de desconfianza,
al darse una vuelta por los barrancos se da uno cuenta
que estos jóvenes tienen mucho mérito porque es
una realidad muy deshumanizante. En medio de esa
deshumanización, el afecto y la ternura era lo conductor
de este proyecto. – Padre Francisco Iznardo

Una Iglesia con las puertas cerradas traiciona sí misma
y su misión, y en lugar de ser puente, se vuelve barrera. –
El Papa Francisco[20]

## Definición

El Padre Francisco Iznardo (Padre Paco), coordinador
general del Proyecto Laboral y Educativo Puente Belice, describe
con el párrafo arriba, por qué trabaja con los y las jóvenes del
proyecto. El Proyecto Educativo Laboral Puente Belice es un
proyecto de la Compañía de Jesús en Guatemala. El proyecto
trabaja con jóvenes en un área marginal de la ciudad. Como
muchas otras personas jóvenes de áreas marginadas, estos
jóvenes viven atrapados en una realidad de pobreza y violencia
que les niega las oportunidades reales para mejorar su situación.
Es un buen ejemplo de un movimiento mayor de iglesias
evangélicas y parroquias católicas que han decidido trabajar a
favor de una población joven y marginada cada vez más grande
en Centroamérica. El objetivo del proyecto es buscar transformar
la realidad y el futuro de estos jóvenes y de sus comunidades.
Descrito por sus líderes, el proyecto busca romper el ciclo de
pobreza y violencia en que los y las jóvenes viven, a través de
la educación, las oportunidades de trabajo y la atención a su
formación personal y salud emocional. Reconstruir la autoestima
de los y las jóvenes, crear un sentido de pertenencia y ofrecerles
un espacio y una oportunidad viable para formarse y transformar
su situación son los objetivos que forman parte de la visión
del proyecto. La otra parte de la visión es lograr que los y las
jóvenes sean agentes de cambio en sus propias comunidades y se
involucren en el liderazgo del proyecto.

---

20 "Francis opens synod calling for church that is bridge, not roadblock." The
National Catholic Reporter. October 4, 2015. http://ncronline.org/news/
vatican/francis-opens-synod-calling-church-bridge-not-roadblock.

El proyecto surge en el año 2002 a raíz de la visión del padre jesuita español, Manolo Maqueira, de crear una alternativa para los y las jóvenes en el contexto de violencia, pobreza y marginalidad de "los barrancos y los asentamientos" de la ciudad de Guatemala, en donde las oportunidades de educación y de trabajos dignos no existen.  La mayoría de los y las jóvenes de las áreas marginales se ven obligados a no optar por la educación o, a abandonar los estudios por falta de recursos. Como resultado, no tienen acceso a empleos competitivos que les ayuden a generar un ingreso digno. La visión del proyecto es formar jóvenes profesionales y calificados que crean en sí mismos y que logren contribuir en mejorar la situación de sus familias y sus comunidades.  El proyecto construye puentes en la sociedad guatemalteca, puentes que conectan grupos de clases sociales distintas, pero que tienen algo que ofrecerse mutuamente.

En una sociedad de contrastes y tan divida por clases como la sociedad guatemalteca, los y las jóvenes de las áreas marginales necesitan puentes que les conecten con las oportunidades y nuevas redes sociales que les ayuden a romper el ciclo de pobreza en el que viven.  La función del proyecto es la de formar a los y las jóvenes, creer en ellos y luego conectarlos con las oportunidades que necesitan. El trabajo del proyecto es importante porque es un proyecto transformador para las vidas de los y las jóvenes que pertenecen al proyecto y que además impacta a sus comunidades. El proyecto pretende generar un cambio en la situación de las comunidades marginales a través de sus propios jóvenes. Romper el ciclo de pobreza y violencia no resulta tan lejano cuando las oportunidades son reales y existen puentes para alcanzarlas. Este caso es importante 1) porque revela lo profundos que son los obstáculos a la dignidad humana en un país tan dividido y con tantas personas jóvenes, y 2) porque provee un ejemplo instructivo de la capacidad de personas motivadas por su fe, quienes están sirviendo como "puentes" entre poblaciones bastante lejanas, logrando proveer entrada a un mundo más digno a los y las jóvenes que no tendrían otra manera de entrar. En otras palabras, el concepto de "puente" no solo es parte del nombre de este proyecto en particular (por la ubicación de la comunidad que está literalmente debajo de un puente) sino que sirve como metáfora por el trabajo que realiza el proyecto y simboliza el trabajo de otros proyectos de iglesias y parroquias que están sirviendo de "puentes" entre grupos muy aislados.

## Contexto

Algo que destaca el Proyecto Educativo y Laboral Puente Belice es que, desde sus inicios, el liderazgo del ministerio ha tomado muy en serio su contexto nacional y local. Guatemala es un país pequeño que esconde una gran diversidad cultural y social, y que posee una variedad de climas y ecología que sorprende dado su pequeña huella de apenas 108,000 kilómetros cuadrados. De igual manera en el tema de la práctica de fe, Guatemala demuestra un dinamismo y diversidad poco conocido en el hemisferio occidental.

### Contrastes sociales y económicos

De acuerdo a las vallas promocionales del Instituto de Turismo, la diversidad de etnias en Guatemala se vive principalmente a través de caras sonrientes y ropa de muchos colores. En realidad, el acceso al poder todavía es poco accesible para los pueblos indígenas, quienes suman el 40% de la población del país. Los partidos políticos, las fuerzas armadas, y la gran mayoría de los curules del congreso, y por supuesto, la presidencia, están en manos de la población "ladina" mestiza, quienes han mantenido el poder desde la salida de la clase "criolla" al final del siglo XIX (Pelaez 1998 [1970]). Esta población ladina predomina en casi todos los espacios urbanos, especialmente en la capital.

Sin embargo, esto no quiere decir que la exclusión solo impacta al pueblo indígena. Una segunda división en el país, quizás de igual magnitud que las divisiones étnicas, es la división económica. Guatemala, por su ubicación, por sus recursos naturales, y por su población grande y creciente, representa la economía más grande en Centroamérica con un PIB de US$118 mil millones en 2014, lo cual deja un promedio de ingresos de $7500 por cápita. Sin embargo, la desigualdad histórica sigue vigente y es esta realidad la que hace que más del 50% de los guatemaltecos vivan en pobreza y un 13% vivan en extrema pobreza (CIA 2015). Hay muchos factores que causan y mantienen esta realidad de desigualdad económica, pero no cabe duda que uno de los principales factores es la falta de inversión social. Con un solo 13% del PIB, Guatemala tiene una taza de recolección de impuestos que está entre las más bajas en toda América Latina (ICEFI 2012). Y con pocos fondos, poco se logra. El presupuesto educativo de Guatemala es el menor de la región, llegando a un 2,8% del PIB. Comparado con el 5,8% invertido por México, su vecino al norte, con el 4,66% invertido en Nicaragua o con el 3,46% en El Salvador, este dato demuestra la poca prioridad que tienen la educación y la juventud en Guatemala (Malik 2014) y pone en estrechos muy difíciles a los directores de las escuelas públicas, quienes tienen que buscar la manera de ofrecer una educación con recursos mínimos para los miles de niños y jóvenes cuyos hogares no cuentan con la capacidad económica para mandarlos a un colegio privado.

Otra evidencia de la desigualdad social se ve en el acceso a la seguridad. En las últimas dos décadas, Guatemala ha experimentado una "transformación" en la violencia e inseguridad de la población (Restrepo and Tobón García 2011). La inseguridad y riesgo que en décadas pasadas tenía una connotación política y fue dirigida a jóvenes universitarios o poblaciones indígenas, ahora se ha extendido, especialmente en los espacios urbanos. Al contraste a la violencia política de los años setenta y ochenta, la violencia de hoy es económica y por identidad, dejando como blanco a los jóvenes, especialmente a los que pertenecen a las áreas marginales (Brenneman 2015). Sumado a esto, la proliferación de armas pequeñas ha hecho de la vida cotidiana una carrera peligrosa para millones de capitalinos. La poca inversión en las estructuras de seguridad pública (a través de la policía nacional y el Ministerio Público) ha dado lugar a una proliferación de firmas y agentes de seguridad privada. En un país con seis policías privados por cada policía nacional (Florquin 2011), existe poca voluntad política de parte de la clase media para invertir más en las estructuras de seguridad pública. De esta forma, la seguridad en Guatemala se compra, lo cual significa que, entre los ciudadanos pobres, la seguridad sigue siendo un lujo lejano e inaccesible.

Una respuesta frente a esta situación de falta de oportunidad educativa y seguridad pública ha sido la proliferación y la profesionalización de las pandillas urbanas. Aunque siempre existían grupos de jóvenes locales quienes se juntaban para socializar y participar en ritos de violencia y delincuencia menor, en los años noventa y dos mil pasaron por una transformación o "evolución" en su manera de organizarse y en su capacidad de exprimir fondos de los propios vecinos (Levenson 2013, Loudis et al. 2006). Esto hacen, aprovechando de la poca, o esporádica, presencia de la policía y la corrupción en las estructuras de justicia pública. El impacto de esta "evolución" en las pandillas es que suma otra barrera más a la dificultad que enfrentan los jóvenes en los sectores marginales y hace que el barrio San Antonio, donde se fundó el proyecto PELPB, sea un buen ejemplo de lo que llaman los sociólogos "la desventaja concentrada" (Wodtke, Harding, and Elwert 2011).

## Contrastes de fe

Guatemala es un país con un contexto religioso diverso y bastante dinámico. La gran mayoría de personas en Guatemala practican la fe cristiana y en cualquier domingo se puede observar familias caminando juntos hacia el culto o la misa. Los últimos cuarenta años han visto un crecimiento fuerte entre los Protestantes, especialmente los grupos pentecostales y carismáticos (Holland 2010). Aunque todavía se considera un país católico romano, apenas el 50% de la población se auto-identifica de esta manera y el 30% se identifica como protestante. Dentro de la iglesia católica en Guatemala también existe un movimiento católico carismático (o de la Renovación Carismática) bastante fuerte (Pew 2006).

La historia reciente de las iglesias en Guatemala y, especialmente, su relación con la violencia política, se caracteriza por un lado como una lucha por la justicia de parte de la Iglesia Católica y, hasta relativamente reciente, por una intención de mantenerse lejos de cuestiones políticas, justicia social o cuestiones de violencia de parte de las iglesias protestantes con muy pocas excepciones (Garrard-Burnett 1998, 2010). Sin embargo, a partir de los 2000 y con la terminación de la guerra civil en 1996, algunos han observado una nueva energía de parte de algunas iglesias y parroquias para involucrarse en la vida de los y las jóvenes de los barrios más pobres, peligrosos, y marginados de Centroamérica. Y, a pesar de que no impregna a todas las iglesias o parroquias, ha emergido un pequeño movimiento de trabajadores cristianos, muchos de ellos pastores y sacerdotes, quienes se han dado al reto de buscar oportunidades y carreras legítimas para jóvenes que son, han sido, o podrían ser atraídos por las pandillas. De este movimiento, el Proyecto Educativo y Laboral Puente Belice es un ejemplo muy instructivo que nos da una idea de la creatividad y dedicación de estos pequeños pero impactantes proyectos.

## Desarrollo

La estructura organizativa del Proyecto Puente Belice es bastante clara. El proyecto está dividido en cinco áreas operativas. Sin embargo, uno de los principios que el proyecto mantiene en la manera en que opera es el del trabajo en cooperación y el testimonio a través de la coherencia personal en las acciones; por lo tanto, todos apoyan el trabajo de todos y aunque existen áreas establecidas, estas dividen las responsabilidades, pero no están divididas de manera jerárquica

Las áreas operativas del proyecto son cinco:

• Área administrativa

• Área académica

• Área laboral o de productividad

• Área de formación humana

• Área de proyección social

Cada una de las áreas del proyecto cuenta con un coordinador y el Padre Iznardo sirve como coordinador general de todas las áreas del proyecto. El trabajo del Padre Iznardo como él mismo lo describe, es el de asegurarse que todas las áreas se coordinen entre sí y de animar y apoyar al equipo en su trabajo diario. Además de servir como coordinador general en el proyecto, el Padre Iznardo, también organiza las misas semanales en la capilla de la comunidad Jesús de la Buena Esperanza en dónde también reside.

## Área administrativa

El área administrativa es pequeña, se compone básicamente del Padre Iznardo, de una secretaria administrativa y del director del área académica del proyecto. Sin embargo, cada uno de los coordinadores de área coordina todo su trabajo con el coordinador general. El área administrativa se encarga de todos los detalles administrativos y de logística, así como de evaluar la sostenibilidad del proyecto, la implementación de nuevos talleres y de mantener los contactos con las empresas asociadas y el público en general.

## Área académica

Uno de los principales problemas que la población juvenil de las áreas marginales enfrenta es la falta de oportunidades y recursos para educarse. Sin educación, los y las jóvenes están destinados a obtener trabajos mal remunerados, a sufrir explotación y a no poder romper el círculo de pobreza que se vive en sus comunidades. El área académica está enfocada en apoyar a los jóvenes a completar sus estudios a nivel diversificado y de esta forma poder continuar su camino a un grado universitario. Desde esta área se ofrece el nivel primario, secundario y diversificado. El objetivo es proporcionar educación de alta calidad que permita a los y las jóvenes competir en el mercado laboral y contar con las herramientas necesarias para desarrollarse como profesionales. Para lograr el éxito académico de los y las estudiantes, es necesario reconocer la realidad de la población juvenil de esta zona. Muchos de ellos y ellas no tuvieron acceso a educación durante su niñez. Por esta razón, el proyecto ofrece educación a nivel primario en un programa acelerado que permite a los y las jóvenes completar el nivel primario de educación en tres años.

## Área de productividad

La comunidad de San Antonio y sus alrededores se caracteriza por una profunda concentración de desventaja social y económica. En muchos hogares la necesidad económica es tan aguda que aun para los niños y las niñas, pero especialmente para los y las jóvenes, la idea de asistir a clases todos los días parece un sueño lejano. La sobrevivencia exige que cada joven esté involucrado en conseguir fondos para el alimento propio y, en muchos casos, para los otros miembros de su casa. Por esa razón los líderes del proyecto desde su principio han buscado incorporar la oportunidad de trabajo y la generación de ingresos junto con la experiencia puramente educativa. Todos los jóvenes estudiantes trabajan medio tiempo y toman clases medio tiempo. El área de productividad se enfoca en ofrecer una plaza de trabajo de medio tiempo a los y las jóvenes en alguna de las empresas que apoyan al proyecto. Las plazas de trabajo son consideradas "becas laborales." Las personas jóvenes pueden generar un ingreso económico para ellas y sus familias mientras completan sus estudios. En muchos casos el ingreso que los y las jóvenes generan en el proyecto es el único ingreso permanente y significativo para sus familias.  Este ingreso motiva la continuidad y la perseverancia entre los y las estudiantes y es muy importante porque para estas personas jóvenes, sin modelos a seguir en sus familias es más difícil esforzarse y trabajar por un mejor futuro a través de la educación y el trabajo; pues, en la mayoría de casos, no están "siguiendo los pasos de sus padres." Muchos de los y las jóvenes participantes serán las primeras personas en su familia en completar estudios a nivel básico.

Sin embargo, no solo se trata de la generación de un ingreso en el corto plazo. Los y las jóvenes en las becas laborales, además de recibir un ingreso económico, también obtienen experiencia laboral y redes sociales que les resultan valiosos cuando deciden buscar trabajo al finalizar sus estudios a nivel de diversificado. Muchas de las personas jóvenes trabajando con becas laborales son contratadas formalmente como empleados por las empresas al terminar sus estudios.

Área de formación humana

El proyecto PELPB, al igual que otros proyectos con trasfondo católico, trata de considerar a la persona como un ser íntegro. Por esta razón existe el área de formación humana, la cual se enfoca en el desarrollo humano de los y las jóvenes y busca acompañarles en su situación personal y también en la experiencia colectiva de todos como parte del proyecto. Los y las jóvenes del proyecto viven en situaciones deshumanizantes de mucha pobreza y violencia. En medio de una realidad de miedo y de desconfianza, el afecto y la ternura como lo explica el coordinador general, "son conductores en este proyecto". Los programas del área de formación humana están dirigidos a fortalecer la confianza y la autoestima de los y las jóvenes y a formar un sentido de pertenencia y de responsabilidad que tienen como agentes de cambio en sus comunidades. El programa realiza talleres de liderazgo y de reflexión sobre su historia personal y de servicio. Además, PELPB ofrece retiros opcionales para los y las jóvenes. Durante estos retiros, los y las jóvenes tienen tiempo para reflexionar sobre la misión del proyecto y la visión de servicio del fundador. Aunque tocan temas espirituales y bíblicos, como por ejemplo, la vida servicial de Jesús, durante los retiros, el liderazgo no diseña el programa con intención de evangelización. De acuerdo al Padre Iznardo, coordinador general, "Los jóvenes necesitan sentirse queridos y queribles".

En realidad, a pesar de su origen católico romano, y aun en vista de su dirección por un sacerdote, el proyecto PELPB no promueve la fe cristiana de manera muy explícita ni mucho menos el catolicismo. Esto se debe no solo a la intención de evitar la promoción de un grupo sobre otro, sino también porque, según el Padre Iznardo, la experiencia de fe de muchos estudiantes no ha sido de un Dios cercano ni de una comunidad de apoyo. Muchos de los jóvenes han tenido una experiencia de fe muy ritual y de un Dios castigador y muy poco liberador. Los líderes tratan de comunicar el amor, el servicio, el acompañamiento y la responsabilidad de generar un cambio a través del ejemplo personal o "testimonio" como valores prácticos de una fe que produce cambios y que libera. Esta reticencia de promover de manera abierta la fe católica es algo que concuerda con los hallazgos de otros estudios en Centroamérica. Por ejemplo, Wolseth (2011) en su etnografía sobre el ministerio Jesuita hacia los jóvenes en un barrio de El Progreso, Honduras, encontró que los sacerdotes en ese contexto promovían una justicia social para toda la comunidad y trataban de evitar temas de la fe que pensaban podrían fomentar división en la comunidad. De igual manera, Brenneman (2012) comparó a ministerios pentecostal-evangélicos hacia los pandilleros con ministerios similares de iglesias católicas y encontró que en general los ministerios católicos tendían a promover un concepto muy abierto de la "formación humana" en lugar de una espiritualidad cristiana o católica. En este sentido, el PELPB cabe muy bien en la tradición comunitaria de la mayoría de los ministerios parroquiales hacia los jóvenes.

## Área de proyección social

El área de proyección social está dirigida al trabajo de los y las jóvenes participantes en el proyecto Puente Belice en apoyar y servir como modelos para la niñez en sus comunidades. Los y las jóvenes que participan en los proyectos de proyección social son las personas jóvenes que ya han pasado por los talleres de formación humana y que han demostrado madurez y confianza en sí mismos. Los y las jóvenes ofrecen tutorías de refuerzo académico, clases de inglés y de danza a los niños y las niñas de sus comunidades. Los y las jóvenes también organizan actividades de recreación para la niñez como una forma de apoyarles y acompañarles en el contexto de vida tan duro en el que están creciendo. La visión detrás del área de proyección social es que los y las jóvenes presenten una opción distinta al modelo que los niños y las niñas observan en sus comunidades, en donde los modelos de roles sociales son en su mayoría de pandilleros y en donde el éxito en la vida está asociado a la violencia y al crimen.  De acuerdo a Rolando Gutiérrez, ex alumno del proyecto y quien ahora trabaja como maestro, el ejemplo positivo de personas que no están involucradas en pandillas o en crimen es muy importante para cambiar la visión de la población infantil y juvenil para su futuro. Como preparación para este trabajo, los y las jóvenes reciben capacitaciones y entrenamiento antes de empezar a reclutar niños y niñas con quienes trabajar. Todas las actividades que los y las jóvenes realizan con la niñez se llevan a cabo en los salones de las parroquias de sus barrios o en espacios relacionados a la Compañía de Jesús.

## Historia del Proyecto

El Proyecto Educativo Laboral Puente Belice es un proyecto de la Compañía de Jesús que empezó por el trabajo pastoral y de acompañamiento que realizaba el Padre Manolo Maqueira en la Parroquia San Antonio, zona 6 de la ciudad de Guatemala. Al ser asignado a la Parroquia de San Antonio en el año de 1996, el Padre Manolo decidió vivir con la gente de la comunidad Jesús de la Buena Esperanza, ubicada bajo el Puente Belice de la ciudad. Vivir con la gente, sentir su dolor y observar la desesperanza en la que vivían, llevó al Padre a buscar soluciones. El Padre se dio cuenta que trabajar con personas adultas y tratar de transformar sus vidas era muy difícil debido a que muchos estaban ya involucradas en pandillas o habían vivido situaciones muy duras que les habían marcado la vida de manera irreversible. Esperar a que llegaran a ser adultos no resultaba una opción que rompiera el ciclo de violencia y de pobreza de las áreas marginales. Era necesario trabajar con jóvenes que aún no estuvieran involucrados en actos delictivos o violentos y ofrecerles oportunidades viables que les permitieran participar activamente en cambiar su realidad y su futuro.

El proyecto se inició en el año de 2002 con treinta jóvenes en una casa pequeña, rentada en la zona 1 de la ciudad de Guatemala cerca del barrio San Antonio. La visión del Padre Manolo era la de ofrecer a jóvenes en contextos de violencia, pobreza y marginalidad, una oportunidad para formarse como profesionales con valores, fortalecer su autoestima y servir como agentes de cambio en sus comunidades. El Padre ideó un programa en el que los y las jóvenes podían trabajar y completar sus estudios al mismo tiempo. La educación era fundamental pero también lo eran las construcciones de nuevas redes sociales, el modelo de roles distintos y el trabajo en su desarrollo humano. Personas jóvenes marginadas sin esperanza, pasaron a ser el centro de atención del Padre Manolo, quién les conectó con otros miembros de la sociedad guatemalteca y con las oportunidades para cambiar su situación. El Padre Manolo murió en el año 2006 dedicado de lleno al trabajo en la parroquia y en el proyecto. La Compañía de Jesús nombró entonces al Padre Francisco Iznardo (Padre Paco) como responsable del proyecto. El Padre Paco, ya había estado apoyando al Padre Manolo con el trabajo del proyecto. Sin embargo, se encontraba trabajando en la diócesis del Ixcán en el área rural de Guatemala con retornados y comunidades de población en resistencia a finales de la guerra civil en Guatemala desde el año de 1994.

El Padre Paco se hizo cargo del proyecto creyendo en la visión del Padre Manolo y reconoció que era importante y necesario trabajar y apostarles a los y las jóvenes para cambiar su situación y la de sus comunidades. El Padre Paco comenta que después de vivir en la comunidad Jesús de la Buena Esperanza, "La intuición de Manolo de unir estudio y trabajo para reconstruir a la persona era fundamental. Esa intuición de acompañar al joven durante tres o cinco años [y de] ser acompañados emocionalmente, para reconstruir a la persona y tener una incidencia y un testimonio en su colonia [es algo] que cambiará las formas".

El trabajo del proyecto con los jóvenes es integral y va más allá de la formación académica o de procurarles un ingreso económico a través de las becas laborales. El proyecto trabaja con la autoestima de los y las jóvenes y con sus historias personales de vida. El Padre Paco explica que al llegar al proyecto se dio cuenta que, aunque él venía de vivir y trabajar en una selva, la realidad de las comunidades marginales en las que estas personas jóvenes viven tenía elementos parecidos a la "selva" en donde había trabajado antes.

> Es una selva mucho más dura, más hostil y deshumanizante pero por la que valía la pena apostar pues realmente la gente no era culpable de esa realidad, o sea estamos viendo realmente los márgenes de lo que provoca este sistema de depredación y de acaparamiento en el que estamos viviendo.

El Padre Paco se ha entregado de lleno al programa y actualmente cuenta con 315 alumnos y continúa creciendo. El proyecto funciona ahora en un terreno donado por la Universidad Jesuita Rafael Landívar, con instalaciones construidas con fondos de la Cooperación Española.  El lugar cuenta con áreas verdes que proporcionan un ambiente distinto a los y las jóvenes que no tienen acceso a ellas. El Padre Paco explica que ahora "están de lujo", pero que usan las instalaciones también para mostrar a estas personas jóvenes que ellas valen la pena y que merecen un lugar digno para estudiar y trabajar. El proyecto debió mudarse debido a que, por problemas territoriales de pandillas, dos de sus jóvenes fueron asesinados aunque no pertenecían a pandillas, llegaban al proyecto desde distintas zonas marginales que pertenecían de acuerdo a los pandilleros a pandillas rivales.

Entre los desafíos más grandes que ha enfrentado el proyecto están el asesinato de dos estudiantes y el cierre de una de las empresas que brindaba un número significativo de plazas laborales al principio del proyecto. Estos eventos crearon incertidumbre en cuanto al futuro del proyecto. Sin embargo, las puertas se han continuado abriendo y muchas personas jóvenes dependen del proyecto. No tienen a nadie más que responda por ellos o cubra sus necesidades básicas. Los y las jóvenes son motivados a trabajar duro y a demostrar que son participantes valiosos en las empresas donde trabajan. De hecho, otro desafío constante ha sido el de conseguir empresas dispuestas a participar ofreciendo puestos de trabajo a los y las jóvenes. Asegurar plazas laborales es un desafío grande para el proyecto. Sin embargo, hasta ahora, el desempeño de los y las jóvenes en las empresas ha logrado mantener las puertas abiertas y sirve como referente para construir nuevas relaciones con nuevas empresas.

Otro gran desafío que enfrenta el proyecto a diario es el de competir con el atractivo que ofrecen las pandillas a los jóvenes o el miedo que instigan en ellos. Muchos jóvenes guatemaltecos de las áreas marginales se involucran en las pandillas porque no tienen otra salida. Basta mencionar un solo ejemplo reciente para ilustrar el miedo que las pandillas causan y que ha estremecido a los hogares del sector. Un niño de doce años, residente del barrio Jesús de la Buena Esperanza, fue lanzado por pandilleros desde el Puente Belice en junio del 2015, por negarse a matar a un piloto de buses que se negó a pagar extorsiones. Aunque sobrevivió su caída, el niño sufrió heridas internas que le causaron la muerte en el hospital unos días después. Al recordar esta triste historia, el Padre Paco se pregunta: "¿Cuántos niños habrán dicho que sí, y están siendo sicarios a los doce o trece años? ¿Qué estamos haciendo nosotros para que no logremos tener más éxito o qué debemos denunciar, porque esto en realidad no es tarea nuestra sino es tarea de este estado?" A este desafío se unen la pobreza y la marginalidad de esta población juvenil e infantil que les hace invisibles y desechables en la sociedad. Los desafíos del proyecto son muchos, sin embargo, el desafío más grande, según los líderes del proyecto, es el de acertar en el acompañamiento humano para los y lasjóvenes.

## Lo Aprendido

En el proyecto PELPB se aprende cada día y el Padre Iznardo y su equipo de trabajo han aprendido a acompañar a los jóvenes y alentarlos a cambiar su realidad. Uno de los mayores retos está en acertar en el acompañamiento humano. "¿Hasta dónde exigencia y hasta dónde ternura?", son las palabras del Padre Iznardo al describir sus retos y su experiencia trabajando con los y las jóvenes. Escuchar a los y las jóvenes en la escuela y observar su entusiasmo por participar en talleres de liderazgo y preparar materiales para trabajar con niños y niñas en sus comunidades, dejan claro que "el afecto y la ternura" que el Padre Iznardo describe como grandes necesidades en la vida de estas personas jóvenes han sido aplicados acertadamente al dirigir el programa y sin embargo, cada día se aprende más a responder a las necesidades de jóvenes que vienen de contextos no solo de pobreza sino además de violencia y abuso físico y mental.

El solo escuchar las experiencias compartidas por los y las estudiantes y las personas graduadas del PELPB es una experiencia de aprendizaje y reflexión. El proyecto está haciendo un trabajo que, para la mayoría de guatemaltecos, resulta imposible imaginar. ¿Cómo cambiar la realidad de jóvenes marginales?, ¿Cómo se cierra la brecha entre las clases sociales de Guatemala y se crean espacios para que el gran potencial humano de los y las jóvenes de barrios marginados no se pierda? La exclusión y la miseria siempre vendrán acompañadas de violencia y existe cada vez más evidencia social científico de la conexión entre la desigualdad y la violencia (Wilkinson and Pickett 2009). En las propias palabras de Padre Iznardo: "En una sociedad con tanto consumismo y con tanta desigualdad, te enseñan todas las posibilidades y te las niegan." La visión del Padre Manolo y el compromiso del Padre Iznardo y el equipo de trabajo han llevado a la implementación de un programa que está logrando el cambio en la realidad de los y las jóvenes en áreas marginales y también está cerrando la brecha entre sectores sociales. Si bien es cierto, en un porcentaje muy pequeño porque el PELPB no puede atender a toda la población juvenil de las áreas marginales, el trabajo está siendo efectivo y está haciendo una diferencia en la vida de centenares de jóvenes en un sector de mucha necesidad.

Escuchar las historias de los y las jóvenes desafía la fe de quienes creíamos que la esperanza en situaciones y contextos tan duros y deshumanizantes no podía existir. Sin embargo, la vida y la esperanza están presentes. Las personas jóvenes tienen sueños y luchan por mejorar su situación y la de sus familias. Como respuesta a la pregunta sobre el papel de la fe en su ministerio, el Padre Iznardo compartió que: "La fe de la gente en esta realidad de muerte provoca a la reflexión, y a mí me ayuda mucho. . . en medio del dolor y el sufrimiento, había vida, había mucha vida y entonces a mí, más que yo decir qué papel tiene la fe (en mi trabajo) es que a mí me ayuda a mantener mi fe." La esperanza y la fe en un mañana nos desafían a reconocer que hay mucho que hacer. Los y las jóvenes necesitan ser acompañados y lo que el Padre Iznardo hace viviendo con la gente que sufre y luchando con ellos para aliviar el sufrimiento nos debe sacudir y motivar a pensar en qué estamos haciendo nosotros para acompañar a la gente que sufre o qué hacemos para aliviar su sufrimiento. La presión del consumismo y el acaparamiento juegan un papel muy importante en perpetuar la situación de pobreza y violencia en comunidades marginales como las que apoya el PELPB; sin embargo, este tipo de comunidades no son solo parte de la realidad guatemalteca. Es necesario reconocer la conexión que existe entre la forma en que vivimos y la pobreza y la miseria de otros. Los y las pobres no deben ser invisibles, ni tampoco la responsabilidad de otros.

Al reflexionar sobre este caso, nos vino a la mente y al corazón la historia de Jesús cuando sanó a una mujer con flujo de sangre en el Evangelio de Lucas 8 del versículo 43 al versículo 48. En el contexto palestino del primer siglo, una mujer con este tipo de enfermedad hubiera sido rechazada y aislada por su sociedad, al igual que los y las jóvenes de los barrios pobres quienes traen el estigma de ser de "zonas rojas," sin educación formal y "sospechosos" de ser pandilleros o ladrones. Pero cuando la mujer toca a Jesús recibe no solo una sanación física, sino que una sanación social. Jesús, al pronunciarle "sana" de manera abierta y pública, restaura su dignidad y su pertenencia dentro de la sociedad. Le pone atención y tiempo, devolviéndole su integridad ante los ojos de los demás. En otras palabras, Jesús utiliza su posición y capacidad para ofrecer un "puente" para unir la brecha que la dividía a ella del resto de la sociedad.

Como los autores de este estudio de caso, sabemos que el Proyecto Puente Belice no es único, ni mucho menos perfecto. Pero es instructivo porque demuestra dos elementos claves para el éxito en los ministerios socio-religiosos: el acompañamiento y la creatividad. Los sacerdotes viven en la comunidad donde trabajan y no disfrutan de lujos que no tienen los otros residentes del sector. Pero han utilizado sus contactos como Jesuitas para crear "puentes" entre los y las jóvenes, el trabajo y la escuela. La creatividad de crear un colegio que combina el trabajo y el estudio sirve no solo para darles un ingreso sino que les provee la oportunidad de adquirir las capacidades sociales y el "capital cultural" (Bourdieu 1984) para conseguir trabajo (o ingresar a la universidad) después de graduarse. Finalmente, el requisito de trabajar y estudiar a la vez tiene el efecto adicional de reducir el tiempo libre de los y las jóvenes, lo cual minimiza su contacto con las pandillas y reduce la probabilidad de los embarazos tempranos. Todo eso contribuye al éxito de los graduados. Según un estudio realizado por la Asociación para el Avance de las Ciencias Sociales en Guatemala, hasta el año 2010, de sesenta jóvenes graduados, veinticinco habían seguido sus estudios en la universidad y ninguno se había involucrado en las pandillas (Colussi and Orantes 2010). Otros estaban trabajando y muy pocos de los graduados habían tenido hijos propios a pesar de la cultura de padres y madres muy jóvenes que existe en este sector. El impacto del proyecto es tangible.

Sin embargo, nos sorprendió el minimalismo en términos de enseñanza de la espiritualidad cristiana. A pesar de la gran tradición Ignaciana de espiritualidad profunda—una espiritualidad que se practica y se vive—la preocupación por no crear división entre los y las jóvenes parece sobrepasar el deseo de presentar a los y las jóvenes una alternativa hacia la fe "ritual" de un Dios "castigador." De hecho, nos parece que el presentar oportunidades para un acercamiento al Dios liberador a través de una espiritualidad de servicio, como lo ejemplificado en la tradición jesuita, no sería una imponencia hacia estas personas jóvenes. Al contrario, sería un regalo de mucho valor para ellas. De hecho, aun los y las jóvenes que sobresalen—especialmente los que sobresalen—van a entrar en un mundo adulto poco perdonador, y poco liberador que acapara el tiempo y ofrece sueños falsos del éxito y del consumismo aun para los profesionales. Sin embargo, ofrecemos esta observación como personas y observadores desde afuera, reconociendo que los que mejor entienden las necesidades de estas personas jóvenes son los líderes y las mismas personas que ha graduado del programa.

## El futuro

En junio del año 2014, los autores (Robert y América) conocimos por primera vez el proyecto PELPB cuando visitamos el barrio Jesús la Buena Esperanza, donde está la sede, la capilla, y el pequeño apartamento del Padre Iznardo. Junto con nosotros dos viajaba un grupo de ocho estudiantes de sociología de Saint Michael's College en donde damos clases. Después de conocer el proyecto, uno de los graduados del proyecto PELPB, un graduado que ahora es profesor en el colegio, nos guió por una caminata en la comunidad, pasando debajo del puente para conocer la realidad social que viven los y las estudiantes del proyecto. Fue una experiencia bastante nueva y hasta chocante para nuestros estudiantes, quienes, en su mayoría, vienen de hogares muy seguros y sólidos de la clase media alta de Nueva Inglaterra. Nunca habían visto una realidad tan dura y con tanta escasez. Por casualidad, habíamos programado por la tarde una visita a las instalaciones nuevas de una mega-iglesia bastante conocida en Guatemala. El nuevo "campus" de esa iglesia se construyó a un costo de más de US$50 millones y cuenta con parqueo amplio, seguridad las 24 horas, y toda la tecnología más nueva para la producción de programas de televisión. Esta experiencia de conocer estos dos lugares, estas dos realidades, en un solo día hizo que el impacto de la caminata por la comunidad del Puente Belice fuera aún más fuerte. Los estudiantes se dieron cuenta que Guatemala no es un país en pura pobreza, sino que es un país con una sociedad muy dividida y con mucha desigualdad. Guatemala, además, cuenta con una iglesia igualmente divida y desigual. La división no es puramente de carácter teológico entre protestantes y católicos; sino más bien radica en el cómo ser un pueblo de Dios y comunicar las buenas nuevas del evangelio.

Yo (Robert) descubrí durante mi trabajo de investigación sobre la salida de jóvenes de la pandilla (Brenneman 2012), que existe un buen número de pastores y sacerdotes quienes trabajan en sus propias comunidades con jóvenes que han salido de la pandilla o quienes están en riesgo de entrar a ella. Los pastores y sacerdotes no tienen un movimiento formal ni mucho menos una asociación oficial, pero su trabajo a favor de los jóvenes pobres y marginados, muchas veces con el apoyo directo de una congregación local, ubicada en la misma vecindad, los marca como un corriente de esperanza y es evidencia de una iglesia viva, dinámica, y sensible a la realidad en donde se encuentra. La violencia urbana y la desigualdad económica-social son las características más marcadas de la Centroamérica de hoy y en estos barrios de marginalidad, los pastores como el Padre Iznardo o el Padre Maqueira tienden a servir como "puentes" o "corredores" para los jóvenes cuyas circunstancias, dirección, o asociaciones les han aislado y estigmatizado, negando su entrada al mercado laboral formal. Esta negación y exclusión, crea enajenación en los jóvenes y como resultado, en muchos casos, hace que rechacen a la sociedad formal y abre camino hacia el crimen y la desesperación. El Papa Francisco ha enfatizado en varias ocasiones el papel de puente de la iglesia cristiana—un puente que debe abrir la comunicación no solo entre Dios y los seres humanos, sino que entre todos los pueblos. De hecho, él mismo ha demostrado con palabras y hechos su rol especial como puente (Pontífice) de la merced de un Dios lleno de misericordia. Nos parece que la práctica y misión del PELPB provee una buena demostración de este carisma que va corriendo por la Iglesia Católica Romana mundial.

En conclusión, creemos que en el futuro las iglesias de Centroamérica, tanto las católicas como las evangélicas, tendrán que reconocer, enfrentar y priorizar el trabajo contextualizado de construir puentes en esta realidad dividida. Tendrán que desarrollar la sensibilidad de entender, de "hablar el lenguaje" de los y las jóvenes y lograr un acercamiento sin ofrecerles las charadas del éxito fácil o "atajos" hacia la riqueza y el estatus. Creemos que los proyectos de fe para las personas jóvenes marginadas ofrecen esperanza y desafío no solo para esta población juvenil, sino que para las mismas iglesias. Es necesario que actúen con una visión concreta de trabajar por la justicia trayendo buenas nuevas de esperanza y paz para todos y todas en la sociedad.

Obras citadas:

Bourdieu, Pierre.
    1984.    Distinction: A Social Critique of the Judgment of Taste. Cambridge: Harvard University Press.

Brenneman, Robert.
    2012.    Homies and Hermanos: God and Gangs in Central America. New York: Oxford University Press.

    2015.    "Violencia, religión y legitimidad institucional al norte de Centroamérica." En Las iglesias ante la violencia en América Latina: Los derechos humanos en el pasado y el presente, ed. Alexander Wilde, 381-404 México, D.F.: FLACSO-México.

Colussi, Marcelo, and María del Carmen Orantes.
    2010.    Sistematización crítica. Guatemala: AVANCSO.

Florquin, Nicolas.
    2011.    "A Booming Business: Private Security and Small Arms." In Small Arms Survey 2011: States of Security, ed. Robert Muggah. Cambridge: Cambridge University Press.

Garrard-Burnett, Virginia.
    1998.    Protestantism in Guatemala: Living in the New Jerusalem. Austin: University of Texas.

    2010.    Terror in the Land of the Spirit: Guatemala under General Efraín Ríos Montt 1982-1983. New York: Oxford University Press.

Holland, Clifton.
    2010.    Enciclopedia de grupos religiosos en las Americas y la Peninsula Iberica: Religión en Guatemala. San Pedro, Costa Rica: PROLADES.

ICEFI.
2012.     "Lente fiscal centroamericano". En Investigación de coyuntura. Ciudad de Guatemala: Instituto Centroamericano de Estudios Fiscales.

Levenson, Deborah T.
2013.     Adiós Niño: The Gangs of Guatemala City and the Politics of Death. Durham, NC: Duke University Press.

Loudis, Richard, Christina del Castillo, Anu Rajaraman, and Marco Castillo.
2006.     Annex 2: Guatemala Profile. edited by USAID.

Malik, Khalid.
2014.     2014 Human Development Report. New York: United Nations Development Programme.

Pelaez, Severo.
1998 [1970].     La patria del criollo. México, D.F.: Universidad Autónoma de México.

Pew.
2006.     Spirit and Power: A 10-Country Survey of Pentecostals. Washington D.C.: The Pew Forum on Religion and Public Life.

Restrepo, Jorge A., y Alonso Tobón García.
2011.     Guatemala en la encrucijada: Panorama de una violencia transformada. Ginebra: Secretariado de la Declaración de Ginebra.

Wilkinson, Richard, and Kate Pickett.
2009.     The Spirit Level: Why Equality Makes Us Stronger. New York: Bloomsbury Press.

Wodtke, Geoffrey T., David J. Harding, and Felix Elwert.
    2011.    "Neighborhood Effects in Temporal Perspective: The Impact of Long-Term Exposure to Concentrated Disadvantage on High School Graduation." American Sociological Review 76 (5):23.

Wolseth, Jon.
    2011.    Jesus and the Gang: Youth Violence and Christianity in Urban Honduras. Tucson, AZ: University of Arizona Press.

# CAPÍTULO 4:
# MORIR PARA REVIVIR

Revitalización de la Iglesia Católica Cubana

Ondina Cortés, rmi y Laura María Fernández Gómez

La Iglesia Católica de Cuba, tras un caminar de siglos entre luces y sombras, vive hoy una importante coyuntura histórica. A pesar de los retos que continúa experimentando, se puede apreciar un resurgimiento eclesial, un despertar de la fe en el pueblo. Este estudio analiza el recorrido que le trajo hasta aquí, incluyendo los grandes momentos de su proceso de resurgimiento y las características de esta revitalización en la Iglesia de Cuba en general y en concreto en una de sus diócesis: la diócesis de Santa Clara. Se escoge esta diócesis, entre las once existentes, como caso de estudio por ser una de las diócesis más activas del país y por el conocimiento directo que tiene una de las autoras de este estudio.

En la primera parte se presenta una breve mirada a la realidad actual de Cuba y concretamente de la Iglesia de Santa Clara. A continuación, se hace un recorrido por la historia de la Iglesia de Cuba desde sus comienzos coloniales. En mayor profundidad se explora la respuesta de la Iglesia a los cambios producidos por la Revolución de 1959, identificando los momentos claves que llevan al resurgimiento. Finalmente, haciendo un balance de este caminar, se identifican los retos, nuevas posibilidades y aciertos de la Iglesia Católica en Cuba que pueden ofrecer luz e inspiración a la Iglesia en búsqueda de revitalización en contextos similares.

## Una mirada a la actual realidad de Cuba

Cuba enfrenta muchos desafíos hoy. En los últimos años, el país presenta un decrecimiento poblacional debido a una baja tasa de natalidad y a la migración creciente hacia el exterior sobre todo de jóvenes. Estos factores han llevado al envejecimiento poblacional (Oficina Nacional de Estadísticas 2008-2011). Amplios sectores de la población padecen "pobreza material, producto de salarios que no alcanzan para sostener dignamente a la familia" (Plan Pastoral, 18). Los problemas cotidianos de vivienda, transporte, vestido y alimentación producen agobio y desgaste por haberlos sufrido durante demasiados años.

Las autoridades han anunciado cambios en la eliminación de subsidios, eliminación de empleos innecesarios, reglamentaciones para elevar el cuentapropismo (posibilidad de crear una empresa personal y familiar) como forma de eliminar el desempleo, y leyes para favorecer la inversión extranjera, pero manteniendo los empleos de cubanos a través de las empresas del Estado y con los salarios asignados según leyes recientemente aprobadas (Gaceta Oficial No. 20 Extraordinaria de 16 de abril de 2014).[21]

La salud, la educación y el deporte se encuentran en proceso de estancamiento y en algunos casos de involución. Aunque se han producido algunos cambios: flexibilización de las disposiciones migratorias, el libre acceso a los hoteles, autorización para vender y comprar propiedades y vehículos y acceso, aunque de forma limitada, a internet (Plan Pastoral, 23).

Se multiplican las situaciones de corrupción. Se ve como normal vivir en la mentira y la doble moral: se piensa de una manera y se vive de otra. No hay responsabilidad laboral. El Estado sigue siendo el mayor y más seguro empleador (Plan Pastoral, 26). Amplios sectores de la población, sobre todo jóvenes, esperan reformas más profundas: contar con mayor autonomía económica, social y política, respetando la convivencia civilizada, y donde se pueda buscar el bien común, sin necesidad de esperar soluciones desde "arriba".

Muchos desearían ver una transformación de modelo de Estado a uno "menos burocrático y más participativo, menos paternalista y más promotor, menos autoritario y más democrático" (Plan Pastoral, 27). Otros, cada vez menos, siguen defendiendo el sistema porque en parte confunden la patria con una ideología o con un partido.

En general se desea una actualización de la legislación nacional en el orden político (La Esperanza no defrauda, 31). El pueblo anhela vivir en un país "que armonice justicia y libertad, prosperidad y solidaridad, bienestar y valores morales y espirituales" (Plan Pastoral, 30). Hoy todas las personas cubanas esperan que los pasos y conversaciones entre Cuba y Estados

---

21  Ley No. 118 aprobada por la Asamblea Nacional del Poder Popular, abril 2014)

Unidos lleguen a concretizarse y se resuelvan tantos años de enfrentamientos. Dentro de esa realidad se sitúa la Iglesia Católica de Cuba y en concreto la Diócesis de Santa Clara.

## La Diócesis de Santa Clara

La diócesis fue creada por Juan Pablo II el 1 de abril de 1995, con territorio de la antigua diócesis de Cienfuegos-Santa Clara. Su territorio es de 12 920 km$^2$ y comprende las provincias civiles de Villa Clara y Sancti Spiritus, excluyendo los municipios de Jatibonico y Trinidad. Su población es de aproximadamente 1,5 millones de personas. En su área se encuentran algunas de las primeras villas fundadas en Cuba. Las más antiguas, que ya han celebrado sus 500 años, son: Sancti Spiritus y Remedios. Cuenta con su obispo, 33 sacerdotes, 15 diáconos y 55 religiosas. En la diócesis hay creadas 34 parroquias, 63 templos no parroquiales y poco más de 250 casas de misión.

El trabajo pastoral se caracteriza por su impulso misionero y el trabajo de la pastoral de la cultura. El Equipo Misionero tiene más de 150 miembros, la mayoría jóvenes. Desde el año 2000 se realiza una Misión Diocesana de verano. Funcionan en la diócesis dos Centros de Formación: en Santa Clara el "Aula Dra. Felicia Pérez" y en Sancti Spiritus el "Aula Padre Noya". Ambos ofrecen cursos y diplomados de institutos, universidades y facultades de universidades de distintos países de América y Europa. La diócesis cuenta con varias publicaciones de carácter parroquial y con dos diocesanas: la revista Amanecer, con 20 años de edición, y los sueltos Amanecer Informativo y Fe y Vida. En el año 2007 se inauguró la Biblioteca Diocesana "Manuel García Garofalo". Esta se ha convertido en un centro cultural de relevancia. La Comisión Diocesana de Cultura coordina simposios, conciertos, exposiciones, talleres y eventos culturales sobre temas diversos.

## Reseña histórica de la Iglesia Católica hasta 1959

La Iglesia Católica en Cuba nace, al igual que en la mayoría de países de América Latina, como parte del proceso de colonización. Para los reyes de España la colonización tenía un doble propósito: extender los territorios de la corona y difundir la fe católica. Durante los siglos XVI y XVII la obra de evangelización fue llevada a cabo principalmente por las comunidades religiosas y un clero secular español poco educado. Las comunidades religiosas también fundaron hospitales e instituciones educativas. La diócesis de Cuba fue creada en 1517 ó 8 y dependía de la sede Metropolitana de Santo Domingo. Bajo su jurisdicción estaban también la isla de Jamaica y La Florida (Suárez Polcari 2003, 47-48). Al inicio la sede estaba en Baracoa y cuatro años más tarde se trasladó a Santiago de Cuba, ambos cuidades en el extremo oriental de Cuba.

Sin embargo, la mayoría de los obispos preferían vivir en La Habana, que desde 1607 se estableció como capital de Cuba y disfrutó de una mejor posición geográfica y financiera (Suárez Polcari 2003, 71). El censo eclesiástico realizado en 1689 evidencia la vitalidad de la Iglesia y su inserción en el pueblo, al reportar la existencia en el país de 225 sacerdotes diocesanos (en su mayoría criollos), 204 religiosos y 100 religiosas (CRECED, 14). La mayoría de los religiosos y de las religiosas venían de España. La diócesis de San Cristóbal de la Habana fue creada en 1789 y Santiago de Cuba se mantuvo como la Metropolitana. Durante este tiempo, las diócesis de Cuba estaban estrechamente relacionadas con los territorios españoles de Luisiana, Florida, e incluso parte de Carolina del Sur.

En el siglo XVIII, el clero criollo aumenta considerablemente en número, reemplazando a los misioneros españoles. En un momento de 50 párrocos, 46 eran criollos (ENEC, 32). Según el censo realizado en la segunda mitad del siglo XVIII, la cifra de sacerdotes en Cuba ascendía a 700 y sólo en la Habana existían 33 iglesias (CRECED, 20). El Seminario de San Carlos y San Ambrosio se establece en La Habana en 1774, ofreciendo grados en Filosofía, Teología, Derecho, y Matemáticas (Suárez Polcari 2003, 236). Este seminario se convirtió en un centro de educación para la nueva generación de sacerdotes y pensadores cubanos.

Durante las primeras décadas del siglo XIX, la diócesis de La Habana floreció bajo la guía excepcional del obispo Juan J. Díaz de Espada (1802-1832). Un sentido de identidad cubana y el deseo de independencia surgieron entre las clases educadas. La Iglesia Católica desempeñó un papel importante en el desarrollo de la identidad nacional a través de hombres como el Padre José Agustín Caballero (Suárez Polcari 2003, 342-345) y especialmente el P. Félix Varela (Estévez 1989). Ambos compartieron sus ideas en las aulas del Seminario de San Carlos y San Ambrosio.

Estos aires de independencia eran una amenaza para la corona española. Por lo tanto, durante la segunda mitad del XIX, los gobernantes españoles usaron el poder que les concedía el Patronato Regio para seleccionar obispos leales al régimen colonial (Suárez Polcari 2003, 45). La disminución de clero nativo trajo una nueva ola de sacerdotes españoles, que a menudo carecían del celo y los recursos para llevar a cabo su trabajo pastoral. Hubo excepciones, como el renombrado obispo misionero de Santiago de Cuba, San Antonio María Claret (1850-1857) (cf. Lebroc Martínez y Bermejo, 1992). La Iglesia estaba en un estado general de abandono tanto pastoral como financieramente, ya que dependían del Gobierno español para su sustento. En la década de 1880, criollos emigrados en los Estados Unidos, donde se convierten al protestantismo, regresan a Cuba y comienzan a implantar el protestantismo, a pesar de la prohibición del gobierno colonial. Muchos de estos misioneros se involucraron en la lucha por la independencia.

La devoción a la imagen de Nuestra Señora de la Caridad que fue hallada en la costa noreste de Cuba en 1612 se va extendiendo al resto de la Isla (Portuondo Zúñiga 2011). El movimiento independentista, liderado por Carlos Manuel de Céspedes, se consagra a los pies de la Virgen de la Caridad. Céspedes acude al templo con las tropas mambisas (término asignado a los rebeldes independentistas) para "rendir un tributo patriótico a la virgen" y porque "estimaba la devoción por Virgen del Cobre como poderoso recurso de unión entre los cubanos" (Portuondo Zúñiga 2011, 220-221). La bandera que portaban estos patriotas había sido confeccionada con "la tela del dosel de una imagen de la Virgen de la familia Céspedes" (Campistrous 1998, 18).

La devoción a la Virgen de la Caridad se consolida en la lucha por la independencia. A partir de entonces, se le invocará como Virgen Mambisa y se le asociará a la causa de la libertad de Cuba (Portuondo Zúñiga 2011, 218). Unos años después de terminada la guerra, en 1915, serán los mambises los que soliciten del Papa el nombramiento de Patrona de Cuba para la Virgen de la Caridad, petición que fue concedida en 1916 (Portuondo Zúñiga 2011, 236).   La réplica de la imagen del Cobre que se venera en la parroquia santiaguera de Santo Tomas se suele llamar "la Mambisa." Esta imagen es la que salió en la peregrinación de 1951-1952 para celebrar el cincuentenario de la república (Portuondo Zúñiga 2011, 261) y en la peregrinación de 2010-2011 para preparar la conmemoración de su hallazgo en 1612.

Después de tres años de ocupación militar por los Estados Unidos, en 1902 comienza la experiencia republicana de Cuba con la elección del primer presidente, Tomas Estrada Palma (Sweig 2009, 11-12). El medio siglo que sigue incluye cortos períodos de estabilidad política y logros constitucionales, alternados con dictaduras militares e intervenciones norteamericanas justificadas por la Enmienda Platt hasta su derogación en 1934 (Pérez 1999, 375), aunque la presencia e influencia norteamericana continuó de diferentes maneras.   La Constitución aprobada en 1901 se basó en la Constitución de Estados Unidos y por tanto, concedía libertad de culto (Artículo 26). La libertad religiosa y la influencia norteamericana en el territorio cubano conllevaron a una proliferación de iglesias protestantes y evangélicas.

La Iglesia Metodista llega a Cuba en 1883 a través de los cubanos que regresaban de la Florida con su nueva fe (Wright 2015). En 1902 se realiza la primera Convención de Iglesias Evangélicas (Metodista, Presbiteriana, Episcopal, Bautista y Cuáqueros). Más tarde llegarían los adventistas, luteranos y el Ejército de Salvación. Al principio los misioneros y pastores eran casi todos extranjeros, pero con la fundación del seminario ecuménico, se empieza a formar un liderazgo nativo. A partir de 1930 se introduce el pentecostalismo (www.ecured.cu). Los metodistas, presbiterianos y episcopales fundan el Seminario Evangélico en Matanzas el 1º de octubre de 1946. Este sigue siendo el único seminario ecuménico de Cuba. Los metodistas tienen su propio seminario desde 2006 (www.setcuba.org). Se celebra en La Habana, en 1946 también, el Segundo Congreso

Internacional de la Juventud Evangélica de las Américas. (Fernández Santalices 2001, 110).

La Iglesia Católica durante los primeros treinta años del siglo continúa siendo pro-española y se mantiene al margen de la vida nacional. Sin embargo, vendrían cambios después de la independencia y la ocupación por los Estados Unidos. En los primeros diez años se crean nuevas diócesis, se nombran nuevos obispos, casi todos cubanos. Se establecen en Cuba los Caballeros de Colón. Se empieza a publicar una revista católica nacional con el título San Antonio (Andújar 2009, 1). Con el nacimiento de la Federación de Acción Católica a finales de la década de los veinte y la guía pastoral de una serie de obispos, la Iglesia Católica de Cuba alcanza a tener una presencia activa y constructiva en todos los ámbitos de la vida nacional. Estos líderes de la iglesia como Manuel Arteaga y Betancourt (1942-1963), nombrado primer cardenal cubano en 1946; Enrique Pérez Serantes, obispo de Santiago de Cuba (Uría Rodríguez 2012); Alberto Martín Villaverde, Obispo de Matanzas de 1938 a 1960 (http://www.catholic-hierarchy.org/diocese/lad.html); Valentín Zubizarreta, Obispo de Camagüey (1914-1925) y luego de Santiago (1925-1948) (http://www.catholic-hierarchy.org/diocese/lad.html); y otros que supieron encarnar la misión de la Iglesia en la realidad cubana.

En 1960, el 72,5% de la población se auto-denominaba católica. Sin embargo, algunos consideran la participación eclesial en Cuba la expresión más débil del catolicismo en América Latina (Crahan 1985, 321). A nivel popular, el compromiso con el catolicismo se expresaba en las prácticas devocionales familiares. Fuera de las ciudades, la capacidad institucional instalada era débil. Hubo un desarrollo importante a mediados del siglo XX con el crecimiento de la clase media urbana quienes recibían su educación de las órdenes religiosas católicas y asistían a misa con más frecuencia. Cuba tuvo una clase profesional transnacional fuerte, que reflejaba las ideas más recientes en Europa y Estados Unidos, así como las de América Latina. Esto explica que la Iglesia cubana era una de las iglesias de pensamiento social más avanzado (Trujillo Lemes 2011, 60). Por esta razón, hubo un considerable apoyo a muchos de los cambios sociales propuestos por los revolucionarios en la década de los 50.  La vida y el liderazgo católico eran bastante avanzados y comprometidos en relación con otras partes, aunque numéricamente fuese una pequeña fracción de la población.

El 1º de enero de 1959, como resultado de varios años de lucha armada, huye del país el dictador Fulgencio Batista y triunfa la revolución bajo el liderazgo de Fidel Castro y otros, que pronto desaparecerán del escenario político por diversas razones o pasarán a ocupar posiciones secundarias. La Iglesia Católica y la religión en general pasa por diferentes etapas en su relación con el sistema político que se establece en la Isla: de la confrontación al silencio, al resurgimiento.

Respuesta de la Iglesia a partir de la revolución de 1959

## Confrontación Institucional

La revolución cubana nace con el total apoyo de la Iglesia Católica, en especial sus miembros más jóvenes organizados a través de la Federación de Acción Católica, la Agrupación Católica Universitaria y otros grupos y movimientos laicos con fuerte compromiso social. El triunfo de la Revolución fue acogido con alegría por los católicos y por la jerarquía de la Iglesia, pero a medida que se fue revelando el carácter socialista, marxista y leninista de la Revolución, los obispos plantean la incompatibilidad del cristianismo con el comunismo ateo.[22]  Algunos ven detrás de esta reacción la sombra de la guerra civil española y el trato que había recibido la religión en los regímenes comunistas europeos (Andújar 2009, 1). Sin embargo, no era sólo por lo que había pasado en otros lugares que los obispos reaccionaban, sino por lo que estaba pasando delante de sus ojos: los fusilamientos, la creación de estructuras de vigilancia en los vecindarios, los ultrajes contra sacerdotes y laicos católicos por las turbas, el cierre de las escuelas católicas, la exclusión de la Iglesia de todos los medios de comunicación social de que disponía, y acciones

---

[22] En una carta pastoral titulada "Por Dios y por Cuba," el Arzobispo de Santiago, Pérez Serantes, explica la incompatibilidad entre el comunismo y el cristianismo (Pérez Serantes 1960).

similares.

Fue esto y "no los programas sociales y económicos, [que] se convirtió en el tema primordial de la Iglesia" (Super 2003). Los Obispos de Cuba, en la denominada Circular Colectiva, afirman: "la Iglesia nada teme de las más profundas reformas sociales siempre que se basen en la justicia y en la caridad, porque busca el bienestar del pueblo…pero precisamente por esto…no puede por menos condenar las doctrinas comunistas" (Obispos de Cuba, agosto 7, 1960). Algunos líderes católicos se involucraron en la lucha contrarrevolucionaria y esto contribuyó a que cualquier miembro activo de la iglesia fuera considerado sospechoso de actividad contrarrevolucionaria (Crahan 1999, 95). Otra opinión considera que la causa del conflicto entre la Iglesia y el nuevo poder estuvieron más bien relacionadas con "el nivel de compromiso de la Iglesia con los sectores y clases sociales afectadas por el proceso revolucionario y el poder económico real vinculado a los elementos precedentes" (Trujillo Lemes 2011, 139).

Durante la invasión de Playa Girón fueron detenidos el arzobispo coadjutor de La Habana, Monseñor Evelio Díaz, y uno de sus auxiliares. El Cardenal Arteaga y el Obispo de Pinar del Río, Manuel Pedro Rodríguez, se refugian en sedes diplomáticas. Hubo detenciones de sacerdotes, religiosos y laicos (Fernández Santalices, 2000, 124). Los grupos religiosos y actividades de la Iglesia se hicieron cada vez más limitadas. El 17 de septiembre de 1961, el obispo Boza Masvidal y 131 sacerdotes fueron expulsados y exiliados a España (Clark 1985, 11). El gobierno cubano prohibió las procesiones y todas las demás actividades religiosas fuera del edificio de la iglesia con el argumento de que se tornaban manifestaciones contra el gobierno (Crahan 1999, 95). De los 800 sacerdotes católicos que había en Cuba antes de 1959, alrededor de 600 se exiliaron durante los primeros años tumultuosos después de la revolución. Aún más, de aproximadamente 2,000 religiosas, sólo alrededor de 200 permanecieron en el país (ENEC 1987, 25). Una vez que los colegios e instituciones que dirigían las religiosas y religiosos fueron confiscados, quedaban pocas oportunidades para continuar su misión, pues en algunos casos no tenían ni lugares para vivir ya que los conventos y colegios estaban en edificios adjuntos. A eso se añade que muchas de las comunidades tenían

superiores que habían vivido la experiencia de la guerra española y no querían arriesgar la vida de sus miembros, por lo cual les ordenaron abandonar el país para no regresar.

Los cambios políticos, económicos y sociales desencadenaron una emigración masiva que restó a la Iglesia de Cuba de gran parte de su laicado mejor formado. La Acción Católica Cubana pronto sufriría su gradual desintegración, pues muchos de sus líderes y miembros irían al exilio o a la cárcel, otros por convicción u oportunismo abandonarían las filas de la Acción Católica para incorporarse al proceso revolucionario. Los pocos que permanecieron en la Iglesia no pudieron evitar la disolución de la Acción Católica (Rodríguez 1998). Los Obispos la disolvieron en 1967 dado a que se le aplicó a la Acción Católica la ley de asociaciones que limitaba sus actividades. En su lugar se fundó el Apostolado Seglar Organizado (Fernández Santalices 2001, 128).

La Iglesia del silencio[23]

Tras este período de confrontación, esta Iglesia disminuida y desmantelada, "abatida pero no aniquilada" (2 Cor 4, 8-9), comienza una etapa de crecimiento interior. Rita Petrirena Hernández, laica que trabaja desde hace 16 años en el Secretariado de Pastoral de la Conferencia de Obispos de Cuba, considera que este fue un tiempo de silencio contemplativo donde la Iglesia reflexionó sobre lo que Dios le estaba pidiendo (Entrevista, Miami, 12 de junio, 2015). El Padre Eugenio Castellanos, rector del Santuario de Nuestra Señora de la Caridad, recuerda estos tiempos como los de las primeras comunidades cristianas, pocas personas, pero una verdadera familia donde se vivía la fe y se compartía el amor en profundidad y alegría (Entrevista, El Cobre 8 de abril, 2015). Para el obispo de la diócesis de Santa Clara, Arturo González,

23  Existe la tesis que no hubo tal silencio de la Iglesia, pues si bien la jerarquía no emitió ningún documento oficial entre febrero de 1961 y abril de 1969. Junto a este "auto-silenciamiento," hubo voces católicas que se expresaron, pero más bien buscando insertarse y entrar en diálogo con el proceso revolucionario con el cual simpatizaban. De esta postura se identifican entre otros a los sacerdotes Ignacio Biaín y Carlos Manuel de Céspedes (Trujillo Lemes 2011).

el Señor permitió que "la Iglesia sufriera una poda," para su revitalización (Monseñor Arturo González, entrevista, Miami, junio 15, 2015).

Al imponerse el silencio a la Iglesia y ante la difusión oficial del ateísmo,[24] muchos creyeron que la religión era cosa del pasado. Otros optaron por no criar a los niños con ideas religiosas, para que pudieran vivir en una sociedad atea sin traumatizarse. Otros tuvieron que optar entre fe y futuro. Las personas activas en la iglesia no podían aspirar a ciertas carreras o puestos de trabajo. En 1965 se crea las UMAP (Unidades Militares de Ayuda a la Producción) y prácticamente todos los jóvenes católicos e incluso seminaristas, son enviados allí, junto con homosexuales, descontentos y castigados por distintos motivos (Pedraza 2007, 123). Estos casi campos de concentración durarían hasta 1968. Allí estuvieron muchos seminaristas que hoy están al frente de la Iglesia como sacerdotes y obispos, entre ellos el actual Cardenal Jaime Ortega y Monseñor Alfredo Petit, Obispo Auxiliar de La Habana.

A pesar de todo esto, quedó un "resto fiel" (Monseñor Arturo González. Entrevista, Miami, junio 15, 2015) que mantuvo los templos abiertos y la fe en pie. Las personas católicas comprometidas que permanecieron en el país se dedicaron más a la labor intra-eclesial que a la labor social, cultural, económica y política, es decir más que a su labor en el mundo. Ponían más su acento en el testimonio callado, en el "buen ejemplo" ante los compromisos de la vida, en el estudio, en el trabajo y en el apostolado individual que era lo único que se podía hacer por las restricciones impuestas de no permitir actividades religiosas fuera de los templos. Visitaban los enfermos y ancianos y cuidaban a los creyentes.

En este contexto, se acogen las reformas del Concilio

---

24 La Constitución de 1976 define a Cuba como un estado ateo. En julio de 1992, la Constitución fue enmendada y se añadió el artículo 42, que prohíbe la discriminación sobre la base de las creencias religiosas y permite a cristianos formar parte del Partido Comunista. A partir de aquí, Cuba se define como un estado secular.

Vaticano II (1963 – 1965) y se busca implementar los documentos en la medida posible. La formación de adultos y la catequesis de niños disminuyen en número, pero no en profundidad. Fueron los abuelos y las abuelas los que se atrevieron a enseñar la fe, al llevar a los niños a bautizar. Para Rita Petrirena, esta experiencia hizo un tipo de discípulo y discípula, firme en la fe, probado en el sufrimiento y la persecución.

Con la supresión de la celebración pública de la Navidad en 1969, la fe parecía desaparecer aún más del horizonte cultural cubano. Dado que la Iglesia Católica era en Cuba el principal punto focal de referencia religiosa, con su disminución se produjo una ausencia de Dios de las estructuras sociales, del calendario, que ya no indicaba ninguna fecha religiosa, y aún de la vida familiar.

Ante la represión de la expresión pública de la religión, la búsqueda de Dios se canalizó a través de la religiosidad popular en el sincretismo afrocubano, la santería o el espiritismo, por ser formas de culto privados, casi secretas. Estas formas de religiosidad son atractivas porque no hay exigencias morales grandes y los elementos mágicos dan tranquilidad o seguridad tan pronto como se practican, aunque después crean temores y ansiedades. El Padre René David, teólogo francés que enseñó por más de treinta años en el Seminario San Carlos en Cuba, afirmaba que "la religiosidad popular más o menos sincrética, había salvado la fe religiosa del cubano en los momentos más difíciles, incluso llegó a decir que había que agradecerlo" (Cardenal Ortega 2012).

Para la década de los 70, la Iglesia en Cuba había aprendido a creer en la fuerza de lo pequeño y en la presencia manifiesta del amor de Dios en medio de ella. Era una iglesia que vivía con gozo su desposesión y como los cristianos de las catacumbas, celebraban la fe pascual en medio de la oposición.[25] El proceso preparativo para la Conferencia del Episcopado Latinoamericano

---

25 Ha resurgido recientemente el conocido "pacto de las catacumbas," compromiso hecho por varios prelados del Concilio Vaticano II de promover una Iglesia sin pretensión de poder, con una clara opción por los pobres. Ver: http://www.religionnews.com/2015/11/03/the-catacombs-pact-emerges-after-50-years-and-pope-francis-gives-it-new-life/

en Puebla[26] le hace pensar sobre su misión en medio del pueblo cubano y su relación con la cultura que le rodea.

## Resurgir de la Iglesia

En la segunda mitad de la década de los ochenta comienza un proceso de resurgimiento. También las comunidades protestantes se ven fortalecidas. La publicación del libro Fidel y la Religión, entrevista con Fray Beto, contribuyó a quitar el miedo del pueblo al tema religioso (Pedraza 2007, 242). Aunque la veracidad de las respuestas dadas por Fidel sobre ciertos temas fue ampliamente debatida (Montenegro González 2010), abrió las puertas a una mayor aceptación de lo religioso por parte del gobierno (Monseñor Arturo González, Entrevista, Miami, junio 15, 2015).

## Encuentro Nacional Eclesial Cubano

Después de la experiencia de Puebla, los obispos de Cuba se dan cuenta que la realidad socio-económica-político-religiosa de Cuba era muy diferente a la del resto de América Latina (Márquez 2005, 10). Mons. Fernando Azcárate, SJ propone en 1979, "un Puebla en Cuba," que "tuviese en cuenta la realidad cubana, que no se veía reflejada en las conclusiones del Documento final de Puebla" (Céspedes 2005, 23). En 1982, la Comisión Preparatoria, las sub-comisiones de Teología, Historia y Encuestas y todas las diócesis comienzan a trabajar en el proceso que se llamó la Reflexión Eclesial Cubana (REC) como preparación al Encuentro Nacional Eclesial Cubano (ENEC) en 1986.

El ENEC parte de una lectura lúcida de la situación de la Iglesia en Cuba: "los católicos vivimos en Cuba en un Estado socialista que propone una concepción exclusivamente científico-materialista del mundo, una visión del hombre, de la historia, del futuro, de la globalidad de la existencia, que se diferencia de la visión cristiana del hombre y del mundo" (ENEC Documento Final, 150). Ante esta situación, los católicos han "tratado de

---

26 En Puebla se abordó el tema de la evangelización en el presente y futuro de América Latina, una evangelización llamada a proclamar la verdad sobre Jesucristo, la verdad sobre la Iglesia y la verdad sobre el hombre desde una experiencia de comunión y participación.

encontrar caminos que lleven a una situación de diálogo entre católicos y marxistas" (ENEC Documento Final, 161). Lejos de una actitud de confrontación, la Iglesia—pastores y laicos—quiere presentarse "en medio de su pueblo como servidora y maestra de la verdad y de la justicia en el amor" (ENEC Documento Final, 182). En el ENEC cristalizó una visión dialogante de la relación de la Iglesia con la realidad cubana y su misión en medio de ella. El ENEC fue una opción de la Iglesia por "hacer juntos el camino de la renovación eclesial cubana" (ENEC Documento Final, 19).

Lo importante del ENEC no fueron sólo sus conclusiones, sino el proceso. El ENEC "constituye el acontecimiento eclesial y eclesiológico más importante de toda la Iglesia en Cuba… constituyó el modelo de reunión más participativa, reflexiva y esperanzadora que se haya hecho" (Rodríguez Díaz 2005, 15). La Santa Sede siguió de cerca este proceso y le dio su total apoyo, haciéndose presente con un legado del Santo Padre, el Cardenal Eduardo Pironio (Céspedes 2005, 24). El modelo de Iglesia que se escogió en el ENEC era una iglesia orante, misionera y encarnada. A partir de esta reflexión la Iglesia encontró la fuerza y la luz para reorganizarse en función de la misión. De aquí salieron los primeros planes pastorales.

Las peregrinaciones y la re-evangelización

Con motivo de la celebración del V Centenario de la Evangelización de América, el Papa entregó una cruz a cada Conferencia de Obispos de los países de América el 12 de octubre de 1984.  La de Cuba fue recibida por el que era entonces Presidente de la Conferencia de Obispos, Mons. Adolfo Rodríguez, Obispo de Camagüey. Esta cruz peregrinó por todas diócesis de Cuba y fue ocasión de visitas puerta a puerta para invitar a las personas a la Iglesia, dejarles material de lectura, iniciar un contacto. Fue la primera evangelización fuera del templo desde 1959. La peregrinación de la cruz comienza en Pinar del Rio el 24 de febrero de 1985 (un año antes del ENEC) y concluye el 27 de octubre de 1991 en la Catedral de Santiago de Cuba (Rodríguez 2005, 15). Muchas personas volvieron a entrar al templo para recibir a la cruz peregrina.

En octubre de 1989 en la Habana se inicia una peregrinación con una imagen de la Virgen de la Caridad para preparar la visita del Papa Juan Pablo II, proyectada para fines de 1991 por invitación del gobierno cubano. Fue tan grande la respuesta del pueblo, que los peregrinos que seguían la Virgen llegaron a formar procesiones, las cuales no estaban autorizadas por el gobierno. En mayo se prohíben estas manifestaciones de piedad en La Habana. La visita del Papa se pospone. En 1989 también comienzan las primeras Casas de Oración (Rodríguez 2005,16). Ya se había iniciado la revitalización y esa vida era notate en el pueblo que buscaba a Dios.

Los años 90: Iniciativas en medio de la crisis

Tras la disolución de la Unión Soviética Cuba atravesó la peor crisis económica desde el comienzo de la Revolución como resultado de la suspensión de subsidios soviéticos. El discurso oficial la denominó "el período especial."

Desde una perspectiva sociológica, estas condiciones favorecieron el reavivamiento religioso que caracterizó la década de los 90. La fe se tornó un factor importante para afrontar la crisis al ofrecer esperanza y una fuente alternativa de sentido de la vida (Perera y Pérez 2009, 144). Sin embargo, estas condiciones socio-económicas no explican por sí solas el "boom religioso" que se dio en todos los grupos religiosos (Ramírez Calzadilla 2001). También hay a tener en cuenta que por diversas razones se fue perdiendo el miedo a expresar la fe, como el cambio en la Constitución, menos penalización de la práctica religiosa, etc. Pero sobre todo a partir de finales de los 80, se da un despliegue de nuevas iniciativas en las iglesias.

En el año 1991 se fundó Cáritas Cuba, una agencia católica de asistencia social y caritativa, y en medio de distintas dificultades comenzó su trabajo. En el 1994 surge la crisis de neuropatía, por causa del hambre que se estaba padeciendo. Como resultado de esta enfermedad, muchos quedaron con limitaciones motoras o visuales. Fue también el año de la crisis de los balseros, comenzada con el hundimiento del remolcador "13 de marzo" en la bahía de La Habana.[27] Nunca sabremos cuantos han muerto en los intentos de abandonar el país cruzando el estrecho de La Florida. Cálculos serios indican que uno de cada cuatro muere en el intento; han llegado alrededor de 40,000 personas.    En esas circunstancias, tanto el Cardenal de La Habana, como la Conferencia de Obispos de Cuba hicieron públicas varias reflexiones, mensajes y declaraciones sobre la situación del país, el éxodo marítimo y su costo en vidas humanas.

En la década de los 90, años después del cierre en Cuba de todas las publicaciones no gubernamentales, en distintas diócesis se crearon publicaciones católicas. Fueron surgiendo en cada diócesis. Algunas se han mantenido contra viento y marea; otras han tenido varias etapas, han cambiado nombres y frecuencias, pero no se ha dejado de intentar la presencia en el mundo de la comunicación. Ellas han sido una mirada y una voz diferente frente a la problemática de la situación social, económica y política en Cuba. Por otra parte, a finales de la década de los 80 todas las diócesis recibieron una importante donación de libros para promover bibliotecas que actualizaran la formación en general de los laicos. Las instancias pastorales de la Conferencia de Obispos de Cuba emprenden desde 1995 un trabajo de consulta, mirada a la realidad, búsqueda de prioridades, objetivos a conseguir y propuestas de acción a través de sus planes pastorales. Ese trabajo se ha mantenido y actualmente se trabaja en el V Plan de Pastoral.

En estos años también hay un resurgir en las iglesias protestantes y "aflora un conjunto de ofertas religiosas que hacen más heterogéneo, plural y complejo el campo religioso cubano" (Pérez Cruz et al. 2013, 26). El culto de tipo carismático se extiende sobre todo entre metodistas, pentecostales y algunos bautistas. También surgen grupos "llamados a sí mismos iglesias, movimientos y ministerios" (Pérez Cruz, et al. 213, 32).

---

27  Este incidente ocurrió el 13 de julio, 1994. De 72 pasajeros, 41 murieron, incluidos 10 niños. Hasta hoy nadie se ha hecho responsable de estas muertes (Inter-American Commission on Human Rights 1996).

## "El Amor todo lo espera", 1993

Después de un largo silencio, esta carta pastoral del Episcopado Cubano hizo eco de los sentimientos del pueblo y expresó su solidaridad con las angustias, logros y fracasos del pueblo. Se escribe en el contexto de las grandes penurias económicas que está viviendo el pueblo. La carta hablaba claramente de la necesidad de "...erradicar algunas políticas irritantes" y denuncia "el carácter excluyente y omnipresente de la ideología oficial...las limitaciones al ejercicio de ciertas libertades... el miedo... el alto número de prisioneros... la discriminación por razón de ideas filosóficas, políticas o de credos religiosos" (46-50). También denuncia el bloqueo económico por parte de los Estados Unidos (32-33). "Los obispos no reclaman ninguna ventajas, privilegio o concesión especial para la Iglesia, simplemente proponen que es posible un diálogo franco, amistoso, libre, en el que cada uno exprese su sentir verbal y cordialmente" (Montenegro González 2010, 337). Dicha carta fue acogida con entusiasmo por el pueblo, pero produjo una dura crítica por parte del gobierno que acusa a los obispos de traición a la patria.

## La visita de Juan Pablo II, 1998

La visita de Juan Pablo II a Cuba se logró después de algunas "escaramuzas" previas. Fue una visita preparada por la Iglesia de Cuba, no por el gobierno. La primera misa tuvo lugar en Santa Clara, dedicada al tema de la familia. Por primera vez en la Diócesis de Santa Clara, que se había erigido en 1995, y en la parroquia en particular, se hizo una misión puerta a puerta de forma organizada en los barrios y las calles, implicando a todos los miembros de las comunidades, en especial a los jóvenes.

La convocatoria fue de la Iglesia y el lugar de la misa se desbordó de personas creyentes o no que querían oír la voz del Papa. Luego de la visita, la revista de la diócesis dedicó un número a recoger todas las homilías y discurso de Juan Pablo en Cuba. Por otra parte, el Papa había hecho "visible" a la Iglesia. Las personas acudían a buscar diversidad de ayudas y a oír criterios diferentes y miradas distintas. Es indudable que la visita abrió nuevos horizontes. Su primer resultado fue un incremento notable en el número de personas, jóvenes y adultos, que acudían a las iglesias y pedían el bautizo. También, ¡afianzó la confianza de la Iglesia en su capacidad de organización y de convocatoria por haber organizado la visita de un Papa!

Con la visita de Juan Pablo II comienza una transformación de la realidad de las comunidades por la llegada de nuevos miembros: se va notando una indolencia social generalizada, falta de compromiso, menos preparación doctrinal, comportamientos morales más relativistas y al mismo tiempo menos temor y menos prejuicios a la hora de hablar de la fe. Por otra parte, muchos laicos "de toda la vida", por distintos factores, entre ellos la presión de los hijos, se marchaban del país.

Desde la vista del Papa Juan Pablo II comenzó una labor de promoción y evangelización del mundo de la cultura: bibliotecas, centros culturales y de formación, etc. En la Diócesis de Santa Clara se comenzaron a adquirir distintas colecciones de libros. Se construyó un espacio para la biblioteca en el Obispado, el cual desde su inauguración se ha convertido en un importante espacio cultural de la ciudad. En ella se realizan simposios, concursos, conferencias, exposición de Artes Plásticas. Es además sub-sede del Festival de Invierno del Cine-Club Cubanacán y espacio para lanzamiento de libros en la Feria Internacional del Libro que se realiza anualmente. La meta es atraer a personas que no tienen una conexión con la iglesia y así sembrar semillas de fe. En la Catedral se realizan conciertos y festivales de música, pues su tamaño y acústica lo posibilitan. En sus espacios funcionan algunas aulas del Centro Diocesano de Formación de la Diócesis.

El Centro Diocesano de Formación, inaugurado en el 2001, cuenta con 8 filiales en el territorio diocesano. Sus cursos son muy apreciados en el mundo estudiantil y profesional por la diversidad de opciones, la calidad de los profesores que los imparten y las universidades extranjeras asociadas con la Iglesia que los avalan. El 60 % de los que reciben los cursos no practican la fe.

La parroquia también tiene varios grupos de trabajo de Cáritas. Allí funciona un comedor para personas de pocos recursos (35 en la diócesis), una lavandería para ancianos y enfermos (16 en la diócesis), un grupo de atención a familias de personas con Síndrome de Down (2 en la diócesis) y un grupo de cultura, recreación y espiritualidad para ancianos (38 en la diócesis).

La peregrinación de Nuestra Sra. de la Caridad, 2010-2011

A finales de 2010 comienza la peregrinación nacional con la imagen "Mambisa" de la Virgen de la Caridad que recorre toda Cuba como preparación a la celebración de los 400 años del hallazgo de la Imagen de la Virgen de la Caridad.

La peregrinación estuvo precedida por una misión anunciando la fecha de la llegada a cada ciudad, pueblo, poblado, batey o barrio rural. Pero la verdadera misión estuvo en la peregrinación en sí misma, en el poder de convocación de la imagen de la Virgen. En la diócesis, el obispo acompañó a la imagen a prácticamente todos los lugares. En la mayoría de las ocasiones, rezaba con las personas reunidas, los animaba, y repartía oraciones, estampas y catecismos según la ocasión. A los pies de la imagen se reconciliaron familias divididas; ante ella llegaron presos y policías, disidentes y militantes, creyentes y declarados ateos, católicos y de otras religiones. Fueron días felices y de bendición para los lugares por donde pasó.

En la Diócesis de Santa Clara la imagen visitó hospitales, cárceles, una estación de policía además de todas las capillas, iglesias, parroquias y casas de misión. Le dedicaron poemas, canciones, conciertos. En la ciudad de Santa Clara, se celebró un concierto en su honor en el emblemático Teatro La Caridad. El paso de la Virgen dejó bendiciones, pero también retos como la necesidad de purificar la fe sencilla de la mayoría del pueblo cubano y dar contenido al sentimiento que despertó el paso de la imagen. Para eso es necesario formar misioneros, catequistas y formadores, que sean ante todo testigos. Acoger a los que se acercan, no menospreciar a nadie por su ignorancia doctrinal o religiosidad sincrética y buscar formas de hacer crecer y purificar la fe popular.

Las trasformaciones de los últimos cincuenta años han hecho del cubano un ser que necesita reencontrar sus raíces. Una importante tarea, por tanto, es propiciar el acercamiento a la historia de Cuba. El pueblo cubano ha vivido en conflicto interior y social como resultado de la polarización política y las medidas económicas y políticas impuestas por el sistema para llevar a cabo la revolución. Sea cual fuere el papel que han jugado las personas en este proceso, todas han sufrido el impacto de estos cambios. Es imprescindible hacerle descubrir las fuentes de la esperanza al cubano de hoy, educándolo en la fe, el perdón y la reconciliación desde el amor, que lleve a un fortalecimiento de la familia y su papel en el crecimiento personal.

Para poder lograr todo esto la Iglesia necesita: ayudar a descubrir y fortalecer la identidad católica, recuperar el testimonio laical y fortalecer espiritualmente la comunidad cristiana. Al mismo tiempo, la Iglesia debe ayudar a la educación para la vida en libertad: animar a "perder el miedo", formar para una libertad para el bien común, no individual, ayudando a luchar por ser libres de todo lo que impida el crecimiento humano y espiritual. Formando para el consenso, la iniciativa, la responsabilidad y el respeto propio y hacia los demás. Así se hacen los esfuerzos por lograr más espacios de libertad. Sin la reconciliación entre todos los cubanos por medio de un examen de conciencia no sólo para perdonar sino para pedir perdón, no será posible una Cuba nueva.

"La Esperanza no defrauda"

En este documento de 2013, los obispos una vez más invitan al diálogo y la reconciliación, enfatizando la participación de todos y todas y la búsqueda de la unidad en la diversidad, respetando la pluralidad de puntos de vista. La Carta aborda el tema de la libertad con valentía, aboga por una "autonomía social fuerte y responsable" (19) y critica al Estado por su postura paternalista. Nombra las esperanzas de las personas cubanas: superar la pobreza, la realización personal, un nuevo orden político, el diálogo, el concierto de naciones, la familia y los y las jóvenes.

## Análisis preliminar del impacto de la visita de Francisco

La visita del Papa Francisco fue un hecho que agradó a todos y todas. Su lenguaje sencillo fue comprensible, sus palabras reconciliadoras, si bien algunas personas hubiesen deseado que en algunos contextos fueran más proféticas, no levantaron resquemores ni suspicacias. Sus gestos espontáneos causaron gran alegría, aunque se sintió que no hubiese visitado una cárcel, un barrio marginal, un asilo de ancianos, pues de las tres cosas hay en Cuba y en ellas están los más olvidados y necesitados de misericordia.

Este es un análisis preliminar; hace falta estudiar mejor sus mensajes, volver a mirar sus gestos, escuchar los testimonios de aquellos que le vieron de cerca y conversaron con él, y sobre todo tratar de vivir la misericordia de la que nos habló y nos quiso transmitir.

Por otra parte, la visita hizo visible a la Iglesia. Los testimonios de la religiosa, el joven universitario, la familia santiaguera fueron sencillos, verdaderos y sin tapujos. No menos importante fue la presencia de dos sacerdotes en la TV, uno comentando las noticias y el otro explicando las celebraciones, que para todos y todas fue un descubrimiento la capacidad comunicacional que poseía la Iglesia Católica. La visita puede ser una oportunidad a dar pasos en ese terreno.

### Lecciones aprendidas sobre la revitalización

## Retos

El problema más serio que enfrenta actualmente la Iglesia en Cuba—y el país en sí—es el de la emigración temporal y permanente de sus líderes, feligreses y pueblo en general. Existe también un éxodo de sacerdotes cubanos, quedando la labor pastoral en manos del clero extranjero. Por ejemplo, en 2015 la diócesis de Guantánamo-Baracoa sólo tenía un sacerdote cubano.

Muchos laicos que se mantuvieron en las décadas de los 60,70 y 80, ahora se marchan por los hijos y nietos que quieren emigrar o ya lo han hecho. Desde que se restauraron las relaciones entre Cuba y los Estados Unidos ha habido un incremento en la emigración, en su mayoría entrando por Sur América (Venezuela o Ecuador) a través de Centro América hasta llegar a México para cruzar la frontera hacia Estados Unidos.[28] Esto se debe al temor de que cambien las leyes que conceden a los cubanos asilo político.[29]

La Iglesia tiene que estar continuamente formando agentes pastorales, ya que el éxodo es continuo. Por ejemplo, se puede tener como base el Curso de Comunicación que se llevó a cabo a nivel nacional y donde se matriculó lo mejor de los laicos jóvenes con preparación adecuada, con una escolaridad al menos de pre-universitario y menos de 40 años. Se matricularon, con cartas de los obispos respectivos, 40 alumnos, de los cuales veinte se quedan en Cuba, o sea cincuenta por ciento. De Santa Clara se matricularon cinco alumnos y quedan en Cuba dos, sólo un cuarenta por ciento. De las personas laicas que comenzaron a trabajar en la revista Amanecer, que en el primer número eran diez, quedan en Cuba tres, un treinta por ciento.

Se da también una emigración temporal de parte de los cubanos y las cubanas que son enviados a prestar servicios de salud o educación en otros países por dos o tres años, lo que se conoce como "misiones internacionales". Esto ha tenido un impacto negativo en la familia, ya que "los niños quedan con los abuelos o con uno de los padres... y se dan muchos divorcios, se desintegra la familia" (Entrevista Rosy López, El Cobre, 7 de abril, 2014).

### Nuevas posibilidades

El nuevo Plan Pastoral elaborado para los años 2014-2020[30] se fundamenta en la experiencia de Emaús y propone

---

28  Desde octubre de 2014 a agosto de 2015 cruzaron al menos 27.413 cubanos por la frontera con México; otros 9.000 llegaron a Miami vía aérea sin visa; otros tantos llegaron por mar o entraron con visa y se han quedado (San Martin 2015).

29  Se teme que Estados Unidos elimine Cuban Adjustment Act de 1966. Sin embargo, esta ley simplemente permite que los cubanos que están en el Estados Unidos ajusten su status a residente, después de un año de permanencia en el país sin tener que salir. Véase Bustamante 2105.

30  Desde 1995 la iglesia cubana promueve un "camino de planeación

un itinerario de conversión y acción insistiendo en la formación básica para la vida cristiana, la formación permanente para el discipulado con especial atención a la familia y la comunidad cristiana. Dada la realidad de movilidad de Cuba, el Plan se orienta a una Iglesia en misión, comenzando siempre, valiéndose de elementos fundamentales como son el testimonio de alegría y fraternidad, de austeridad y solidaridad.

El acercamiento entre Estados Unidos y Cuba abre caminos de comunicación e intercambio entre los cubanos de la Isla y los que están fuera. Esto ofrece a la Iglesia un terreno propicio para fomentar la reconciliación entre los católicos de la Isla y los católicos cubanos de la diáspora. La necesidad de reconciliación surge como resultado de varios factores. Históricamente se creó una gran distancia entre la población de la isla y de la diáspora por la falta de comunicación y contacto entre las personas cubanas de ambos lados del Estrecho de la Florida por prohibiciones del gobierno cubano y del embargo norteamericano. Por muchos años los que salían de Cuba no podían regresar, ni casi comunicarse con las personas de la Isla. Ambos lados experimentaron la ruptura de la familia, el olvido de las amistades, los que se fueron y los que quedaron atrás. Por otro lado, décadas viviendo en contextos sociales muy diversos ha moldeado a las personas en ambos lados y esto contribuye a grandes diferencias en la manera de ver las cosas en torno a la realidad de Cuba y en otros temas.[31]

## Aciertos de la Iglesia de Cuba

Desde la exploración de la realidad, fundamentalmente a través de la literatura, documentos eclesiales y las entrevistas efectuadas, se identifican los siguientes aciertos o elementos claves en la revitalización de la Iglesia de Cuba.

---

participativa para animar y realizar su acción evangelizadora" (Plan Pastoral, 60).

31 Para una profundización del tema de la reconciliación en la diáspora cubana, véase Communion in Diversity? Exploring a Practical Theology of Reconciliation among Cuban Exiles (Cortés 2013).

## La fe en la fuerza de lo pequeño

La Iglesia en Cuba leyó desde la fe, la experiencia de la disminución en número de personal e instituciones y su limitada presencia pública en la sociedad. Esto le llevó a valorar la fuerza de lo pequeño, el sentido evangélico del grano de mostaza. La Iglesia aprendió a evangelizar sin grandes recursos, sin acceso a espacios en la educación ni a los medios de comunicación. El número reducido de fieles favoreció el trato personal entre los ministros y el pueblo. El testimonio de sencillez ha tenido una eficacia evangélica importante. La Iglesia supo "fortalecer la fe en situaciones que llevaban a la desesperanza en una tierra que parecía que se iba apartar de Dios" (Dionisio García Ibáñez, Arzobispo de Santiago de Cuba, entrevista en El Cobre, 6 de abril, 2015).

Monseñor Emilio Aranguren lo resumió en sus palabras al Papa Francisco: "Al paso de las décadas esta Iglesia, en el silencio de la cotidianidad, ha ido fortaleciendo su propia espiritualidad pastoral sustentada en cuatro claves del Reino: el valor de 'lo poco', de 'lo pequeño,' de 'lo anónimo' y de 'lo gradual'" (Holguín, 21 de septiembre, 2015). En última instancia toda reanimación religiosa es fruto de "la acción vivificadora de Dios" y de la "respuesta fiel de la Iglesia a la acción amorosa de Dios que la conduce a expresar su Fe de manera creativa en diversas circunstancias que el transitar por la historia le va presentando" (Céspedes 2004, 255).

## Participación del laicado

A medida que la Iglesia fue quedándose sin sacerdotes por la falta de vocaciones y la emigración, los laicos fueron asumiendo mayor responsabilidad en la evangelización. Muchos templos permanecieron abiertos gracias a la constancia de laicos, a veces ancianas, que mantuvieron la fe. A partir de los años 80 comienzan a crearse casas misión,[32] dando a los laicos

---

32 "Las mayores dificultades que estas casas de misión confrontan...ausencia de locales, la falta de animadores de la misma localidad, la dificultad de transporte, la mezcla de religiosidad popular con sincretismo y espiritismo, la edad avanzada de algunos de los animadores, escasas visitas del sacerdote y la movilidad de los agentes de pastoral" (Plan Pastoral, 47).

un papel protagónico importante en el desarrollo de pequeñas comunidades. Muchos laicos fueron formados en doctrina social de la Iglesia, pastoral, y catequesis. La emigración de muchas personas laicas comprometidas y la llegada a la Iglesia de personas con poca formación religiosa ha afectado negativamente esta forma de presencia. Por lo general, los nuevos católicos tienen poca conciencia de su misión como laicos (Plan Pastoral, 53).

Iglesia misionera

La Iglesia ha privilegiado una espiritualidad misionera fundada en la práctica de ir a las personas donde estén, en vez de esperar que vengan. En diferentes diócesis, adultos y jóvenes llevan la Palabra y la Eucaristía semanalmente a aéreas donde ni siquiera hay casas misión desde el convencimiento de que "la Iglesia tiene que llegar a todas las personas" (Dionisio García Ibáñez, Arzobispo de Santiago de Cuba, entrevista en El Cobre, 6 de abril, 2015). Cuba tiene actualmente unas 2,300 casas misión (Plan Pastoral, 46). Esto ha permitido a la Iglesia llegar a lugares remotos e insertarse en los campos y ciudades con gran cercanía al pueblo.

Unidad en la Iglesia

Al ser pocos en los primeros años, se forjó una gran unión entre laicos, religiosos, sacerdotes y obispos (Monseñor Dionisio García Ibáñez, entrevista en El Cobre, 6 de abril 6, 2015). En un medio que era relativamente hostil hacia los creyentes, era necesario apoyarse y mantener la unidad. Este es un valor que la Iglesia no quiere perder, pero para mantener la unidad no puede cerrarse a la participación que siempre genera diversidad. Sin esta apertura, se caería en un modelo de Iglesia vertical y clerical.

Una Iglesia al servicio de los más necesitados

El trabajo de caridad de la Iglesia de Cuba en la pastoral de salud, penitenciaria y atención a las personas ancianas ha sido el testimonio mayor de su fe. Cuando la Iglesia perdió sus instituciones de salud y beneficencia, desarrolló una labor social de presencia, pero a partir del ENEC comenzó a organizar sus servicios. Desde la fundación de Caritas Cuba se ha ido desarrollando una red organizada para atender al pueblo en sus necesidades ordinarias (comedores y centros para ancianos, enfermos, discapacitados) y cuando acontecen desastres naturales. Así, la Iglesia presenta "otro discurso, no de rencor, ni odio, sino de amor y perdón. . . la Iglesia maltratada sigue siendo la que se compromete, pero no se ha aprovechado de estos servicios para hacer adeptos, para proselitizar" (Monseñor Arturo González, entrevista, Miami, 15 de junio, 2015).

Una Iglesia dispuesta a dialogar con todos en la búsqueda del bien común

Desde el ENEC la Iglesia de Cuba se ha insertado en la sociedad de forma intencional y "ha tomado una decisión explícita por la evangelización de la cultura, ésta entendida en su sentido más abarcador y simultáneamente más exacto, por medio de la presencia positiva y del diálogo" (Céspedes 2004, 263). El diálogo entre el gobierno y la Iglesia, propuesto por décadas por la Iglesia, comienza a darse a partir de 1985 (Céspedes 2004, 259), pero sobre todo como preparación a la visita del Papa Juan Pablo II y las sucesivas visitas de los Papas.

También, con motivo de los huracanes que han afectado la Isla se ha propiciado un trabajo conjunto entre el gobierno y la Iglesia para responder a las necesidades de los ciudadanos. Este diálogo y colaboración en programas que benefician al pueblo responde a la vocación transcendental de la Iglesia, que no se identifica con ningún proyecto político y está más allá de cualquier sistema político (Márquez 2012, 83). Otro terreno donde la Iglesia ha fomentado el diálogo con la cultura ha sido a través de la creación de espacios para la expresión artística y el intercambio en diferentes campos del saber, sobre todo las ciencias sociales y las humanidades.

Una Iglesia abierta a todos y todas

La Iglesia de Cuba supo abrir los brazos a todos los que, después de varias décadas de distanciamiento de la Iglesia e incluso de oposición a la Iglesia, comenzaron a regresar o llegar por primera vez a los templos. No se preguntó a nadie "¿dónde estabas?, ¿qué hiciste o qué no hiciste?" (Monseñor Arturo González, entrevista, Miami, 15 de junio, 2015). La Iglesia ha buscado ser reconciliadora, sanar las heridas que han dejado la historia personal y nacional y así unir al pueblo para construir el futuro. Hay una profunda relación entre reconciliación y revitalización.

La nueva vida de la Iglesia surge de la sanación de las personas, de la construcción de comunidades de fe, de la capacidad de convocatoria para unir en medio de la diversidad. El tema de la reconciliación ha sido y es central en la pastoral de la Iglesia Católica de Cuba. La reconciliación es la revitalización a la que aspira la Iglesia y en la que está empeñada pastoralmente. La revitalización de la Iglesia no se mide por el crecimiento institucional, sino por la calidad de vida cristiana y la comunión, fruto de la reconciliación en sus dimensiones humanas y espirituales, personales y sociales.

## La Virgen de la Caridad

Dentro de ese marco de la reconciliación, la Virgen de la Caridad, "símbolo de cubanía" (Portuando Zúñiga 2011) juega un papel especial como camino para el encuentro con Jesús, como camino para el encuentro con los hermanos y hermanas. La devoción a la Virgen de la Caridad desde sus orígenes une al pueblo; las personas la sienten "como intercesora de imposibles… ella ha hecho que la Iglesia cubana permanezca" (Alina de la Caridad López Suárez, entrevista, El Cobre, 4 de abril, 2015). Ella representa la reconciliación posible en medio de la diversidad de razas, visiones e ideologías que conviven en el pueblo cubano.

## Conclusión

La Iglesia Católica en Cuba, enraizada en el misterio pascual, ha vivido un largo vía crucis, pasión y muerte, que ha florecido en nueva vida. Esta Iglesia, despojada de sus instituciones, forzada a encerrarse en sus templos, perdió su capacidad de influir en la vida pública y social, pero aprendió a hacer su misión sin recursos económicos, sostenida por un "resto fiel" de abuelas y pocos, pero valientes, laicos y sacerdotes, que fueron testimonio de aquello que se decía de la comunidad cristiana primitiva: "mira cómo se aman" (Hechos, 4, 32-37).

De las cenizas renació una Iglesia renovada, pobre, servicial y fraterna, cercana al Evangelio, a la alegría del Evangelio. La Iglesia en Cuba orientó su misión hacia el anuncio de Jesucristo, a la conversión de las personas sin pretender—porque tampoco se podía—convertir las estructuras. Habiendo perdido lo superfluo, se concentró en lo esencial: ser presencia de Dios en medio de su pueblo.

La Iglesia en Cuba se ha esforzado por ser una Iglesia encarnada en un pueblo, en una cultura. Su cercanía al dolor y las búsquedas de ese pueblo le ha permitido ser relevante. La incorporación de los signos, ritos y música cubana en la evangelización ha abierto las puertas del corazón cubano. La Virgen de la Caridad, que une lo cubano y lo religioso, es el signo por excelencia de lo que la fe ha aportado a la identidad cubana. Una vez que se hizo parte de la vida y la historia de este pueblo, nadie la ha podido arrancar de su alma. La tarea de la Iglesia es acompañar esa fe para que lleve a Jesús y al compromiso con el Reino.

A medida que se van ganando espacios y se desarrollan mejores condiciones de diálogo con el gobierno, la Iglesia ha de permanecer vigilante para no perder su identidad forjada en la cruz. La tentación del poder y del tener siempre acecha a la Iglesia que peregrina en esta tierra, en Cuba y en todas partes. Por eso ha de continuar buscando los "espacios que legítimamente le corresponden para ejercer su misión y no posiciones de poder o influencia política" (Andujar 2009, 8). En actitud dialogante ha de ir fortaleciendo su vocación profética, ofreciendo las pertinentes propuestas para el bien común y no callando las necesarias denuncias de lo que no es justo ni constructivo. Como puente de comunión, la Iglesia ha de seguir ayudando a sanar heridas, creando espacios donde el pueblo pueda expresarse en las artes y aprenda a pensar y a respetar el pensamiento de otros, donde pueda soñar la Cuba posible.

El momento actual reclama una Iglesia que ante los desengaños y frustraciones ofrezca un mensaje de esperanza; ante la pérdida del horizonte transcendente reafirme la fe que fundamenta el valor de la dignidad humana y, finalmente, ante un discurso que alimenta la agresión y la exclusión, hable de reconciliación y participación para construir el futuro "con todos y para el bien de todos" (José Martí).

Obras citadas:

Andújar, Gustavo.
  2009.  "Iglesia y sociedad en Cuba a los 15 años del Amor Todo lo Espera."Vitral, XV, n. 89.

Anonymous.
  n.d.  Constitución de Cuba de 1901. https://www. hicuba.com/constitucion-1901.htm.

  1987.  Encuentro Nacional Eclesial Cubano (ENEC). Documento Final. Roma: Tipografía Don Bosco.

  2014.  Gaceta Oficial de Cuba. No. 20 Extraordinaria de 16 de abril de 2014. http://www.cubadebate.cu/wp-content/uploads/2014/04/GO_X_20_2014_gaceta-ley-de-inversion-extranjera.pdf. Accesada 30 de octubre, 2015.

Aranguren, Monseñor Emilio, Obispo de Holguín.
  2015.  Saludo al Papa Francisco. Holguín, 21 de septiembre, 2015.

Bustamante, Michael J.
  2015.  "Is the Cuban Adjustment Act in Trouble?" Cuba Counterpoints, June 4. http://cubacounterpoints.com/features/is-the-cuban-adjustment-act-in-trouble/#more-1069. Accesado 20 de octubre, 2015.

Campistrous Pérez, María C.
  1998.  "El Cobre: altar mayor de Cuba," Verdad y Esperanza. Publicación de la Unión Católica de Prensa de Cuba, enero: 18.

Céspedes, Carlos Manuel.
    2004.    "Reanimación Católica en Cuba." En Globalización religiosa y neoliberalismo. Espiritualidad, política y economía en un mundo en crisis. III Encuentro Internacional de Estudios Socio-Religiosos. Naucalpan, México: CIPS, Departamento de Estudios Religiosos.

    2005.    "Una cierta nostalgia de futuridad a los veinte años del ENEC." Verdad y Esperanza. Publicación de la Unión de Prensa de Cuba: 3-24.

Clark, John.
    1985.    Religious Repression in Cuba. Miami: University of Miami Press.

Conferencia de Obispos Católicos de Cuba.
    1960.    "Circular Colectiva del Episcopado Cubano, agosto 7, 1960". En La Voz de la Iglesia en Cuba. 100 Documentos Episcopales. México, D.F.: Obra Nacional de la Buena Prensa.

    1993.    "El Amor Todo lo Espera". En La Voz de la Iglesia en Cuba. 100 Documentos Episcopales. México D.F.: Obra Nacional de la Buena Prensa.

    1995.    "Promulgación del Documento Final del ENEC." En La Voz de la Iglesia en Cuba. 100 Documentos Episcopales. México: Obra Nacional de la Buena Prensa.

    2013.    "La Esperanza no defrauda". Carta circular del Episcopado de Cuba. http://www.diocesisdesantaclara.com/noticias/item/778-obispos-de-cuba-hacen-p%C3%BAblica-la-nueva-carta-pastoral-%E2%80%9Cla-esperanza-no-defrauda%E2%80%9D.html. Accesado 20 de octubre, 2015.

2014.  Plan Pastoral de la Iglesia Católica en Cuba. 2014-2020.

Cortés, Ondina.
2013.  "Communion in Diversity? Exploring a Practical Theology of Reconciliation Among Cuban Exiles," PhD diss, St. Thomas University. ProQuest (3589421).

Crahan, Margaret E.
1985.  "Cuba: Religion and Revolutionary Institutionalization." Journal of Latin American Studies 17 (2): 319-340. Cambridge University Press. http://www.jstor.org/stable/156825. Accessed: December 20, 2012.

1999.  "Cuba." En Religious Freedom and Evangelization in Latin America. The Challenge of Religious Pluralism, editado por Paul E. Sigmund, 87-112. Maryknoll, N.Y.: Orbis Books.

CRECED.
1996.  Comunidades de Reflexión Eclesial Cubana en la Diáspora: Final Document. Miami: Graphic Ideas Corporation.

Estévez, Felipe J.
1989.  El perfil pastoral de Félix Varela. Miami.: Ediciones Universal.

Fernández Santalices, Manuel.
2001.  Cronología histórica de Cuba. 1492-2000. Miami: Ediciones Universal.

Inter-American Commission on Human Rights.
1996.  Report Number 47/96 CASE 11.436 Victims of the Tugboat "13 de Marzo" vs. Cuba, October 16. http://www2.fiu.edu/~fcf/13mem71398.htm. Accesado 25 de septiembre, 2012.

Lebroc Martínez, Reinerio y Jesús Bermejo.
  1992.    San Antonio María Claret: Arzobispo Misionero de
          Cuba. Madrid: Misioneros Hijos del Inmaculado
          Corazón de María.

Márquez, Orlando.
  2005.    "El ENEC era lo que la Iglesia necesitaba." Verdad
          y Esperanza. Publicación de la Unión de Prensa de
          Cuba, 9-12.

  2012.    "La Iglesia como puente de acercamiento," Espacio
          Laical. 3:79-86

Montenegro González, Augusto.
  2010.    "Historia de la Iglesia en Cuba (1977-1994)".
          Anuario de Historia de la Iglesia 19: 293-338.

Oficina Nacional de Estadísticas e Información de la República
  de Cuba. http://www.one.cu/.

Ortega, Cardenal Jaime.
  2012.    Conferencia impartida en Eischtätt, Alemania.
          Espacio Laical 217 (noviembre).

Pedraza, Silvia.
  2007.    Political Disaffection in Cuba's Revolution and
          Exodus. Cambridge: Cambridge University Press.

Perera, Ana Celia y Ofelia Pérez Cruz.
  2009.    "Crisis social y reavivamiento religioso: una mirada
          desde lo sociocultural." Cuicuilco 46:136-157.

Pérez, Louis A.
  1999.    "Incurring a Debt of Gratitude: 1898 and the Moral
          Sources of United States Hegemony in Cuba." The
          American Historical Review 104 (2): 356-398.

Pérez Cruz, Ofelia, Ana Celia Perera Pintado, Sonia Jiménez Berrios, Aurora Aguilar Núñez, Lisette Fabelo Pérez, Ileana Hodge Limonta, et al.

2013.　Nuevos movimientos religiosos en Cuba. La Habana: Centro de Investigaciones Psicológicas y Sociológicas.

Pérez Serantes, Enrique, Arzobispo de Santiago de Cuba.

1960.　"Por Dios y por Cuba." En La voz de Iglesia en Cuba: 100 documentos episcopales, 107-114. México, D.F.: Obra Nacional de la Buena Prensa.

Portuondo Zúñiga, Olga.

2011.　La Virgen de la Caridad del Cobre. Símbolo de Cubanía. Santiago de Cuba: Editorial Oriente.

Ramírez Calzadilla, Jorge.

2001.　"Intervención en la Mesa Redonda," Cuba: Reanimación religiosa en los '90, III Encuentro Internacional de Estudios Sociorreligiosos, La Habana.

Rodríguez Díaz, P. Antonio.

1998.　"A los 70 años de la Acción Católica en Cuba," Vitral 24 (marzo-abril). http://www.vitral.org/vitral/vitral24/nhist.htm

2005.　"El ENEC, Una Llamada a la Encarnación." Verdad y Esperanza. Publicación de la Unión de Prensa de Cuba, 15-17.

San Martin, Nancy.

2015.　"Interminable éxodo de cubanos por la frontera con México," El Nuevo Herald, 31 de octubre.

Suárez Polcari, Ramón.

2003.　Historia de la Iglesia Católica en Cuba, Vol. I. Miami: Ed. Universal.

Super, John.
    2003.    "Interpretations of Church and State in Cuba, 1959-1961." The Catholic Historical Review 89 (3): 511+. World Scholar: Latin America & the Caribbean. Accesado 25 de febrero, 2013. http://proxy.stu.edu:2377/tinyurl/5.

Sweig, Julia.
    2009.    Cuba: What Everyone Needs to Know. Oxford: Oxford University Press.

Trujillo Lemes, Maximiliano Francisco.
    2011.    El pensamiento social católico en Cuba en la década de los 60. Santiago de Cuba: Editorial Oriente.

Uría Rodríguez, Ignacio.
    2012.    Iglesia y Revolución en Cuba: Enrique Pérez Serantes (1883-1968), el obispo que salvó a Fidel Castro. Madrid: Editorial Encuentro.

Wright, Elliott.
    2015.    "Cuba's Vibrant, Growing Methodist Church." New World Outlook, May-June. Accessed on March 7, 2016. http://www.umcmission.org/Find-Resources/New-World-Outlook-Magazine/New-World-Outlook-Archives/2015/May/June/0616cubasvibrantchurch.

# CAPÍTULO 5:
# VIDA ABUNDANTE

Una mega-iglesia evangélica en Costa Rica[33]

## Clifton L. Holland y Jordan Dobrowski

Programa Latinoamericano de Estudios Sociorreligiosos
(PROLADES)

---

33 Para conseguir un informe más amplia de este estudio de caso, se puede escribir a prolades@ica.co.cr.

La aparición de mega-iglesias evangélicas en Costa Rica y otros países de América Central desde medianos de la década de los 1990s ha llegado a ser un elemento importante en el cuadro regional del crecimiento de las iglesias evangélicas. En el caso de Costa Rica, las mega-iglesias evangélicas (las que tienen una asistencia de más de 2.000 personas en sus cultos de fin de semana, o sea el sábado por la noche y durante el domingo) ya están incluidas entre las 36 denominaciones o asociaciones de iglesias más grandes del país al 30 de mayo de 2014, según el último estudio nacional de la obra evangélica en Costa Rica realizada por PROLADES (2013-2014). En visitas durante los años 2011 y 2012 a 51 mega-iglesias evangélicas de las más de 60 que existen en las principales ciudades de los países centroamericanos, incluyendo Panamá, se encontró que el fenómeno de las mega-iglesias evangélicas es una fuerte indicación de que está ocurriendo un movimiento de revitalización espiritual en la órbita de las iglesias cristianas protestantes (conocidas generalmente como "evangélicas" en América Central), donde una gran cantidad de cristianos nominales, sean evangélicos o católicos, han sido atraídos a sus cultos y actividades ministeriales en búsqueda de una experiencia espiritual más relevante para sus vidas cotidianas. En este trabajo, tomaremos como caso de estudio la mega-iglesia Comunidad Cristiana Vida Abundante de Coronado (VAC), localizada en un suburbio de San José, la capital de Costa Rica. El equipo de investigación del Programa Latinoamericano de Estudios Sociorreligiosos (PROLADES) lo formó Clifton L. Holland, Director (B.A., M.A. y con estudios doctorales en Antropología Cultural, Misionología e Historia de la Iglesia); Róger Vargas (Lic. en Psicología y educador cristiano costarricense); y Jordan Dobrowski (B.A. en Antropología de la Universidad Augustana en Dakota del Sur, EUA).

## Historia

Según el Pastor Principal Ricardo Salazar, VAC fue diseñada como "una iglesia para los buscadores espirituales", donde las personas podrán encontrar en un ambiente no formal de música cristiana contemporánea y la adoración a Dios, con un fuerte énfasis sobre la familia (inspirado en parte por el estilo de liderazgo y ministerio de "Willow Creek Community Church", cerca de Chicago, Illinois, EUA), donde se pudieran restaurar las vidas quebradas, encontrar nuevos horizontes y desarrollar una vida espiritual más profunda en el contexto de una iglesia neo-pentecostal.

Llama la atención que el crecimiento de VAC ha producido liderazgo para la formación de diez Iglesias hermanas en Costa Rica (la Asociación de Iglesias Vida Abundante tiene una asistencia semanal total de unas 8.360), además de unas iglesias asociadas en Ecuador, Chile, Cuba y los EUA (Área Metropolitana de Nueva York). Todas estas iglesias son parte de la Federación de Asociaciones de Vida Abundante, (FAVA), una organización fraternal de iglesia hermanas. Todas estas iglesias establecidas son parte de la visión misionera de VAC.

| FEDERACION DE ASOCIACIONES DE VIDA ABUNDANTE EN COSTA RICA |
| --- |
| Información suministrada por el Pastor Miguel Sánchez – 18 de mayo de 2015 |
| Área Metropolitana de San José (AMSJ)<br>Vida Abundante de Coronado (VAC) – asistencia fin de semana de 3550 personas<br>Vida Abundante de Ciudad Cariari – asistencia dominical de 900 personas<br>Vida Abundante de Pavas Oeste – asistencia dominical de 400 personas<br>Vida Abundante de Desamparados Sur – asistencia dominical de 800 personas<br>Vida Abundante de Curridabat – asistencia dominical de 600 personas |
| Fuera del AMSJ<br>Vida Abundante de Cartago – asistencia dominical de 350 personas<br>Vida Abundante de Heredia – asistencia dominical de 1000 personas<br>Vida Abundante de San Carlos, Cd. Quesada – asistencia dominical de 120 personas<br>Vida Abundante de Liberia – asistencia dominical de 110 personas<br>Vida Abundante de Grecia – asistencia dominical de 230 personas<br>Vida Abundante de San Vito – asistencia dominical de 300 personas<br>PROMEDIO DE ASISTENCIA SEMANAL TOTAL ESTIMADO A NIVEL NACIONAL = 8.360 |

Se seleccionó a esta mega-iglesia para realizar un "estudio de caso" científico durante la primera mitad del año 2015 con el propósito de realizar la investigación a dos niveles: con el equipo pastoral y con miembros de la comunidad. Se recibió el apoyo del Centro para el Estudio de Movimientos de Revitalización en el Cristianismo Mundial. Más adelante en este reporte vamos a identificar los factores de expulsión y atracción en juego en el crecimiento progresivo de VAC. Las más de 400 personas que fueron entrevistadas en abril y mayo de 2015, expresaron que tanto sus vidas particulares como las de sus familiares han sido revitalizadas espiritualmente por medio de su participación en los ministerios multifacéticos de esta mega-iglesia.

VAC se identifica como una iglesia "neo-pentecostal" con convicciones teológicas características de la Familia Pentecostal de la Obra Completa de Cristo (calvinista, similar a la doctrina de las Asambleas de Dios); su sistema de gobierno eclesial se basa en una junta directiva (Consejo de Ancianos) que tiene toda la potestad de tomar decisiones y acciones en nombre de la institución; los miembros del Consejo de Ancianos son seleccionados anualmente por consenso del Equipo Pastoral. El estilo de liderazgo de VAC es "pastoral" entre un equipo de socios de iguales atributos, y no es de tipo autoritario. La perspectiva política de VAC es "apolítica" en el sentido de que los líderes no favorecen a ningún partido político, pero por lo general ellos son conservadores social y políticamente hablando; son pro activos en el campo del servicio social y la acción social hacia las personas con más necesidades en la sociedad (niñez abandonada, mujeres víctimas de abuso doméstico y sexual, familias en crisis, ancianos, drogodependientes, etc.).

No debe ser una sorpresa que la membrecía y las instalaciones físicas de VAC hayan crecido desde un inicio muy humilde en 1993 como "iglesia de casa" dado la calidad de su liderazgo; su visión, misión y mensaje: "Haciendo de cada miembro un discípulo de Jesucristo"; y la dinámica de su vida congregacional que ha atraído a una gran cantidad de personas a esta iglesia que llegó a ser "mega" en 2001.

Contexto

Varias encuestas de opinión pública han revelada que durante los últimos 32 años, quienes se identifican como "católicos romanos" en Costa Rica han declinado de 85% en 1983 a 67% en 2015 (una pérdida de 18%), mientras que quienes se identifican como "cristianos evangélicos" han incrementado de 8,6% en 1983 a 25% en 2015 (un aumento de 16,4%). En 2015, el 86% de la muestra de la población costarricense indicó que nacieron en hogares "católicos" y solamente el 12% de la muestra indicó que nació en hogares "evangélicos" (empresa CID-Gallup, encuesta de opinión pública tomada en enero de 2015).

Al aparecer las primeras mega-iglesias evangélicas en Costa Rica desde los inicios de la década de los 2000, fue una nueva alternativa a los cultos formales y tradicionales, fueran católicos o evangélicos, por lo atractivo de sus cultos con música contemporánea, su estilo de liderazgo, predicación y enseñanza, un equipo pastoral grande, un auditorio grande y con una multitud de ministerios. Los cultos suelen durar dos horas o más comparado a los cultos tradicionales de una hora exacta en las iglesias no pentecostales. Los cultos de las mega-iglesias eran dirigidos por "equipos de músicos y cantantes" de buena calidad con instrumentos musicales en lugar del piano o órgano tradicional. En las mega-iglesias pentecostales, carismáticas o neo-pentecostales, por tener grandes celebraciones de adoración a Dios, hay mucho entusiasmo entre los congregantes quienes acompañaron la música palmoteando, levantando las manos, cantando y orando en voz alta, bailando, algunas personas "hablando en lenguas" (glossolalia), y con mucha emoción y compañerismo.

Estas experiencias tienden a producir un gran sentir de "comunidad" entre los congregantes, como parte de una gran familia de fe y no de individuos aislados en grandes reuniones. Por lo general, la participación continua en una mega-iglesia evangélica tiende a mejorar la calidad de sus vidas personales y familiares, porque se disfrutan de la experiencia de ser parte de una celebración masiva de adoración y alabanza al Señor juntos a otros creyentes. También, se mejora su autoestima y su sentido general de satisfacción y de felicidad en sus vidas espirituales como consecuencia de la confesión de sus pecados, el arrepentimiento y la entrega de sus vidas a Dios. Es un contexto muy favorable para atraer a mucha gente de otras iglesias, especialmente de católicos y evangélicos nominales de iglesias que no han podido satisfacer sus necesidades espirituales.

En el año 2000 el equipo de PROLADES descubrió la existencia de solamente una mega-iglesia evangélica en el Área Metropolitana de San José, pero en 2014 encontró ocho. La mayoría de estas mega-iglesias fueron fundadas como pequeñas "iglesias en casa" en la década de 1990, mientras que otras eran iglesias organizadas con su propio templo antes del año 1990. Todas son de tipo pentecostal, carismático o neopentecostal, pero con diferentes orientaciones teológicas y litúrgicas y con diferentes patrones de crecimiento eclesial.

Dos de las mega-iglesias están afiliadas a las Asambleas de Dios (Oasis de Esperanza y el Centro Evangelístico de Zapote), que pertenece a la Familia Pentecostal de la Obra Completa de Cristo, según el sistema de clasificación del Movimiento Protestante elaborado por PROLADES; tres son iglesias pentecostales independientes (La Iglesia Rosa de Sarón, la Iglesia Pasión por las Almas y la Iglesia Maná-KingdomTakers); y dos son de tipo carismático y afiliadas a asociaciones de iglesias (denominaciones) que tradicionalmente no son de tipo pentecostal (La Ciudad de Dios, afiliada a los Hermanos en Cristo de la Familia Anabautista-Menonita; y el Templo Bíblico, afiliada a la Asociación de Iglesias Bíblicas Costarricenses [AIBC], fundada por misioneros y pastores asociados a la independiente Misión Latinoamericana [MLA]). El Templo Bíblico, ubicado en el centro de San José, era una de las iglesias evangélicas más grandes en el área metropolitana hasta la década de 1990. Fue la primera iglesia evangélica en identificarse con el nuevo Movimiento Carismático en Costa Rica en la década de 1970 y hoy en día se caracteriza más como iglesia neo-pentecostal a diferencia de la mayoría de las iglesias de la AIBC. La Iglesia Rosa de Sarón fue la primera mega-iglesia que apareció en la década de 1990 en Costa Rica, y tuvo unos 12.000 asistentes los domingos en el año 2000, pero a la fecha ha bajado a unos 5.000 en los cultos dominicales; esta mega-iglesia pertenece a la Familia Pentecostal de Sanación por Fe y Liberación.  La Iglesia Pasión por las Almas y la Iglesia Maná-KingdomTakers pertenecen a la Familia Pentecostal de la Nueva Reforma Apostólica. Algunas de estas mega-iglesias predican "el evangelio de la prosperidad" en diferentes grados.

Una de las ocho mega-iglesias evangélicas actuales en el AMSJ es La Comunidad Cristiana Vida Abundante de Coronado que se identifica como una iglesia "neo-pentecostal" orientada a los cristianos quienes buscan tener una vida espiritual más profunda y práctica en su caminar con Dios, sin tener el equipaje litúrgico y cultural asociado con las iglesias pentecostal tradicionales.  VAC es un lugar donde los congregantes no se intimidan al invitar a sus amigos, familiares y colegas de trabajo y de estudio a asistir a los cultos los fines de semana (sábado por la noche y tres cultos dominicales), o a los grupos pequeños entre semana, o a las actividades de los grupos de colegiales y universitarios.  Las varias actividades de VAC se lleven a cabo en un ambiente amigable y atractivo que ayudan a los participantes en su desarrollo espiritual basando en el estudio de la Palabra de Dios y su aplicación práctica a la vida cotidiana.

## Desarrollo

### Descripción de Vida Abundante Coronado (VAC)

Los origines de Vida Abundante Coronado (VAC) datan a mayo de 1993, cuando un grupo de unas 50 personas formaron una "iglesia en casa" en el Distrito de Tibás, un suburbio al norte del área metropolitana de San José, bajo el liderazgo de cuatro pastores y ancianos que habían sido parte del Centro Cristiano en Guadalupe (CCG, afiliado con Transworld Missions, una organización Pentecostal independiente): Sixto Porras, Milton Rosales, Ricardo Salazar y Miguel Sánchez junto con sus esposas.  Sixto Porras fue fundador de Estudiantes Cristianos Unidos (ECU), un grupo cristiano de universitarios afiliados al International Fellowship of Evangelical Students (IFES) en la Universidad de Costa Rica (UCR); más tarde llegó a ser el pastor principal de la iglesia Centro Cristiano en Guadalupe. Ricardo Salazar era estudiante universitario y exjugador profesional de futbol en la Primera División con el equipo Saprissa, del que se retiró a la edad de 21 años en 1982. Milton Rosales se graduó con título de Licenciatura en Desarrollo Humano y Psicología de la UCR. Miguel Sánchez obtuvo un título de Licenciatura en Administración Financiera.

En 1998, el equipo pastoral de VAC y sus 160 miembros empezaron a pensar en la posibilidad de comprar una propiedad y construir su propio templo para servir a una congregación más grande. Hoy en día, VAC es dueña de 40.200 m2 de terreno donde se construyeron todos los edificios de la iglesia y la escuela. El Pastor Miguel Sánchez informó que el valor total de estas propiedades y edificios es de unos $14 millones. El presupuesto mensual de operaciones de VAC es de unos $113.208 y su presupuesto anual es de unos $1.358.490. Los ingresos mensuales de VAC cubren los gastos de operaciones y los fondos de reserva para futuros gastos presupuestados.

Actualmente, el Equipo Pastoral de VAC consiste de 12 pastores de tiempo completo con sus diferentes ministerios: Ricardo Salazar (Pastor Principal), Guizelle Quesada (Pastora de Consejería y Apoyo Grupal, esposa de Ricardo), Silvia Zúñiga Flores (Coordinadora de Ministerios Familiares), Miguel Sánchez (Pastor de Acción Social), Jason Cordero (Pastor de Capacitación del Discipulado y Pastor de Jóvenes), Victoria Chavarría (Pastora de Ministerios para Niños), Jaime Álvarez (Pastor de Artes Musicales), Samuel Pérez (Pastor del Discipulado y Ministerios de Grupos Pequeños), Danny Segura (Coordinador de Servicios Pastoral y de Producción), Cinthia Bermúdez (Directora de Costa Rican Christian School), Hazel Cedeño (Pastora de Niñez abandonada—administra los alberges para niños y niñas con padres substitutos); y Fabio Quiróz (Pastor de Discipulado y Crecimiento Espiritual).

VAC tiene un Consejo de Ancianos (funciona como Junta Directiva) que no es elegido por voto de miembros de la congregación porque VAC no tiene una lista oficial de miembros, sino que este consejo es escogido por el Pastor Salazar después de consultar con el Equipo Pastoral y el Consejo de Ancianos actuales. Algunos miembros del Equipo Pastoral no tienen estudios formales en seminarios teológicos o institutos bíblicos, pero la mayoría son graduados de universidades en diversas carreras y tienen muchos años de capacitación especializada en liderazgo en los programas de VAC y de otras instituciones. Sin embargo, algunos han estudiado en institutos bíblicos o seminarios teológicos sin graduarse, y otros están estudiando en programas formales.

VAC tiene un fuerte énfasis sobre el discipulado y la formación de familias cristianas sanas por lo cual celebra varias conferencias anuales con enfoque sobre la problemática de la familia. Todo el equipo pastoral de 12 personas, con sus respectivos equipos de líderes formados, ofrecen una multitud de ministerios y servicios a los miembros de VAC y a la comunidad. También, VAC tiene una variedad de grupos pequeños en casas particulares (más de 100) dirigidos por laicos con formación entre semana (para la oración, el estudio bíblico, el discipulado, compañerismo, etc.) y grupos especiales que se reúnen en los edificios de VAC por las noches entre semana y los sábados para tratar temas para mujeres, hombres, parejas, personas solteras, divorciadas o codependientes, etc. Además, ofrece una clase de orientación para las personas nuevas cada dos meses, y clases pre-bautismales ("Primeros Pasos", tres sesiones) para nuevos cristianos; los servicios bautismales se celebran periódicamente, con un promedio de 400 bautismos al año.

Además del equipo profesional de 12 pastores (hombres y mujeres) de tiempo completo y sus asistentes, VAC tiene un equipo de unos 40 líderes laicos capacitados y más de 800 voluntarios con formación. El lema de VAC es "cada miembro un discípulo de Jesucristo". Quiroz dijo: "Cuando una persona toma las clases de discipulado su participación en otras actividades de la iglesia es más activa, hay más voluntarismo, más servicio a otras personas en la iglesia y en la comunidad y más altos niveles de responsabilidad en el liderazgo en la iglesia". Todos los líderes de las clases de discipulado y de "grupos pequeños" han recibido capacitación especializada por medio de su participación en estos mismos grupos como estudiantes, asistentes al líder del grupo y, al final, como dirigentes de grupo; actualmente hay más de 100 líderes de grupos. La meta del discipulado es producir un estilo de vida centrado en el servicio a Jesucristo y a otras personas.

Afuera del auditorio, que acomoda unas 1.200 personas, se encuentra una librería con literatura y música cristiana. Se ofrece atención especial a los infantes y niños de cuna y a los preescolares en el Culto de Niños. VAC no ofrece clases de escuela dominical para ningún grupo de edad, pero sí brinca una variedad de actividades educativas y recreacionales para niños y jóvenes los fines de semana. VAC mantiene un sitio en Internet (www.vida.cr) donde se encuentran los ministerios y actividades de VAC, cultos y predicaciones. Durante los cultos, se puede escuchar y ver las transmisiones en vivo desde el auditorio ("live streaming") en el canal de video de VAC (http://vida.churchonline.org/).

VAC es dueña de Costa Rican Christian School (CRCS) con educación pre-escolar, primaria y secundaria que funciona en sus instalaciones en Coronado usando los edificios, parqueos y campos recreacionales para sus respectivas actividades. Actualmente, CRCS se clasifica entre las 10 mejores escuelas privadas en el país por su excelencia en educación y la calidad de sus instalaciones.

### Preguntas guías de investigación

En el estudio de caso de VAC, buscamos contestar las siguientes preguntas:

- ¿Qué combinación de factores sociorreligiosos en el contexto urbano y nacional de Costa Rica ha contribuido al crecimiento acelerado de la membresía de esta mega-iglesia durante el período de 1993 a 2015?

- ¿De dónde vienen los nuevos participantes en términos de sus caminos espirituales: de otras iglesias evangélicas (migración entre eclesial), de iglesias católicas, de otros grupos religiosos (sectas cristianas o grupos no cristianos), o de la población secularizada no religiosa?

• ¿Cuáles son los variables sociorreligiosos en las experiencias individuales y familiares que los motivaron a dejar sus iglesias o grupos religiosos previos (factores de expulsión) y unirse a esta mega-iglesia evangélica (factores de atracción)?

• ¿Cuántas personas de las que asisten activamente a esta mega-iglesia fueron miembros activos en otras iglesias evangélicas denominacionales o independientes antes de llegar a VAC, comparadas a la cantidad de personas que tuvieron una experiencia de conversión espiritual después de asistir a VAC o una de sus actividades ministeriales (como un estudio bíblico en casa, grupo de oración, seminario/taller, campamento, sociedad de jóvenes, etc.)?

• ¿Por cuánto tiempo Ud. ha asisten a VAC y ha estado asociado a esta mega-iglesia?

• ¿Cuál es el nivel de su satisfacción personal y familiar en VAC actualmente?

• ¿Cómo ha influenciado su participación en VAC a su vida familiar y su involucramiento social o político en la comunidad local o en la sociedad civil en general?

• ¿En qué manera su participación en VAC ha tenido influencia en su crecimiento espiritual personal como un discípulo de Jesús?

• ¿Se han visto un cambio de la ideología o cosmovisión en la vida de los que asisten a VAC como consecuencia de su participación en esta mega-iglesia?

• ¿En base a nuestra experiencia y la evidencia de nuestra investigación de campo en VAC, ¿Podemos anticipar que el fenómeno de las mega-iglesias evangélicas continuará creciendo en membresía y expandiéndose geográficamente en Costa Rica durante la próxima década, o que el fenómeno dejará de crecer por circunstancias atenuantes?

Para responder a las preguntas guías de investigación se realizaron entrevistas grabadas en audio y video con miembros seleccionados del equipo pastoral para escuchar en sus propias palabras acerca de sus caminos espirituales personales, cómo su participación en VAC ha impactado sus vidas personales y familiares, y para conseguir información general sobre el área de responsabilidad ministerial de cada uno de ellos. También, asistentes a VAC llenaron 402 cuestionarios entre el 25 de abril y el 24 de mayo de 2015 en grupos de 20-24 antes, durante y después de los cultos y las actividades especiales de colegiales y universitarios. La meta fue el 10% de la asistencia regular por semana, que suman unos 3.325 adultos y jóvenes. Un análisis cuidadoso de los resultados de las entrevistas con los 12 miembros del equipo pastoral y con las 402 personas entrevistadas con el cuestionario, dio respuestas tentativas a las preguntas guías de la investigación que se presentan a continuación.

"¿Cuál era la religión de sus padres cuando Ud. era niño?" Encontramos que el 62% de las madres eran "católicas romanas" comparado al 67% de los padres, mientras que el 36% de las madres eran "cristianas evangélicas" y solamente lo eran 27% de los padres. El 63.4% de los entrevistados cambió su religión de "católica romana" (o alguna otra) a "evangélica" durante su juventud o antes de llegar a los 30 años.

Respecto al estado civil, el porcentaje de casados y de divorciados que asisten al VAC es más alto que el promedio nacional; el porcentaje de personas separadas, viudas y en unión libre es más bajo en VAC que el promedio nacional; no existe una diferencia importante entre el porcentaje de solteros (nunca casados) que asisten al VAC y el promedio nacional. El hecho de que las personas divorciadas (hombres y mujeres) estén marginalizadas en la Iglesia Católica Romana y no puedan participar en la eucaristía (la Santa Comunión), así como las que están divorciadas y casadas de nuevo, posiblemente sea una ventaja para las mega-iglesias evangélicas (como VAC) porque todas las personas que asisten a los cultos en VAC pueden participar en la Santa Cena del Señor una vez al mes sin considerar su estado civil. Hay cierto grado de anonimidad entre las personas que asisten a VAC por el tamaño de la congregación (entre 500 y 1.200 personas).

Hicimos una serie de preguntas para descubrir de dónde habían venido los nuevos participantes. En respuesta a la pregunta, "¿Actualmente asiste a un grupo religioso diferente al que fue criado por sus padres?", el 72% de los entrevistados contestó "Si" y el 28% dijo que "No". Al preguntar a los asistentes, "¿Por qué Ud. dejó de asistir a la iglesia de sus padres?", se encontró que el 34% por falta de interés o indiferencia y el 26% por necesidades insatisfechas. Podemos suponer que "la iglesia de los padres" para la mayoría de los entrevistados es la Iglesia Católica Romana (62% de las madres y 67% de los padres), aunque una minoría nació en hogares "cristianos evangélicos" (24% de las madres y 19% de los padres). La mayoría de estas razones son negativas pero una de ellas es muy positiva: "conversión espiritual / me acerqué a Dios". Las razones negativas son "factores de rechazo" que les motivaron a salir de "la iglesia de sus padres", y buscar en otras iglesias mejores oportunidades y respuestas a sus necesidades espirituales. Pocos entrevistados reportaron que habían estado afiliados a uno o más "sectas cristianas" o "religiones no cristianas" antes de asistir a VAC.

Para medir si las personas entrevistadas habían participado activamente en otra iglesia evangélica antes de llegar a VAC, preguntamos, "¿Asistió a otra iglesia (u otras iglesias) antes de llegar a VAC?" El 80% respondió que "Sí" y el 20% que "No" (el total de respuestas fue de 388 = 100%). Además, preguntamos, "¿Por cuánto tiempo asistió a la(s) otra(s) iglesia(s) antes de llegar a VAC?" Del 63% por menos de 10 años y el 37% por más de 10 años. ¿A cuántas iglesias evangélicas Ud. ha asistido desde el año 2000, antes de llegar a VAC? (5.1): Entre 2000-2014, unas 141 personas entrevistadas reportaron que habían asistida a una o a más iglesias evangélicas antes de asistir a VAC; los entrevistados indicaron que durante 2000-2006 asistieron a más iglesias (403) antes de llegar a VAC que durante 2007-2014 (253).

Entonces, ¿de dónde llegaron las personas entrevistadas que actualmente asisten a VAC? El 74% que contestó está pregunta llegó de otras iglesias pentecostales y de otras iglesias hijas de Vida Abundante. Además pareciera que un número grande de los que actualmente asisten a VAC llegaron de iglesias pentecostales independientes (varias de las cuales también son mega-iglesias, como la Iglesia La Rosa de Sarón, la Iglesia Maná-KingdomTakers y la Iglesia Pasión por las Almas) o de denominaciones pentecostales pequeñas. El 18% llegaron de iglesias no pentecostales, como iglesias bautistas, bíblicas, centroamericanos, menonitas, metodistas o nazarenos. Solamente 11 de las personas en nuestra muestra indicaron que habían participado anteriormente en sectas cristianas o religiones no cristianas; las que se mencionaron más frecuentemente fueron los Testigos de Jehová y la Meditación Trascendental (4 veces cada uno).

También buscamos identificar las variables implicadas en las experiencias religiosas individuales que los motivaron a cambiar de iglesia. Preguntamos, "¿Cómo era la calidad de su vida espiritual antes de empezar a asistir a VAC?" El número total de factores negativos que fueron reportados por los encuestados fue 46%, los factores positivos sumaron 51%, y los factores neutros fueron 3%. Los factores negativos fueron "pobre / malo / ninguno" (25.4%), "mediocre" o "muy malo" (13.2%) y "escaso / dudoso / buscando" (7.3%). Las respuestas positivas fueron "buena / activa" (24.3%), "aceptable / creciendo" (21.6%), "muy buenos" (4.9%); y los factores neutros (3%) que se mencionaron fueron "peor que ahora," "lo mismo que ahora" y "no recuerdo".

Antes de asistir a VAC es posible que los encuestados hubieran asistido a una variedad de iglesias o grupos religiosos, incluyendo la Católica Romana, cristiana evangélica, sectas cristianas (principalmente los Testigos de Jehová y los Mormones) y/o religiones no cristianas. Les preguntamos, "¿Qué fue el motivo principal por dejar el grupo religioso donde Ud. participó antes?" Dos de los motivos más importantes que mencionaron fueron factores positivos: "mudanza de residencia / más lejos de la iglesia" (27.2%) y "acompañar a mi conjugue / hijos / familiares"

(9.8%), para un total de 37%. Los restantes cuatro motivos principales que sumaron 33.7%, fueron factores negativos— factores de expulsión ("En desacuerdo con la doctrina / los principios / la teología", "no satisfecho espiritualmente / falta de crecimiento espiritual", "no me gustó el estilo de liderazgo" y "cambios internos y problemas en la iglesia").

Algunas de las razones principales que los encuestados dieron por asistir a VAC fueron factores positivos (factores de atracción) que tienen que ver con: "Me gusta el estilo de vida, la visión y la misión de VAC"; "la predicación y enseñanza / doctrina / teología"; "la predicación de la Palabra de Dios y la experiencia de alabanza"; así como la "sana doctrina" (total = 25.9%). Otros factores fueron la influencia de la familia y los amigos: "para acompaña a mi conyugue / hijos / familiares / amigos" (16.4%); una necesidad personal para crecer espiritualmente: "acercarme a Dios / Jesús – para cambiar mi vida", "Necesitaba un cambio en mi vida personal" y una "Necesidad de crecer espiritualmente / acercarme a Dios / Jesús" (total = 13.6%); buscando entre varias iglesias ("Me invitaron a asistir y esta iglesia me gustó y decidí quedarme", "Alguien me recomendó VAC" y "Vine para visitar, me gustó y decidí quedarme"(total = 13.6%); la ubicación accesible: "Vivo cerca / es una locación cómoda "(total = 4.8%). Estas respuestas sumaron 280 (74.3%) del total de 377 (100%).

En la Sección V de nuestra encuesta preguntamos: "¿Cuáles fueron las tres razones más importantes que le llevó a dejar su iglesia anterior?", incluye todas las iglesias donde asistió entre 2000 y 2014; principalmente se trató con su participación en otras iglesias evangélicas. Casi el 55% de las razones dadas por dejar la iglesia anterior fueron factores negativos—factores de expulsión (conflictos morales o doctrinales, conflictos con pastores / abuso de autoridad, disgusto / falta de comodidad / cultos monótonos, falta de apoyo de parte del pastor, falta de ministerios / oportunidades de ministerio), mientras que algunas razones tenían que ver con factores positivos (13.9% = deseo de aumentar el crecimiento espiritual, necesidad para un cambio personal); algunas de las razones fueron debido a circunstancias atenuantes (24.9% = mudanza de residencia / distancia desde la iglesia, acompañar al conyugue / familiar, cambios en la iglesia, conflicto entre el horario del trabajo y el de las reuniones en la iglesia). Además, existían otras razones que no se identificaron claramente (6.5%).

También preguntamos, "¿Cuáles fueron las razones principales para a asistir a VAC?" Las razones dadas por asistir a VAC fueron: "Buscando dirección espiritual / mejoramiento personal" (32.6%); "Buscando una relación más personal con Jesús / Dios" (18.2%); "No estaba feliz con la experiencia eclesial anterior" (17%); "Experimentaba una crisis y necesitaba ayuda inmediata" (5.9%); "Para aliviar un sentido de culpabilidad / ansiedad / depresión / conflicto" (5.7%); "Empezó a asistir la iglesia de mi conyugue / me casé con un miembro de la iglesia" (5.0%); "La preocupación para la educación religiosa de mis hijos" (4.7%); "Antes, me sentía solo, desorientado, sin amor y sin aceptación" (4.5%); y "En VAC experimenté señales y maravillas/ milagros sobre naturales" (3.4%).

La mayoría de los factores tienen que ver con una búsqueda por parte del individuo para una renovación y revitalización espiritual (87.3%), mientras que dos de los otros factores se relacionaron con asuntos familiares: "Empecé a asistir a la iglesia de mi conyugue / me casé con un miembro de la iglesia" (5.0%), y "Me preocupaba la educación religiosa de mis hijos" (4.7%).

Pedimos a las personas entrevistadas a describir su relación con VAC. Preguntamos, "Ud. se considera ser miembro de VAC?" "Sí" (330 = 94%); "No" (22 = 6%); el total de respuestas = 352 (100%). "¿Cuántos años ha asistido a VAC?" El 52% de los entrevistados contestaron que han asistido a VAC por menos de 5 años y el 48% dijo que han asistido por más de 5 años. "¿Con qué frecuencia asiste Ud. a VAC?" El 89% de los entrevistados (348) son activos o muy activos, mientras que solamente el 11% tienen una asistencia nominal o son inactivos (42). Estas respuestas indican que los entrevistados tienen un alto nivel de identificación con VAC y son muy involucrados en la vida y los ministerios de esta mega-iglesia.

Cuando medimos el "nivel de satisfacción" de los entrevistados en relación a 15 áreas de sus vidas personales, encontramos que el punto "Quiero ser más obediente y fructífero en mi vida cristiana" recibió el ranking más alto (4.1 en una escala de 1 al 5, con el 5 siendo el más alto nivel de satisfacción) y su preocupación por otras personas y por la situación política de Costa Rica también fueron factores muy importantes. Los entrevistados reconocieron que existían tres áreas que más necesitaban mejorar: en devocional diario, en el servicio con los dones espirituales y en proveer ayuda espiritual, con rangos 2.79, 2.58 y 2.29 respectivamente.   El ranking global promedio de 3.42 que significa que todavía hay "campo para mejorar". También, esto se ve en las respuestas a la pregunta sobre el nivel de satisfacción personal con su propio crecimiento y desarrollo espiritual, y con el liderazgo y el rumbo de los ministerios de VAC que recibió un ranking de 3.62 que es más bajo de lo que esperábamos encontrar. Es posible que hubo alguna confusión de parte de los encuestados respecto al sistema de ranking para esta sección y que pensaron que 1 = más alto y 5 = más bajo, o sea el opuesto de lo que rezaron las instrucciones, pero no sabemos con seguridad en qué grado fue debido a esto.

Pedimos a los entrevistados a "Indicar los cinco FACTORES MÁS IMPORTANTES que han influenciado su crecimiento y desarrollo espiritual en VAC." La mayoría (53.4%) de las respuestas (62 veces o más) fueron las siguientes: "Conocer la Palabra de Dios / Estudiar la Biblia" (10.5%), "Reunirse con otros de las comunidad cristiana" (9.1%), "Caminar más cerca a Dios / Estar en comunión con Dios / Jesús" (7.6%), "Oración / intercesión" (7.5%), "Asistir los cultos en la iglesia" (5.0%), "Predicación / Enseñanza" (4.7%), "Servicio Cristiano / Ayudar a otros" (4.6%) y "El apoyo de mi familia" (4.4%). Estos factores han tenido el mayor impacto en el crecimiento y el desarrollo de la vida espiritual de los entrevistados.

Cuando tabulamos los resultados de nuestra encuesta de los asistentes en VAC, descubrimos algo muy interesante respecto a su afiliación o preferencia política: la cantidad más grande de respuestas fueron "no tengo una preferencia política" (93 = 41.2%), seguido por la categoría "izquierda-liberal" (77 = 34.1%), "centro-moderado" (21 = 9.3%) y "derecha-conservadora" (15 = 6.6%). Una minoría pequeña dieron una variedad de respuestas que nosotros categorizamos como "otras respuestas" (10 = 4.4%) o "apolítico" (7 = 3.1%). Pero el número total de respuestas fue 226 (100%) de entre los 402 cuestionarios, lo que significa que 176 personas no tomaron el tiempo de contestar la pregunta; puede ser que estás personas no tuvieran una preferencia política o simplemente no quisieron dar a conocer su afiliación o preferencia política. Ninguno de los encuestados indicó su apoya para los dos partidos cristianos evangélicos (centro-derecha), quienes están fuertemente opuestos a asuntos sociales actuales candentes.

Según las respuestas dadas en las encuestas, parece que por lo menos el 43.4% de los encuestados de VAC apoyan a los partidos de "izquierda-liberal" (34.1%) o "centro-moderado" (9.3%), lo cual puede significar que ellos no apoyan a los dos partidos cristianos evangélicos y su agenda. Pero si agregamos las cifras de los que indicaron "no tener una preferencia política" (ninguna 93 = 41.1%) a los que confesaron ser apolítico (solamente 7 o 3.1% de los respondientes), entonces podríamos suponer que el 44.2% de los encuestados no haya tomado una posición firme sobre estos asuntos sociales controversiales, posiblemente dado a la inclinación tradicional entre los cristianos evangélicos de "no involucrarse en la política", porque esta opinión fue advocada fuertemente por la mayoría de los pastores evangélicos antes de la década de 1990.

Entonces, ¿cuál es la opinión del liderazgo de VAC acerca de ciertos asuntos sociales controversiales? Nos referimos a la posición del actual presidente de Costa Rica, Luis Guillermo Solís y su administración que apoyan los programas de protección del medio ambiente, los derechos civiles de la comunidad gay, lesbiana, bisexual y transexuales; las uniones civiles para parejas del mismo sexo, el aborto bajo circunstancias especiales, y la fertilización in-vitro. Si los miembros del Consejo de Ancianos, el Equipo Pastoral y la mayoría de los líderes laicos están opuestos a la legalización de estos asuntos sociales polémicos, entonces está perspectiva y enseñanza debe reflejarse en la orientación de la mayoría de los asistentes de VAC. Cuando hicimos una consulta con el Pastor Miguel Sánchez acerca de estos asuntos el 12 de noviembre de 2015, él nos confirmó que el liderazgo de VAC ha discutido estos asuntos y expresaron su oposición en base a sus convicciones bíblicas y evangélicas. Antes de las elecciones de febrero-mayo de 2014, algunos representantes de casi todos los partidos políticos del país fueron invitados a participar en una reunión especial de la congregación entre semana para expresar sus opiniones sobre una serie de asuntos de interés nacional, incluyendo estos asuntos sociales candentes. Aunque el liderazgo principal de VAC se mantuvo neutral durante estas discusiones y no dieron su aprobación a ningún candidato o su partido, ellos sí expresaron su oposición a estos asuntos sociales controversiales. El Pastor Sánchez expresó que si el equipo de PROLADES hubiera incluido una serie de preguntas en el cuestionario sobre estos asuntos sociales controversiales, hubiéramos obtenido respuestas más concretas sobre la oposición de la mayoría de asistentes de VAC a estos asuntos.

## Aprendizajes

Hemos aprendido por medio de esta encuesta que los asistentes de VAC son personas principalmente del nivel socioeconómico medio y medio alto quienes están subiendo en su nivel social y económico. El 62% de los entrevistados han estudiado en alguna universidad o instituto técnico y al nivel posgrado. El promedio de ingresos mensuales de los entrevistados (en base de 295 respuestas) es de $1.827. El promedio de ingresos anuales "per cápita" en Costa Rica es $6.810 (datos de febrero de 2013), comparado a $28.645 en los EUA (2013). El promedio de ingresos anuales para los que asisten a VAC era $21.924 ($1.827 mensual X 12) o sea 3,2 veces el promedio de los ingresos anuales a nivel nacional.  Hay más evidencia para apoyar la idea de que los asistentes de VAC están experimentado "una movilidad social hacia arriba" al ver las ocupaciones de las personas entrevistadas y sus parejas y el nivel bien bajo de desempleo (el 1,7%).

Los niveles de la educación, los ingresos y las ocupaciones de los que asisten a VAC indican  que los miembros de esta iglesia tienen suficientes recursos, tanto financieros como humanos, para cubrir los presupuestos semanales y mensuales de operaciones, y proveer suficiente talento y liderazgo para el presente y el futuro de VAC, si se maneja bien la administración y las finanzas de la iglesia bajo el control del Consejo de Ancianos y el Equipo Pastoral (con sus respectivos ayudantes y comités de apoyo), quienes deben mantener un alto nivel de credibilidad (éticamente, moralmente, espiritualmente y financieramente) y deben tener el fuerte apoyo de la gran mayoría de la membrecía. Actualmente, el 89% de las entrevistadas son "activas" o "muy activas" en la vida congregacional, comparado al 11% de los que son "nominales" o "inactivos" en su asistencia a VAC.

Nuestra determinación global como un equipo de investigadores sociorreligiosos es que VAC es una mega-iglesia excepcional con un crecimiento sostenible de asistentes (miembros) fieles a causa de su ubicación física, la excelencia de sus instalaciones, la calidad de sus pastores y líderes, su orientación hacia "los buscadores espirituales", la multiplicidad de sus ministerios en el plantel de la iglesia y en las casas de sus miembros, los altos niveles de satisfacción entre los que asisten, y su buena reputación en la comunidad y entre los evangélicos en general.

En el mismo contexto, puede ser que VAC presenta una alternativa atractiva a los católicos romanos quienes han perdido confianza en la iglesia en que nacieron y "buscan" una iglesia evangélica que les ayude a resolver conflictos personales y familiares, luchas éticas, morales y espirituales, que les provea amor y aceptación en grupos de apoyo de estudio bíblico, oración y compañerismo y una experiencia significativa de alabanza en una congregación numerosa de sus pares. Este es un proceso de "revitalización espiritual" verdadero para los que nacieron en hogares "cristianos" pero no tenían una relación personal con Jesucristo, sean ellos católicos o evangélicos; podríamos llamarlos "cristianos nominales". Muchas personas así no crecieron en su vida espiritual y no desarrollaron una vida cristiana sana fundamentada en las enseñanzas bíblicas; se puede decir que sus vidas espirituales fueron impedidas por una variedad de circunstancias adversas, tanto en lo personal y familiar como en las relaciones sociales.

Para algunas personas que nacieron en hogares cristianos, sean católicos o evangélicos, su búsqueda para tener una vida cristiana más profunda espiritualmente, estaba dificultada porque a menudo han tenido conflictos personales, familiares, éticos, morales y/o espirituales no resueltos. La falta de una experiencia auténtica de conversión, puede limitar su participación en los ministerios multifacéticos en VAC o en otras iglesias evangélicas. En vez de llegar a ser un "discípulo" de Jesús, se queda entre la multitud de "seguidores" a quienes les faltan compromiso y luchan con sus propios conflictos no resueltos. Quizá algunos de estos "seguidores" asistan a los cultos en VAC y posiblemente participen en otras actividades de la iglesia porque les hace sentir mejor y les ayuda a ver la vida en una manera más positiva.  A menudo muchos de estos "buscadores" que asisten a VAC llegan a entender mejor el mensaje del Evangelio de Jesucristo y nacen de nuevo en Cristo Jesús. De esta forma toman un papel más activo en la vida eclesial en VAC donde hay muchas oportunidades de crecer en el conocimiento de la Palabra de Dios y en la obediencia a su voluntad como parte de la comunidad de fe.

## El futuro

El futuro de VAC, desde nuestra perspectiva, aparece ser muy positivo y optimista en base a nuestra evaluación de los resultados de las encuestas aplicadas en abril y mayo de 2015 a los 12 miembros del Equipo Pastoral de VAC y a 402 asistentes de los cultos sabáticos y dominicales y de los grupos de jóvenes colegiales y universitarios.  El estilo y el desempeño del liderazgo de VAC recibió un "alto nivel de satisfacción", la administración y las finanzas de VAC son bien gestionadas, la asistencia a los cultos de VAC es consistente y vibrante (unas 3.550 personas los fines de semana); y la participación de los miembros en "los grupos pequeños en casa", en las clases de discipulado (hay tres niveles: principiantes, intermedios y avanzados) y en "los grupos especializadas" en los edificios de VAC son indicaciones de su vitalidad y crecimiento espiritual como mega-iglesia. VAC ha contribuido en forma muy significante a la educación de unos 600 niños y jóvenes al año en su comunidad por auspiciar la Costa Rica Christian School (con currículo en inglés) que involucra unas 77 personas, tanto evangélicos como católicos, en la administración, la enseñanza y los servicios a los estudiantes y sus familiares. Además, VAC ha desarrollado otros ministerios multifacéticos afuera del plantel de la iglesia en varias comunidades con líderes y voluntarios capacitados para personas con necesidades especiales.

Es de esperar que las mega-iglesias que operan escuelas cristianas en América Central tengan una gran ventaja sobre las iglesias que no las tienen, porque la educación cristiana de los hijos y las hijas de los miembros de la iglesia y de familias de la comunidad provee al ministerio de estas mega-iglesias la gran oportunidad de formar de estos niños y jóvenes los futuros líderes en la iglesia y en la comunidad para el bien común de la nación. El proceso de la educación cristiana en estas escuelas y colegios tiene la tendencia de crear jóvenes y adultos con un "estilo de vida evangélico" que fortalece la base de apoyo de las iglesias evangélicas con su incorporación a la vida y los ministerios de las iglesias al llegar a ser adultos. Los y las jóvenes de hoy serán los futuros líderes en la iglesia y en la comunidad de mañana.

El lema de VAC ("cada miembro un discípulo de Jesucristo") y su misión de alcanzar "a los buscadores espirituales" quienes se reúnen semanalmente en un ambiente informal y vibrante de compañerismo, oración, canto, enseñanza y adoración a Dios, es una indicación de la habilidad de VAC de alcanzar una amplia audiencia en la comunidad de quienes vienen en búsqueda de ayuda y respuestas por estar descontentos con sus vidas personales y/o familiares, y con sus previas experiencias en otros grupos religiosos (evangélicos, católicos o en ninguno). En VAC, todas las personas son bienvenidas, y nadie está excluido del compañerismo y la participación en esta iglesia por causa de su aspecto físico, su estatus matrimonial, su edad, su nivel de educación, su nivel socioeconómico, su orientación sexual, o su forma de vestirse.

Para terminar nuestra evaluación de esta mega-iglesia, creemos que la experiencia de la gran mayoría de personas que asisten a los cultos y participan en los programas y servicios multifacéticos de VAC, es evidencia de que hay un proceso de "revitalización espiritual" de sus vidas personales, familiares y sociales, lo cual es un beneficio positivo para la sociedad en general por consecuencia de la alta moralidad, ética laboral y preocupación por el bienestar de otras personas que tienen los miembros de VAC. Si esto está ocurriendo en VAC, entonces es muy posible que el mismo proceso de "revitalización espiritual" esté presente en otras mega-iglesias evangélicas en el área metropolitana de San José de Costa Rica, y también en otras áreas metropolitanas en la región centroamericana.

# CAPÍTULO 6:
# EL PODER REVITALIZANTE DE LAS REDES TRANSNACIONALES

A-Brazo y el movimiento mundial
de la misión integral

Stephen Offutt e Hilda Romero

## Introducción

El calor era sofocante en La Perla, un poblado retirado en El Salvador. Parecía que Jorge no lo sentía—después de todo, siempre hacía este calor—mientras presionaba diligentemente las teclas de la computadora. El edificio de un solo cuarto en lo cual se encontraba tenía un techo de lámina de zinc corrugado. El efecto microondas lo hacía aún más caluroso adentro que afuera. Aun así, el muchacho de 17 años estaba sentado en su silla plástica y enfocado en la pantalla. Ocasionalmente levantaba la vista al pizarrón o pedía ayuda a su profesor. Jorge quería aprender cómo utilizar Microsoft Word y Excel; siendo ésta su mejor, si no la única, oportunidad para hacerlo.

Las computadoras llegaron a La Perla a través de las redes de A-Brazo, una organización local basada en la fe. Future Hope (Esperanza Futura), un grupo con sede en Seattle, proporcionó las computadoras. Una congregación evangélica local avisó a A-Brazo de las necesidades en La Perla. También identificó a un joven en la comunidad que podía servir como profesor de computación, un estudiante universitario (algo bastante raro en este pueblo) que es anciano en otra iglesia pentecostal local. Tanto A-Brazo, la congregación evangélica, el grupo de Seattle y el profesor sostienen que las clases de computación son una parte importante del compromiso cristiano con la comunidad. Igualmente creen que el programa, explícitamente conectado a la congregación local, complace a Dios e incrementa las oportunidades de los y las estudiantes de mejorar sus vidas.

Las redes sociales que conectan a estos grupos son parte del movimiento de la misión integral que está cambiando la identidad mundial del evangelicalismo. Cincuenta años atrás, las misiones evangélicas eran más conocidas por la proclamación verbal del evangelio. Es muy probable que esa parte de su identidad no vaya a desaparecer pronto. Sin embargo, otras formas de dar testimonio de parte de las iglesias evangélicas han experimentado un crecimiento dinámico, incluyendo el cuidado de las personas sin techo, cursos de alfabetización, el ministerio en las prisiones, iniciativas de micro finanzas, clínicas de salud, ministerios para adictos a las drogas y el alcohol, iniciativas de respuesta a desastres, cuidado de creación, y una multitud más de otros esfuerzos. Las comunidades alrededor de muchas iglesias evangélicas lo han notado y ahora también las personas que estudian el fenómeno religioso, algunas de las cuales ahora llaman al pentecostalismo mundial "la nueva cara del compromiso social cristiano" (Miller y Yamamori 2007).

A-Brazo es una organización humilde. Aunque se encuentra profundamente enlazado con la comunidad de la misión integral mundial, A-Brazo no inventó los principios de la misión integral ni tampoco es una de sus organizaciones principales. Por el contrario, las realidades diarias de A-Brazo se caracterizan por las alegrías sencillas del servicio fiel y los desafíos financieros, programáticos y logísticos constantes. A-Brazo es, en otras palabras, típica como otros cientos o quizás miles de organizaciones religiosas de base alrededor del mundo.

Así entonces, las redes de A-Brazo tienen las características para hacer un buen estudio de caso sobre el movimiento de la misión integral. A-Brazo fue fundada dentro de las redes de la misión integral en 2001, poco después de los terremotos devastadores que ocurrieron en El Salvador. Hilda Romero, una ingeniera civil que había trabajado para una organización evangélica internacional en los años ochenta, es la fundadora de A-Brazo. Después de los terremotos de 2001, ella y un grupo de evangélicos locales e internacionales se reunieron para planificar su respuesta al desastre. Todas las personas presentes sintieron la necesidad de tener una estructura organizacional para poder canalizar la ayuda internacional que vendría y para asistir a las congregaciones locales en la implementación de programas comunitarios. Por esta razón nació A-Brazo y hoy en día continúa integrando fe y acción social, trabajando de cerca con las iglesias locales asociadas y los actores internacionales en el movimiento mundial de la misión integral.

Otras personas que operan dentro del movimiento de la misión integral han fundado organizaciones similares a A-Brazo y han mejorado los proyectos congregacionales de compromiso comunitario alrededor del mundo. El alcance y la amplitud del movimiento son considerables, así también su potencial para lograr un impacto real en una amplia gama de temas espirituales y sociales. Su crecimiento global en las últimas tres décadas ha sido exponencial. Para decirlo en palabras sencillas, el movimiento de la misión integral se encuentra entre las olas más importantes de la revitalización cristiana de nuestros días.

Sin embargo, se ha hecho poco análisis sistemático del movimiento. Entre las muchas preguntas que siguen sin respuesta se encuentra la que motiva el presente estudio: ¿Cómo las redes sociales del movimiento hacen posible o inhiben su capacidad de generar cambios sociales y religiosos? Nos enfocamos en las redes del movimiento porque son las que mantienen esta acción difusa global unida. Después de todo, hay muchas cosas que podrían desarmarlo, entre ellas: abarca una variedad de culturas, continentes, denominaciones, y posiciones doctrinales. El movimiento alberga una multitud de agendas sociales, estrategias, e ideologías. Su membrecía es informal— algunos actores (inclusive dentro de la red de A-Brazo) no están plenamente conscientes de que forman parte de algo mucho más grande que sus propios proyectos. Y sin embargo, la conectividad global del movimiento es lo que genera un gran potencial para la revitalización. Porque precisamente lo más importante para su éxito es su capacidad de transportar recursos materiales e intelectuales a través de fronteras, y de usar su identidad global para cambiar la opinión religiosa y motivar a la gente a la acción.

Nuestra investigación[34] nos lleva a argumentar que dentro del movimiento existen redes que se solapan, pero que son distinguibles. Estas redes realizan diferentes funciones que incluyen la canalización de recursos, la provisión de educación teológica y tecnológica, y la creación de un sentido de comunidad religiosa transnacional. Los miembros de las redes existen en contextos específicos con sus desafíos religiosos y sociales particulares. En El Salvador, demostramos como las redes

---

34 La investigación para este proyecto se realizó en mayo, julio y agosto de 2015. Incluyó entrevistas semi-estructuradas con 11 líderes religiosos y tres beneficiarios de proyectos. También se llevó a cabo una investigación etnográfica, la cual incluyó visitas a un proyecto comunitario, asistencia a cultos de iglesias, sesiones de estudio bíblico, y grupos de oración, además de simplemente pasar tiempo en las comunidades y con varios de sus líderes. Finalmente, se realizaron dos grupos focales.

transnacionales del movimiento de la misión integral equipan o preparan a sus miembros para superar algunos tipos de desafíos, pero que no son tan útiles para sus miembros al confrontar otros tipos de desafíos.

Presentamos nuestra argumentación de la siguiente manera. Primero, describimos tres dimensiones del contexto de A-Brazo: el movimiento mundial de la misión integral, el contexto religioso y las realidades sociales difíciles de El Salvador. En segundo lugar, presentamos los hallazgos de nuestra investigación, mostrando el tipo, naturaleza y extensión de las redes de la misión integral de A-Brazo. Finalmente, exploramos los distintos aprendizajes del estudio y establecemos unas conclusiones tentativas.

## Contexto

Para entender cómo las redes de la misión integral impactan los esfuerzos de sus miembros (y particularmente a los de A-Brazo) para crear cambios sociales y religiosos, se necesita entender el contexto en referencia a los orígenes y naturaleza del movimiento evangélico mundial de la misión integral, el ambiente religioso de El Salvador, y los problemas sociales que confronta A-Brazo en ese país. La presente sección se dedica a esta tarea.

### El movimiento mundial evangélico de la misión integral

Los principios promovidos por el movimiento de la misión integral evangélica contemporánea tienen antecedentes en casi todas las tradiciones cristianas. Las enseñanzas sociales católicas han dirigido a la Iglesia a trabajar por la justicia y por la eliminación de la pobreza durante siglos.[35] En la Iglesia Ortodoxa Oriental, Basilio de Cesarea (siglo IV d.C.) estableció una norma temprana cuando supervisó la creación de un complejo de orfanatos, hospitales y asilos. Durante la Revolución Industrial en Gran Bretaña, Juan Wesley instó a sus seguidores acaudalados a convivir en auténtica comunidad con las personas pobres y a no

---

35 Hay un debate sobre cómo definir el cuerpo de literatura conocido como doctrinas sociales católicas. Algunos argumentan que comenzaron alrededor de 1891 con la publicación de Rerum Novarum. Sin embargo, este documento a su vez era fundamentado en enseñanzas católicas que datan desde el siglo IV y los escritos de San Agustín de Hipona.

aislarse de las clases bajas. En las primeras décadas del siglo 20, las denominaciones Pentecostales clásicas eran en su mayoría pobres y buscaron cuidar de los pobres dentro y fuera de sus congregaciones. Todas estas tradiciones (y muchas otras) han encontrado un amplio apoyo bíblico para su teología y su praxis; desde el Pentateuco a las Epístolas, las Escrituras están llenas de enseñanzas y ejemplos de la preocupación por la pobreza. Estos antecedentes históricos y directivas bíblicas siguen influyendo no sólo en tradiciones específicas de fe, sino también en el movimiento de la misión integral de evangelicalismo mundial.

Es contraproducente atribuir la génesis del movimientoo evangélico contemporáneo de la misión integral a una persona o evento particular debido a que existe una historia rica y compleja de la preocupación cristiana por los y las pobres. Incluso si se habla solamente de las actividades dentro del evangelicalismo en el siglo veinte, se puede identificar varios puntos de partida. Por ejemplo, la reducción de la pobreza fue parte de la nueva identidad evangélica, la cual intentó diferenciarse del fundamentalismo a mediados del siglo. Harold Ockenga, Carl F.H. Henry y otros fundadores del movimiento evangélico contemporáneo instaron a sus seguidores a cuidar a los y las pobres. Estas llamadas coincidieron con otras dos tendencias. Por un lado, los soldados estadounidenses que habían sido expuestos a la severidad de la pobreza mundial durante la Segunda Guerra Mundial volvieron a casa motivados para participar en los esfuerzos humanitarios. En segundo lugar, una relativamente nueva forma de organización surgió: la organización no-gubernamental (ONG) basada en la fe (Wuthnow 2009). Los evangélicos fueron los primeros empresarios en este campo: World Relief, el brazo social de la Asociación Nacional de Evangélicos, se fundó en 1944. Enseguida, otras ONGs basadas en la fe, incluyendo Visión Mundial, Compasión Internacional, y otras numerosas organizaciones de distintas denominaciones aparecieron rápidamente. Estos grupos todavía no usaban el término "misión integral" y algunas de sus estrategias basadas en la fe para la reducción de la pobreza eran primitivas. Aun así, los evangélicos estadounidenses blancos en los años 40s y 50s expresaron una clara voluntad de canalizar la energía y los recursos hacia la meta de reducir la pobreza (Reynolds and Offutt 2014).

Otro punto de partida para el movimiento evangélico de la misión integral se puede remontar a un grupo joven internacional de evangélicos que se unieron en la década de los 60. Ellos percibían (con cierta razón) que el modo de compromiso social de la principal corriente evangélica estadounidense sólo estaba preocupado por la proclamación verbal del evangelio. Inclusive, no se enfatizaba el discipulado. Las ONGs mencionadas anteriormente eran todavía relativamente pequeñas, y en cualquier caso hicieron pocos intentos para abordar cuestiones de conflicto o de opresión más allá de cuidar a las viudas y a los huérfanos (Swartz 2012). Sin embargo, estudiantes universitarios y otras personas afectadas personalmente por dictaduras militares violentas, que a menudo eran aliadas de Estados Unidos en su lucha contra la Unión Soviética, lucharon para rectificar esta falta de compromiso con su relectura de las Escrituras y el ministerio de Jesús.

René Padilla y Samuel Escobar emergieron como líderes de este grupo, que en conjunto llegaron a ser conocidos como los evangélicos "radicales" (Tizon 2008). Padilla y Escobar pertenecían a la primera generación de cristianos evangélicos. Se regocijaron en su conversión personal y su relación con Jesús, y creían que el evangelio tenía algo que decir sobre la opresión que se vivía en el contexto latinoamericano. Padilla y Escobar fueron invitados al Congreso de Lausanne para la Evangelización Mundial en 1974. En alianza con John Stott y delegados de todo el Sur Global (algunos de los cuales ya estaban conectados a través de las redes mundiales de InterVarsity), influyeron con éxito en la elaboración del Pacto de Lausanne,[36] tal vez el documento evangélico más importante del siglo XX. Pero el grupo creía que todavía había mucho trabajo por hacer, ya que consideraban que los evangélicos continuaban subestimando la importancia de la acción social.

Así, los evangélicos radicales avivaban el incipiente movimiento de la misión integral en las décadas subsiguientes.

---

36 Lograron negociar de forma exitosa la inclusión del Artículo Quinto, el cual delinea la responsabilidad social cristiana desde una perspectiva evangélica.

Actores con mentalidad crítica,[37] la realización de conferencias[38] y publicaciones[39] ayudaron a impulsar al movimiento. Lo que al principio fue visto con recelo por los evangélicos de las corrientes principales, ahora es apoyado formalmente por muchos de los líderes más importantes del mundo evangélico. Por ejemplo, la Iglesia Willow Creek ha jugado un papel tremendamente estratégico en apoyar a los principios de la misión integral en todo el mundo. Franklin Graham, hijo de Billy Graham, dirige la Bolsa Samaritana (Samaritan's Purse), una organización que trabaja en respuesta a desastres. Muchas iglesias evangélicas típicas que nunca se han 'enlistado' o involucrado directamente con el movimiento ahora utilizan la literatura y el currículo educativo producido por este. Es cada vez más evidente una orientación más integral en el evangelicalismo estadounidense y más allá (Steensland y Goff 2014).

Actualmente el movimiento de la misión integral tiene dos objetivos claros. El primero es querer transformar la actividad evangélica mundial. Aunque alentados por el éxito que ya han tenido, algunos actores de la misión integral creen que el movimiento evangélico no se encuentra todavía lo suficientemente movilizado para enfrentar los complejos problemas sociales urgentes de la actualidad. Quisieran ver al pueblo evangélico dando testimonio público en todas las esferas sociales. El segundo objetivo es querer participar en la resolución de los problemas

37 Ron Sider, Vinay Samuel, John Stott, David Bosch, John Perkins, Tony Campolo, René Padilla, y Samuel Escobar entre otros, jugaron un papel fundamental en el proceso (Tizon 2008).

38 La conferencia de la cual la "Declaración de Chicago" salió en 1973, y la conferencia patrocinada por Alianza Evangélica Mundial en Wheaton en 1983 fueron particularmente importantes. Conferencias de misión, tales como las conferencias de Urbana celebrada cada tres años, también han contribuido a movilizar la acción social. También lo hacen las reuniones anuales de la Asociación Cristiana de Desarrollo Comunitario (CCDA), que comenzaron en 1989. En la última década, las conferencias de la Red Miqueas han ayudado a las iglesias en el hemisferio sur y el este para abrazar la visión de la misión integral.

39 Los más notables son Mission as Transformation, editado por Vinay Samuel y Chris Sugden (1999), y Caminar con los Pobres por Bryant Myers (2002). Más recientemente, los libros populares como Cuando ayudar hace daño por Steve Corbett y Brian Fikkert (2017) y El vacío en nuestro Evangelio de Richard Stearns (2011) han galvanizado a las iglesias evangélicas a la acción social basada en la fe.

sociales. No sólo aspiran a transformar un movimiento religioso en particular (evangelicalismo), sino que quieren transformar a las sociedades en las que están inmersos. Consideran que de esta manera estarían cumplimiento el llamado de Cristo a ser sal y luz en el mundo.

## El contexto religioso de El Salvador

Para entender si el movimiento de la misión integral está logrando estos objetivos en El Salvador, hay que examinar el contexto religioso y social del país. El Salvador cuenta con dos principales grupos religiosos, católicos y evangélicos, los cuales tienen una brecha muy polémica entre ellos. Al igual que el resto de América Latina, El Salvador ha sido históricamente católico. Sin embargo, el rápido crecimiento de los grupos evangélicos en las últimas décadas ha puesto la Iglesia Católica a la defensiva. Sólo 59% de las personas salvadoreñas siguen autoidentificándose como católicos. En comparación con otros países de América Latina es un porcentaje bajo, pero el 61% de los católicos que reportan practicar su fe por lo menos una vez a la semana es de las más altas de la región (Hagopian 2009). Por tanto, no se debe exagerar el debilitamiento de la Iglesia Católica. Mantiene su influencia en el discurso público—más que cualquier otro grupo religioso—y está sobrerepresentado entre las élites del país y aquéllos que toman decisiones. Se celebra la herencia católica del país y al mismo tiempo hay controversias—Monseñor Romero, por ejemplo, fue martirizado por fuerzas aliadas con el estado en la guerra civil. Sin embargo, hoy el aeropuerto nacional lleva su nombre y estatuas de Romero pueblan las más importantes plazas públicas de todo el país. Hagopian (2009) sostiene que la Iglesia Católica de El Salvador continúa disfrutando un nivel relativamente alto de la hegemonía religiosa en medio de creciente pluralismo religioso regional.

Aunque la Iglesia Católica mantiene su predominio cultural, el movimiento evangélico en El Salvador ha hecho incursiones explosivas. El evangelicalismo surgió primero entre los pobres de país hace más de 100 años, pero el movimiento permaneció pequeño y marginado durante más de medio siglo. Luego, a partir de la década de los 70, el movimiento creció rápidamente. A principios de los 90, Coleman, Aguilar, Sandoval y Steigenga (1993) informaron que los evangélicos componían el 12 por ciento de la población, pero seguían siendo el grupo religioso más pobre y con menos nivel de alfabetización en el país. Unos años más tarde, Williams (1997) estimó la presencia de los evangélicos que había crecido hasta alcanzar a 15 a 20 por ciento, e iglesias evangélicas empezaron a establecerse en zonas más ricas. Hoy en día, muchos observadores creen que los evangélicos representan más del 35 por ciento de la población del país (IUDOP 2009). Algunas denominaciones evangélicas y mega-iglesias son propietarias de estaciones de radio y canales de televisión, logrando así una influencia amplia en los medios populares.

Algunas características nos pueden ayudar a definir el movimiento evangélico en El Salvador. Estas incluyen prácticas ascéticas, esfuerzos para evitar formar jerarquías religiosas, altos niveles de participación de las mujeres laicas, pocos requisitos educativos para los pastores y las pastoras, un compromiso de plantar iglesias, fuertes identidades denominacionales e inclusive hay competencia dentro del movimiento. El evangelicalismo ha pretendido separarse de la cultura dominante, buscando distinguirse de la corrupción, el alcoholismo y otras partes más sórdidas de la cultura latina. Tradicionalmente ha limitado los lazos sociales que podrían atrapar a sus miembros en este tipo de prácticas. Sus crecientes dimensiones y la movilidad social de sus miembros están empezando a erosionar algunas de estas tendencias (Offutt 2015), pero en general, siguen siendo acertadas.

El movimiento evangélico es, y siempre ha sido, muy motivado para transformar la sociedad. Sin embargo, no siempre ha pensado que los programas de proyección social que ayuden a lograr ese objetivo. Más bien, los evangélicos entienden reflexivamente que la clave para resolver los problemas sociales está en la conversión (Smilde 1998). Están parcialmente en lo correcto—la conversión juega un papel poderoso en la transformación de objetivos, valores, motivaciones y comportamientos de los individuos y las comunidades. Este enfoque tampoco ha impedido a los evangélicos responder de alguna manera a las necesidades humanas—ofrecer "un vaso de agua" es algo que las iglesias evangélicas siempre han hecho.

Sin embargo, tradicionalmente los evangélicos en El Salvador no han respondido a otras áreas importantes de las necesidades humanas y comunitarias. David McGee, líder en ENLACE, una organización de desarrollo comunitario fundada por personal misionero junto con las Asambleas de Dios, observó que "la teología de la iglesia no anima a las iglesias evangélicas a servir a su comunidad." Rachel Beveridge, directora de una ONG denominada Semillas de Nueva Creación, ha apoyado esta idea, afirmando que "la gente ha tenido un 'escapismo cristiano' en lo cual realmente ha concebido el evangelio como 'Dios vino a salvarnos, para que todos podamos ir al cielo.'" Este enfoque puede tener repercusiones negativas en las relaciones de las iglesias con la comunidad. En las comunidades donde ENLACE ha trabajado, McGee señala que las iglesias locales eran consideradas como "un parásito en la comunidad. . . [miembros de la comunidad piensan que las iglesias] quitan recursos de la comunidad. Ellas toman nuestras ofrendas para sus programas y sus asuntos". En resumen, mientras los evangélicos sigan pensando principalmente que su mensaje está destinado a salvar al mundo, les costará mucho interactuar con el mundo de forma tal que responda a las necesidades sentidas por las personas. Como se pondrá de manifiesto en las siguientes páginas, el compromiso social es una característica distintiva de los "evangélicos de la misión integral".

## Contexto social de El Salvador

Los principales problemas sociales en El Salvador incluyen la migración, la violencia, la pobreza y los desastres naturales. Con respecto a la migración, se estima que el 30%, esto es, alrededor de 3.2 millones de salvadoreños viven fuera del país, de los cuales 2 millones viven en los Estados Unidos (otros países de destino incluyen Canadá, Europa Occidental, Australia, y otros países centroamericanos). Al igual que otros inmigrantes de hoy en día, los salvadoreños mantienen conexiones con su país de origen al mismo tiempo que empiezan una nueva vida en otro lugar (Levitt, 1998). La migración y otras fuerzas de la globalización impactan todas las facetas de la sociedad salvadoreña. Su impacto en la esfera económica es particularmente importante: los migrantes salvadoreños enviaron en 2014 un récord $4.220 millones de dólares estadounidenses en remesas para amigos y familiar comparado con $3.970 millones el año anterior (Banco de Reserva de El Salvador 2015). Estas remesas representan alrededor del 17% del PIB del país y superan todas las demás exportaciones salvadoreñas combinadas. Si las remesas se suspendieran o se acabaran, la economía nacional se derrumbaría.

Los beneficios económicos acumulados de la migración salvadoreña se insertan en dinámicas sociales menos agradables. En La Perla, por ejemplo, un recién graduado de la escuela secundaria estima que más del 70% de sus compañeros de clase han intentado emigrar, todos ellos sin documentos. Esto crea tensión en las estructuras familiares en El Salvador y pone a las personas que viajan en situaciones vulnerables. En muchas comunidades salvadoreñas, los hogares encabezados por mujeres llegan a más de 70% de las familias, a pesar del hecho de que ellas representan una proporción creciente de los migrantes. Algunas de las personas que emigran nunca llegan a su destino previsto debido a que son deportadas rápidamente. Aún así los que llegan y logran permanecer en sus nuevos hogares deben negociar constantemente su condición de indocumentados. Los sentimientos de inseguridad colorean a menudo sus nuevas vidas.

La violencia, el segundo gran problema social de El Salvador, tiene dos fuentes principales: las maras y la violencia doméstica. El Salvador es ahora la "capital mundial de los asesinatos" y el país más violento en la tierra que no está en guerra. En los primeros nueve meses de 2015, 4.930 personas fueron asesinadas (en una población de 6,5 millones). La tasa de homicidios es actualmente 20 veces mayor que la de los Estados Unidos (Economist 2015). Las maras son el mayor contribuyente a este tipo de estadísticas; las dos bandas principales son la "18" y la "Salvatrucha". Las maras ya no están satisfechas con matar a la gente en las comunidades, luchar entre sí, cobrar "renta" a las empresas locales, mantener a las personas que entran y salen de los barrios bajo vigilancia o reclutar a estudiantes de primaria y de secundaria y "pedirles" que abandonen la escuela. Las maras ahora buscan influencia política. Con ese fin, en julio de 2015, las maras obligaron al sistema nacional de autobuses a no circular durante tres días. Ocho conductores de autobuses que continuaron prestando servicio fueron asesinados. Pero la violencia contra las maras también va en aumento; la policía mató a cerca de 300 miembros de maras en los primeros siete meses de 2015 (Malkin 2015). Durante el enfrentamiento por el sistema de autobuses, el gobierno envió al ejército con tanques para patrullar los barrios más infestados de maras de San Salvador.

La violencia doméstica se ve alimentada por la cultura machista dominante en el país. En los primeros tres meses de 2013, los registros oficiales de la policía mostraron más de siete ataques sexuales reportados por día (Lakhani 2013). Los números reales son mucho más altos ya que la mayoría de los casos no se denuncian. La mayoría de los ataques ocurren en el hogar y las adolescentes son las víctimas más frecuentes de agresiones sexuales; otros tipos de abuso físico son experimentados por las mujeres (y hombres) de todas las edades. En resumen, la cultura de violencia en El Salvador afecta el bienestar social, psicológico y/o económico de un alto porcentaje de los residentes del país.

La pobreza, que consideramos como un tercer problema social en El Salvador,[40] también puede paralizar a las personas y comunidades. Parte de nuestra investigación se llevó a cabo en el Puerto de La Libertad, una ciudad salvadoreña bastante típica. Allí, los índices de salud son bajos: el 24% informa haber experimentado la muerte de un hijo o una hija, y más del 80% reporta alguna deficiencia en la dieta. La educación también es inadecuada ya que el 20% de la población adulta es analfabeta. Sólo el 30% de las personas han asistido a la escuela secundaria en la cual reciben una educación de baja calidad; esta estadística se reduce al 11% en las zonas rurales, dato que incluye a comunidades que rodean a Puerto. Los índices de nivel de vida de las zonas urbanas y rurales muestran deficiencias importantes en materia de vivienda, acceso al agua y transporte.

---

40  Seguimos el trabajo de la Iniciativa de Pobreza y Desarrollo de Oxford en la definición de la pobreza. Utiliza un índice de pobreza multidimensional, que toma en cuenta la salud, la educación, y otros componentes de un nivel de vida básico. El nivel de ingresos, aunque importante, no es un elemento que define la pobreza.

Una vez más retornamos a la situación del Puerto de la Libertad. Algunos barrios urbanos fueron formados por personas desplazadas por la guerra civil y veinticinco años después, persisten en condiciones de refugiados. Las casas son a menudo estructuras de una o dos habitaciones con techo de lámina de zinc corrugado y piso de tierra. El acceso al agua potable es un reto y el río, en la orilla del cual se ubicaron, está contaminado.[41] Quizá hasta un 70% de la población de adultos jóvenes en algunas comunidades intenta emigrar. Los factores que impulsan a las personas a emigrar incluyen la escasez de oportunidades económicas y el temor a la violencia. En resumen, aunque El Salvador es considerado un "país de ingresos medios", muchos de sus ciudadanos luchan por satisfacer sus necesidades humanas básicas.

La pobreza aumenta rápidamente cuando los desastres naturales golpean el país, que catalogamos como un cuarto problema social en El Salvador. Desafortunadamente esto ocurre en intervalos frecuentes. En el siglo 20 varios terremotos fuertes sacudieron el país más o menos cada 15-20 años causando grandes daños. Los más recientes fueron en 1986 y 2001, y destruyeron en conjunto decenas de miles de casas que requirieron cientos de millones de dólares de asistencia internacional. Por otro lado, los huracanes, tormentas tropicales e inundaciones también dejaron mucha devastación. A partir de 1998, los huracanes Mitch, Ida y Stan han causado víctimas mortales y destrozos significativos. Más recientemente, un mini-tsunami se vivió en toda la costa de El Salvador, formado por tormentas en inmediaciones de Nueva Zelanda. Las malas decisiones hechas en la construcción de viviendas y en las políticas ambientales nacionales hacen que El Salvador sea aún más vulnerable a este tipo de desastres naturales.

---

41 Las estadísticas reportadas en la salud, educación y nivel de vida son a partir de datos de encuestas recogidas en la región por Offutt y Reynolds (2014). Los investigadores utilizaron como instrumento el Índice de Pobreza Multidimensional (IPM) desarrollado en la Universidad de Oxford y utilizado en distintas variaciones por la ONU, el Banco Mundial y otros organismos multilaterales.

Resultados de la investigación:
Redes de la misión integral de A-Brazo

Como A-Brazo opera en los contextos religiosos y sociales que acabamos de describir, se nutre en las redes del movimiento de la misión integral. En esta sección, presentamos una tipología de esas redes. Las redes de la misión integral de A-Brazo se extienden en cuatro líneas primarias las cuales examinaremos en detalle y describiremos el tipo de participación que realiza A-Brazo.

El primer conjunto de redes está orientado a la política de desastres, la educación y la formación. Éste incluye "La Roca", una red que se extiende en toda América Central y que se compone de organizaciones basadas en la fe que responden a los desastres. La Roca es apoyada por Tearfund, una fundación evangélica con sede en el Reino Unido. A su vez, Tearfund cuenta con un apoyo considerable del Ejército de Salvación en el Reino Unido. La Roca se enfoca en ayudar a las organizaciones a apoyarse mutuamente y en aumentar la capacidad organizativa de cada una a través del intercambio de mejores prácticas y visitas de los empleados a los proyectos de otros socios de La Roca. A-Brazo también ha participado activamente en la Alianza ACT (Action by Churches Together) con sede en Ginebra, la cual es una red patrocinada por el Consejo Mundial de Iglesias. A-Brazo entró en esta red cuando se desempeñó como asociado de ejecución del Programa Presbiteriano de Asistencia para Desastres (PDA). Hilda Romero es miembro de la junta directiva de La Roca y anteriormente sirvió como representante de la PDA frente a la Alianza ACT.

Aunque estas redes existen para generar competencias técnicas, también dan mensajes evangélicos explícitos. Por ejemplo, en una convocatoria de la red La Roca en Honduras (octubre de 2015), los representantes de la Asociación Vida de Guatemala, una organización miembro, propusieron una teología de redes. Argumentaron que una red es una "relación complementaria con un propósito común, sostenida por el interés de aprender y crecer juntos en obediencia a Dios mientras se extiende Su Reino." Afirmaron, además, que la Biblia llama a la restauración de las relaciones y sugirieron que las redes horizontales de apoyo mutuo podrían asemejarse a la relación que existe dentro de la Trinidad. Por último, los representantes de esta asociación guatemalteca declararon que las redes de colaboración son testimonio para las comunidades y fortalecen las iglesias locales. Tales argumentos infunden a La Roca con significado religioso y un propósito a medida que mejoran los esfuerzos de respuesta a desastres de las organizaciones locales basadas en la fe.

El segundo conjunto de redes en las que A-Brazo participa proporciona formación teológica más formal para la misión integral. Estas redes revelan los estrechos vínculos que el movimiento mantiene con su punto de origen. Ruth Padilla DeBorst, hija de René Padilla, ha sido figura central en el desarrollo de estas redes en El Salvador e impulsó la elaboración de los programas y la identidad institucional de la organización Semillas de la Nueva Creación. Ella también jugó un papel fundamental en la creación de la Red de Misión Integral de El Salvador de la cual A-Brazo es miembro.  Esta red pretende generar una comunidad de profesionales en la misión integral en El Salvador y equiparla con base bíblica y teológica para realizar sus ministerios con esta visión. Pastores, pastoras, misioneros, misioneras, líderes laicos y personas empleadas por las ONGs han asistido a estas reuniones.

Dichas organizaciones y redes están vinculadas a los organismos regionales, entre ellos la Fraternidad Teológica Latinoamericana (FTL) y la Comunidad de Estudios Teológicos Interdisciplinarios (CETI). La FTL fue formada originalmente por René Padilla y sus colegas. Vincula a teólogos y teólogas en las Américas y celebra aproximadamente cada diez años una conferencia importante llamada Consejo Latinoamericano de Evangelización (CLADE). En 2012, se celebró el CLADE V en Costa Rica, siendo Ruth Padilla DeBorst la presidenta de la FTL en ese momento. Por otro lado, CETI es una institución basada en Costa Rica que otorga títulos y ofrece educación en la misión integral. Los módulos de formación son accesibles en línea en El Salvador, pero son entregados en persona en conjunto con Semillas de la Nueva Creación. A través de esta estrategia de entrega, CETI ha formado a la mayoría de los pastores de Elim.[42] También ha capacitado a pastores de otras denominaciones y personal de ONGs basadas en la fe, como Visión Mundial, Compasión Internacional y ENLACE. Esta formación proporciona la motivación teológica y la justificación para cambiar la práctica evangélica en El Salvador.

La Red Miqueas también es una red evangélica teológica y educativa importante para A-Brazo. La Red Miqueas es "una comunidad global cristiana de organizaciones y personas comprometidas con la misión integral." (http://www.micahnetwork.org/es). La Red Miqueas fue establecida en 1999 y ahora tiene más de 550 miembros en más de 80 países. Se compromete especialmente con la construcción de la capacidad de las ONGs locales en el Sur Global para llevar a cabo actividades de la misión integral. Hilda Romero ha asistido a las juntas y reuniones de trabajo en Tailandia (2009), Kenia (2012) y Perú (2015). Tearfund también apoya la Red Miqueas, y hay conexiones cercanas entre La Roca y la Red Miqueas, así como entre la Red Miqueas y la FTL.

Un tercer grupo de redes se orienta principalmente hacia el financiamiento y los proyectos. Este grupo incluye a los donantes y actores técnicamente competentes que creen en el enfoque de la misión integral. Esperanza Futura, una ONG con sede en Seattle, WA, es un ejemplo de esto. Los miembros de Esperanza Futura comenzaron su relación con A-Brazo través de un viaje misionero en el 2003. Después se asociaron con A-Brazo para implementar el programa de alfabetización informática de la iglesia mencionada en la introducción. Esperanza Futura provee fondos para el proyecto, así como el salario de un maestro local. En un segundo ejemplo, A-Brazo ha sido contratada por Compasión Internacional para ayudar con algunos de sus proyectos colaborando ampliamente en Haití desde 2010 hasta 2015 en la reconstrucción de 23 escuelas que fueron destruidas por el terremoto de Haití en 2010. A-Brazo ha asumido el mismo tipo de proyectos en colaboración con Cáritas, una iglesia presbiteriana de Port Townsend, WA y un grupo de voluntarios

---

42  Elim es una de las 5 mega-iglesias más grandes del mundo. Tiene cerca de 130.000 miembros y está ubicada en San Salvador.

médicos llamada CHIMPS. Del mismo modo, A-Brazo trabaja con otras organizaciones religiosas locales, incluyendo la Fundación Esteban y ENLACE, dos organizaciones enraizadas en las redes de las Asambleas de Dios. Todas estas iglesias y organizaciones están motivadas por los principios de la misión integral.

Existe un cuarto conjunto de relaciones de A-Brazo con las congregaciones locales. Estas son fundamentales para la participación de A-Brazo en las comunidades locales. La Misión Centroamericana (ahora llamada Camino Global) es la denominación en la que A-Brazo funciona con mayor eficacia. Hilda Romero ha servido en el comité de operaciones de socorro de la denominación y ella y otros miembros del personal A-Brazo han desarrollado estrechos vínculos con pastores de CAM de todo el país. Tales vínculos permiten que los pastores locales puedan iniciar contactos con A-Brazo cuando las comunidades se ven afectadas por los desastres para trabajar en estrecha colaboración en los proyectos. A-Brazo también está vinculada a congregaciones en la mayoría de otras denominaciones evangélicas, incluyendo las Asambleas de Dios, varias denominaciones bautistas, la Iglesia de Dios, los nazarenos, y varias denominaciones pentecostales más pequeñas. Estas redes congregacionales le permiten a A-Brazo mantener su arraigo en las comunidades empobrecidas de todo el país.

Al analizar estos cuatro tipos de redes, se hace evidente algunas características generales. Por un lado, las redes de la misión integral son realmente mundiales—hay miembros de la red en seis continentes—profundamente arraigadas en la sociedad civil, y suficientemente organizadas para canalizar recursos a los lugares donde más se necesitan. Por otro lado, también vemos una naturaleza ad hoc en estas redes. No existe una organización central lo que facilita que muchas redes se superpongan y sean redundantes. Esta falta de coordinación en el movimiento crea ineficiencias. Además, la gran mayoría de las redes no se aventuran fuera de los círculos evangélicos. Así pues, vemos características tanto en el lado positivo como en el negativo de la balanza.

## Análisis y aprendizajes

Las redes que hemos esbozado ayudan a A-Brazo y a otras organizaciones de la misión integral a tener un impacto en su entorno religioso y social. Pero, ¿cuánto impacto? ¿Será que estas redes también inhiben el impacto del movimiento? Respondemos a estas preguntas observando la interacción del movimiento con dos características del contexto religioso de El Salvador, y después con cuatro elementos claves del contexto social del país.

### TABLA 1: Impacto del movimiento de la misión integral sobre la religión en El Salvador

| Asunto | Alto impacto | Bajo impacto |
|---|---|---|
| División católica/ evangélica | | Pocas redes de misión integral cruzan la división entre católicos/ evangélicos |
| Enfoque exclusivo del evangelicalismo en el evangelismo | Muchos grupos evangélicos actualmente tienen una agenda social mucho más amplia. | |

División católica/evangélica. Como se señaló anteriormente, la brecha entre católicos y evangélicos es una de las características más destacadas en el terreno religioso de El Salvador. Cruzar esa brecha podría ser de gran importancia estratégica para los actores de la misión integral por el compromiso significativo que tiene la Iglesia Católica para abordar los males sociales. Sin embargo, con pocas excepciones, las redes de la misión integral no intentan incluir a actores católicos. Al mismo tiempo, entrevistamos a actores católicos involucrados en el compromiso social—pero tampoco demostraron interés en la colaboración. La única área donde existían algunas redes que atraviesan la brecha es entre las organizaciones basadas en la fe. A-Brazo había sido subcontratada por Cáritas en un proyecto de construcción, pero ninguna relación duradera resultó de ese proyecto. Las Semillas de la Nueva Creación han intentado silenciosamente involucrar a miembros de los dos grupos en una conversación informal, pero la demanda de este programa no ha sido alta. En general, el movimiento de la misión integral ha hecho poco para crear un puente entre católicos y evangélicos.

El enfoque exclusivo de evangelicalismo en la proclamación verbal. El movimiento de la misión integral, sin embargo, ha alterado de manera significativa la tendencia exclusiva del evangelicalismo a centrarse en la proclamación verbal—quizás éste sea el mayor objetivo de los fundadores del movimiento. La evidencia del cambio del enfoque en el evangelicalismo en cuanto a la misión está en todas partes. Un sembrador de iglesias de la Misión Centroamericana, por ejemplo, ahora trabaja con A-Brazo en un proyecto de costura en una comunidad. Hace quince años, Enlace podía encontrar solamente a tres o cuatro iglesias evangélicas dispuestas a asociarse con su programa de misión integral. Ahora trabaja con más de sesenta iglesias de todo el país, y muchas personas más que están interesadas, entre ellas jefes de denominaciones. Elim, la mega-iglesia más grande de El Salvador, predica la importancia de la misión integral y tiene numerosas formas de proyección social en todo el país. En resumen, un número significativo de las congregaciones evangélicas está ampliando sus repertorios de compromiso social mucho más allá del tradicional interés en el evangelismo. Han llegado a entender su participación en la misión de Dios en el mundo de manera distinta.

Las redes locales y transnacionales del movimiento de la misión integral han ayudado a fomentar este cambio. Muchas iglesias y organizaciones en las redes de A-Brazo reciben material educativo y planes de estudio a través de redes como la Fraternidad Teológica Latinoamericana. Como mencionamos antes, CETI ha capacitado a casi todos los pastores de Elim. Cientos de iglesias en El Salvador tienen relaciones con Compasión Internacional, Visión Mundial y otras organizaciones similares. Denominaciones como la Iglesia del Nazareno, las Asambleas de Dios y otros envían equipos misioneros a corto plazo. Estos equipos suelen participar en la evangelización, mas también construyen casas para personas pobres, ofrecen clínicas médicas y ayudan con los programas de alfabetización. Por lo general, las congregaciones anfitrionas en El Salvador son las que identifican las necesidades y colaboran con los equipos visitantes en estos esfuerzos. Dichas redes, así como las ideas, personas, materiales educativos y otra información que fluyen a través de ellas, han ayudado a cambiar la orientación de la misión de evangelicalismo.

¿Es importante que los evangélicos tengan ahora una agenda social más amplia? Si así fuera, ¿qué tan importante es? Dicho de otra manera, ¿está el movimiento de la misión integral en El Salvador en realidad aportando a la creación de un contexto de shalom? Una muestra de esto es observar el impacto del movimiento de la misión integral (o la falta de ello) en los problemas sociales más significativos de El Salvador: la migración, la violencia, la pobreza y los desastres naturales.

TABLA 2: Impacto del movimiento de la misión integral en los problemas sociales en El Salvador

| Asunto | Alto impacto | Bajo impacto |
|---|---|---|
| Migración | | No influye sobre los actores evangélicos u otros en su respuesta a la migración. |
| Violencia | | Salva a algunos individuos de la violencia, pero no ofrece esfuerzos sistemáticos y no impacta substancialmente los índices nacionales de violencia. |
| Pobreza | Reduce la pobreza en muchas comunidades salvadoreñas. | |
| Desastres Naturales | Canaliza recursos transnacionales substanciales para responder a desastres. | |

Migración: Existe un análisis profundo sobre el papel de la religión en el proceso de migración transnacional (véase Levitt 2007; Offutt y Miller en preparación). Los grupos religiosos de todo tipo ayudan a los nuevos inmigrantes a instalarse en sus nuevos países y mantenerlos conectados con sus familias en el país de origen. Las congregaciones y ONG dentro de las redes de A-Brazo están involucrados en ambos procesos. World Relief, por ejemplo, ayuda a asentarse a los nuevos inmigrantes en los EE.UU. Muchos de las iglesias locales asociadas con A-Brazo tienen conexiones con congregaciones en los EE.UU. y canalizan comunicaciones, bienes y servicios religiosos, y en ocasiones personas, que van y vienen.

Es difícil discernir el impacto que el movimiento de la misión integral tiene sobre este asunto en El Salvador, ya que casi todas las congregaciones evangélicas allí tratan de facilitar estilos de vida transnacionales. La distinción es mucho más evidente en los EE.UU., donde las que encabezan la convocatoria de los evangélicos a "acoger al extranjero" son parte del movimiento de la misión integral, y los que no forman parte de este movimiento a menudo se resisten a tal llamado. Pero en El Salvador, se observa una actitud modestamente contraria. Dado que la retórica de algunos miembros de la misión integral desalienta a la migración, es difícil medir el impacto del movimiento en abordar las causas de la migración y sus consecuencias.

Violencia: En teoría, el movimiento de la misión integral tiene el potencial para reducir la violencia. Hay unos pocos casos específicos, como la Coalición Diez Puntos en Boston, donde los principios propuestos por el movimiento de la misión integral (pero no necesariamente el movimiento per se) han tenido un impacto en la violencia. Para que esto ocurra deben existir otras instituciones, líderes y también la infraestructura comunitaria necesaria. En El Salvador, los evangélicos han rescatado a hombres y mujeres jóvenes de ser víctimas y perpetradores de violencia. Los evangélicos han sacado a jóvenes de las pandillas y ex-pandilleros ahora sirven en varias iglesias evangélicas y ministerios (Brenneman 2012). Este trabajo puede ser peligroso, pero milagroso, y debe ser elogiado. También algunas mujeres han sido rescatadas de la violencia doméstica por evangélicos salvadoreños comprometidos. A veces esto ha significado el rescate de mujeres de situaciones de abuso; otras veces ha implicado la conversión y la restauración del abusador. De esta manera, muchas personas en El Salvador han evitado actos violentos o han dejado de cometer actos de violencia a causa de los ministerios evangélicos integrales y las redes que los apoyan.

Sin embargo, también es cierto que los actores de la misión integral encuentran focos de violencia que sus esfuerzos no pueden penetrar y que a la vez los hace vulnerables a actos violentos. Por ejemplo, en una comunidad las pandillas forzaron a A-Brazo a salir; en otra comunidad, los hijos de un pastor que trabaja con A-Brazo se vieron obligados por pandilleros a abandonar la escuela a la que asistían. Un alto número de mujeres que asisten a las iglesias evangélicas siguen siendo víctimas de la violencia doméstica. Por desgracia, en algunos de estos casos, el abuso es perpetrado por hombres que también asisten a las iglesias evangélicas y algunas veces se pueden encontrar en posiciones de liderazgo. Por tanto, nuestra investigación indica que, si bien existen numerosos casos individuales en los que el movimiento de la misión integral ha ayudado a individuos específicos a escapar de la violencia y de estilos de vida violentos, se ha logrado relativamente poco para cambiar la naturaleza violenta de la cultura salvadoreña contemporánea. Es decir, no existe una correlación entre el crecimiento del movimiento de la misión integral en El Salvador y la disminución de los índices de violencia.

Pobreza: El movimiento de la misión integral se interesa en particular por las estrategias de reducción de la pobreza. Sus extensas redes penetran comunidades salvadoreñas en todo el país. A-Brazo se ha vinculado con las iglesias locales y organizaciones sin fines de lucro que han ejecutado con éxito proyectos de micro finanzas, instalaciones de agua y sistemas de saneamiento y proyectos de letrinas. Otros miembros de las redes de A-Brazo han fundado escuelas, orfanatos y programas de alfabetización informática y alfabetización básica. Igualmente, otros dentro de la red de misión integral ejecutan programas con muy buenos resultados en rehabilitación de drogas y alcohol, y están profundamente comprometidos en las prisiones con condiciones casi inhumanas de El Salvador. La salud es otra área de actividad para los socios de A-Brazo: seminarios sobre salud comunitaria y clínicas médicas son proporcionados a numerosas congregaciones y organizaciones. Es notable la propagación y la diversidad de programas de reducción de la pobreza, así como la cantidad de recursos locales y transnacionales, humanos y financieros que se invierten en estos ministerios.

Los esfuerzos colectivos de los miembros del movimiento de la misión integral han impactado claramente los niveles de pobreza en El Salvador. Aunque las mediciones a nivel nacional de este impacto no están disponibles (y probablemente son inalcanzables), las grandes organizaciones como Visión Mundial y Compasión Internacional miden cuidadosamente el impacto de sus actividades dentro de las comunidades. Los datos recogidos por las ONGs más pequeñas, como A-Brazo, muestran el número de viviendas construidas y el número de personas que se benefician de los diferentes programas financieros, de salud o de educación. A menudo, las congregaciones que participan en las diversas actividades de la misión integral no registran estos datos, pero es evidente el impacto y es visible en los vecindarios.

No todos los esfuerzos de reducción de la pobreza son exitosos. De hecho, muchos están mal concebidos, son ineficaces e, irónicamente, a veces pueden exacerbar la pobreza. Pero después de décadas de implementación de estrategias de desarrollo comunitario, los miembros de las redes de la misión integral hacen cada vez mejor el trabajo. Y los resultados se pueden ver claramente en cientos de comunidades en todo el país.

Desastres naturales: Los actores de la misión integral y las redes también han reducido significativamente el dolor humano y el sufrimiento asociado con los desastres naturales. Muchas organizaciones de la red, entre ellas A-Brazo, se iniciaron como respuesta a desastres naturales. Las redes de donantes que forman parte del movimiento de la misión integral responden particularmente bien a los desastres, canalizando dinero de varios continentes a organizaciones en todo El Salvador. Es más difícil medir el impacto de las organizaciones basadas en la fe en esta área, pero el gobierno nacional, la USAID, los gobiernos locales y otras organizaciones cívicas están dispuestos a colaborar con los evangélicos durante las respuestas a desastres naturales. Gracias a los proyectos de mitigación de desastres y seminarios de educación, el trabajo de A-Brazo y otros grupos de la red La Roca ha permitido que muchas comunidades de todo el país estén más seguras frente a futuros desastres. Estas son resultados visibles de que los recursos financieros y educativos que vienen a través de las redes de la misión integral, y los programas de congregaciones locales y organizaciones que empoderan y, de hecho, marcan una diferencia.

### Conclusiones y una mirada al futuro

Al examinar las redes locales y transnacionales de A-Brazo, hemos aprendido cómo promueven y cómo también frenan los esfuerzos del movimiento de la misión integral para fomentar cambios religiosos y sociales. El factor más importante que contribuye a los cambios es el hecho de que las redes locales y transnacionales crean lazos en una comunidad mundial de fe. En las redes los actores se juntan periódicamente para adorar a Dios, estudiar la Biblia y animarse mutuamente. Asimismo, facilitan la comunicación de larga distancia que incluye reflexión espiritual, esfuerzos para comprender más profundamente el carácter de Dios y oraciones de alabanza y petición. Los miembros involucrados en estas redes comparten una identidad en Cristo.

La identidad compartida de fe y los altos niveles de confianza generados en las redes permiten al movimiento de la misión integral operar con eficacia en distintos contextos alrededor del mundo. En El Salvador, los actores e la red tienen un mayor acceso a la educación teológica y están mejor equipados para hacer frente a una variedad de problemas sociales debido a sus interacciones transnacionales. Como resultado, han sido capaces de disminuir la pobreza en las comunidades en todo el país y responder a los numerosos desastres naturales durante los últimos años.

Sin embargo, las redes también han creado limitantes para los individuos y grupos evangélicos en El Salvador. Las redes mundiales no siempre conocen los desafíos que los actores locales enfrentan. En primer lugar, en El Salvador, por ejemplo, donde la migración, la pobreza y la violencia son algunos de los problemas sociales más agudos, los actores de la misión integral en gran medida no cuentan con las herramientas adecuadas para hacer frente a esas problemáticas. En segundo lugar, las redes de la misión integral tienden a no desarrollar soluciones sofisticadas a problemas sociales complejos. La estructura organizativa actual proporciona libertad a los actores locales para resolver los problemas, pero no fomenta la innovación que es necesaria para combatir los problemas sociales más complejos (porque esto demanda muchos recursos). Incluso en las zonas donde se ha tenido éxito, a menudo el movimiento implementa estrategias que fueron creadas por actores fuera de estas redes. Por último, la misión integral no ha demostrado su capacidad para movilizar a sus miembros para la incidencia política. En los países donde las estructuras sociales crean la opresión, las soluciones políticas son necesarias para resolver los problemas sociales. Mientras que los líderes mundiales del movimiento están muy a favor de la incidencia política, sus redes no han generado suficiente actividad en este ámbito.

Estas debilidades disminuyen la capacidad de las redes globales para ayudar a los actores locales a ser más eficientes. Sin embargo, no niegan el hecho de que el movimiento es verdaderamente una zona en auge para la revitalización que se está dando en países de todo el mundo y cuyo impacto ha sido sentido por millones. Debido a que el movimiento evangélico en general está adoptando cada vez más la agenda del movimiento de la misión integral, es probable que su impacto siga creciendo.

Obras citadas:

Brenneman, Robert E.
    2012.    Homies and Hermanos: God and Gangs in Central America. New York: Oxford University Press.

Coleman, K.M., E.E. Aguilar, J.M. Sandoval and T.J. Steigenga.
    1993.    "Protestantism in El Salvador: Conventional wisdom versus the survey evidence. In Rethinking Protestantism in Latin America, edited by Virginia Garrard-Burnett and David Stoll, 111-142. Philadelphia: Temple University Press.

Corbett, Steve y Brian Fikkert.
    2017.    Cuando ayudar hace daño: Cómo aliviar la pobreza, sin lastimar a los pobres ni a uno mismo. Nashville: B y H Libros.

Hagopian, Frances.
    2009.    "Social Justice, Moral Values, or Institutional Interests?" In Religious Pluralism, Democracy, and the Catholic Church in Latin America. Ed. Frances Hagopian, 257-331. Notre Dame: University of Notre Dame Press.

Instituto Universitario de Opinión Pública Encuesta de Evaluación.
    2010.    IUDOP El Salvador. Website. http://www.uca.edu.sv/publica/iudop/Web/2010/informeval126.pdf.

Lakhani, Nina.
    2013.    "Violence against Women Rises in El Salvador." Al Jazeera. Published June 7, 2013. http://www.aljazeera.com/indepth/features/2013/06/20136493135956422.html

Levitt, Peggy.
    2007.    God Needs No Passport: Immigrants and the Changing American Religious Landscape. New York: New Press: Distributed by W.W. Norton & Company.

1998. "Local-Level Global Religion: The Case of U.S.-Dominican Migration." Journal of the Scientific Study of Religion 37, no. 3 (September):74-89.

Malkin, Elisabeth.
2015. "El Salvador Cracks Down on Crime, but Gangs Remain Unbowed." New York Times. August 11, 2015 on line edition. http://www.nytimes.com/2015/08/12/world/americas/el-salvador-cracks-down-on-crime-but-gangs-remain-unbowed.html?_r=0

Miller, Donald E. and Tetsunao Yamamori.
2007. Global Pentecostalism: The New Face of Christian Social Engagement. Berkeley: University of California Press.

Myers, Bryant.
2002. Caminar con los pobres. Buenos Aires: Ediciones Kairós.

Offutt, Stephen.
2015. New Centers of Global Evangelicalism in Latin America and Africa. New York: Cambridge University Press.

Offutt, Stephen and Grant Miller.
Forthcoming. "Transnationalism." Handbook of Religion and Social Institutions. Second Edition. Edited by David Yamane. New York: Springer Publishing Company.

Offutt, Stephen and Amy Reynolds.
2014. Religion & Poverty Database. Unpublished.

Reynolds, Amy and Stephen Offutt.

2014. "Evangelicals and International Economic Engagement." In The New Evangelical Social Engagement. Edited by Brian Steensland and Phillip Goff, 242-261. New York: Oxford University Press.

Samuel, Vinay and Chris Sugden, eds.

2009. Mission as Transformation: A Theology of the Whole Gospel. Eugene, OR: Wipf and Stock Publishers. Reprint.

Smilde, David.

1998. "'Letting God Govern': Supernatural Agency in the Venezuelan Pentecostal Approach to Social Change." Sociology of Religion 59, no. 3 (Autumn): 287-303.

Stearns, Richard.

2011. El vació en nuestro Evangelio: La respuesta que cambió mi vida y podría cambiar el mundo. Nashville, TN: Thomas Nelson.

Steensland, Brian and Philip Goff, eds.

2014. The New Evangelical Social Engagement. New York: Oxford University Press.

Tizon, Al.

2008. Transformation after Lausanne: Radical Evangelical Mission in Global-Local Perspective. Eugene, OR: Wipf and Stock Publishers.

Swartz, David.

2012. "Embodying the Global Soul: Internationalism and the American Evangelical Left." Religions 3: 887-901. http://www.mdpi.com/2077-1444/3/4/887.

Williams, Philip.
1997.    "The Sound of Tambourines: The Politics of Pentecostal Growth in El Salvador." In Power, Politics & Pentecostals in El Salvador, edited by Edward L. Cleary and Hannah W. Stewart Gambino, 179-200. Boulder: Westview Press.

Wuthnow, Robert.
2009.    Boundless Faith: The Global Reach of American Churches. Berkeley: University of California Press.

# CAPÍTULO 7:
# REVITALIZACIÓN DEL CRISTIANISMO MUNDIAL Y EL MÉTODO DEL CÍRCULO[43]

Bryan T. Froehle con Karla Ann Koll

---

43 Este trabajo fue adaptado por Bryan Froehle, profesor de teología práctica en la St. Thomas University de un capítulo que escribió con Agbonkhianmeghe E. Orobator, SJ en Steven O'Malley y Philomena Mwaura, eds., Emerging Patterns of African Christian Identity in Urban Settings (Nairobi: Acton Publishers, 2015). Fue traducido al español y adaptado para la consulta en San José por Karla Ann Koll y Sara Baltodano Arróliga.

¿Qué está haciendo Dios alrededor del mundo en nuestros días? ¿Hacia dónde Dios está guiando las comunidades cristianas y el movimiento cristiano mundial hoy? ¿Cómo están respondiendo las personas cristianas al llamado de Dios y como resultado qué cambios están surgiendo en las sociedades? ¿Qué hay de nuevo en el movimiento cristiano mundial y cuáles son las trayectorias importantes para el futuro? ¿Cómo se podría desarrollar una teología y una reflexión teológica más adecuadas a la luz de estas realidades emergentes?

Tales preguntas son el corazón del diseño y la realización de las consultas sobre la realidad del cristianismo mundial diseñado por el Centro para el Estudio de Movimientos de Revitalización en el Cristianismo Mundial del Seminario Teológico de Asbury (CSWCRM por sus siglas en inglés) bajo el director de investigaciones y coordinador de las consultas.[44] Después de una serie inicial de consultas sobre el cristianismo mundial, que incluyen reuniones en Edimburgo 2010 y en Toronto, el Centro para el Estudio de Movimientos de Revitalización en el Cristianismo Mundial del Seminario Teológico de Asbury lanzó una segunda ronda de consultas basadas en estudios de casos en África Oriental (Nairobi, julio de 2013), el sur de Asia (Dehradun, julio de 2014), Asia Suroriental (Ciudad Quezón, julio de 2015), y América Central y el Caribe (San José, enero del 2016). A continuación, se describe la metodología de las consultas y se presenta el Método del Círculo que constituye el corazón de las consultas.

## Reflexiones metodológicas

### Acercamientos al estudio del cristianismo mundial

Se puede estudiar el crecimiento del cristianismo alrededor del mundo hoy y los desafíos que enfrenta desde una variedad de disciplinas, cada una de las cuales aporta perspectivas importantes. Los estudios demográficos que examinan los cambios en los niveles de afiliación y participación a través del tiempo y en distintos lugares nos ofrecen una nueva consciencia

44 Bryan Froehle ha servido como director de investigación y coordinador de las consultas durante esta ronda de consultas sobre el cristianismo mundial.

sobre la realidad global del cristianismo. Las narrativas históricas generales dentro de países o regiones particulares, además de los contextos confesionales o denominacionales, han ofrecido nuevas descripciones profundas de la trayectoria de la vida cristiana. La disciplina de los estudios religiosos ha aportado un enfoque narrativo y descriptivo sensible al estudio comparativo con una orientación fenomenológica de los sistemas de significado que están detrás de las diversas tradiciones. Estudios políticos y sociales de diversa índole han explicado las implicaciones políticas y las transformaciones sociales vinculadas a diversas expresiones del cristianismo contemporáneo alrededor del mundo. Por último, los acercamientos teológicos han aportado percepciones críticas para entender la autocomprensión cristiana emergente en contextos contemporáneos alrededor del mundo. Todas estas disciplinas incluyen hermenéuticas críticas que son necesarias para las interpretaciones tanto deconstructivas como reconstructivas.

Todo esto ayuda, pero sus aportes son limitados. Tienden hacia un planteamiento más general y no específico, más hacia tener una perspectiva desde afuera y no desde adentro, y se centran en una disciplina en lugar de un hacer un acercamiento interdisciplinario. Los resultados son metodologías que compiten entre sí y métodos y conclusiones en conflicto y confrontadas mutuamente.

## Enfoque en las consultas

Por estas razones, el CSWCRM desarrolló un enfoque propio en las consultas. Está diseñado para examinar los contextos del cristianismo mundial, es decir, áreas culturales específicas y amplias de renovación o revitalización, crecimiento o innovación dentro del cristianismo mundial hoy en día. Cada consulta se enfocó en un área geográfica con inclinación preferencial hacia contextos urbanos, dada las realidades de la población mundial. Esto de por sí resalta el contexto. Cada consulta se dedicó a casos específicos de movimientos de "revitalización." Así, el "caso" constituye la unidad de análisis para avanzar en la comprensión del cristianismo mundial. Dicho acercamiento basado en casos es definitivamente inductivo desde el inicio hasta el final.[45] La meta es discernir lo que Dios está haciendo en contextos específicos con la máxima sensibilidad posible.

Idealmente, cada caso representa una expresión local con características de renovación, revitalización, innovación o crecimiento. Los casos se escogieron para complementar los otros casos incluidos en esta consulta además de otros casos considerados en consultas previas. Al poner los casos en conversación unos con otros, se buscaba abrir tanto a la comparación como a la reflexión profunda de sí mismos. Es de destacar que la meta de cada consulta no fue presentar un conjunto de comparaciones o suposiciones predeterminadas, sino permitir una conversación que avanzara hacia la comprensión teológica y social de una forma integrada. Una parte crítica de esta conversación se realizó entre los casos, aunque hay que reconocer que los casos en sí mismos podían haber influido en la conversación. Hay que someter todos los niveles, incluyendo este, a una hermenéutica de sospecha (Gadamer 1984, Baltodano Arróliga 2013).

Los enfoques que tienen una visión desde afuera pueden proclamar ser "neutrales," pero generalmente sacrifican las percepciones desde adentro. Esto resulta aún más problemático en áreas cargadas con tanta riqueza de significado como la vida de fe. A menudo solamente las personas que están adentro pueden apreciar plenamente lo que está sucediendo. En cualquier caso, toda investigación hecha por y con seres humanos involucra alguna perspectiva particular personal. La observación totalmente objetiva de un tercero es algo que los seres humanos no estamos en capacidad de hacer. Todas las observaciones son moldeadas por las experiencias y el entendimiento previo. No obstante, si solamente se hacen observaciones desde adentro se pueden escapar asuntos que merecen una crítica, precisamente porque las personas en forma natural dan por hecho su propia realidad. Un acercamiento que combina perspectivas desde adentro y

---

45 Al mismo tiempo, involucra acercamientos deductivos y abductivos. Cuando se mantiene en la relación adecuada, estos enfoques son capaces de contribuir a los puntos fuertes de cada uno.

desde afuera ofrece la oportunidad de involucrar voces múltiples, incluyendo personas de adentro, para llegar a una comprensión más profunda y a nuevos niveles de aprendizaje colaborativo.

Limitarse a una sola disciplina empobrece innecesariamente la comprensión, incluso lo encarcela, especialmente cuando las preguntas teológicas o religiosas están en el centro de la investigación. Como ya se ha señalado, sin una comprensión del contexto la teología inevitablemente se aísla en un espacio de especulación y abstracción, potencialmente lejos del Dios viviente que actúa en la historia. Sin embargo, una mera comprensión del contexto basada en la experiencia fácilmente lleva a una comprensión empobrecida de la teología, demasiado estrecha para avanzar en la conversación teológica en forma substancial. Además, acercarse a la teología como una disciplina en sí misma en lugar de ponerla en diálogo con otras disciplinas puede llevar a una adopción acrítica de ideas de otros campos, negando irónicamente la capacidad teórica y metodología de la teología misma. En última instancia, teología es una ciencia interpretativa que no existe aislada, sino que camina en diálogo con otras disciplinas (Osmer 2008), aportando algo propio a otros campos del conocimiento al mismo tiempo que aprende de ellos.

## El modelo de consulta

Las consultas estaban diseñadas para avanzar en el aprendizaje de formass de revitalización y transformación en el cristianismo mundial a través de la comprensión del contexto de casos específicos de movimientos de revitalización, ya sea dentro de congregaciones o redes más amplias de iglesias, o formas específicas de organizaciones para-eclesiales u otras expresiones. En la investigación preparatoria se recogieron datos tanto cuantitativos como cualitativos sobre iniciativas o desarrollos emergentes, buscando proveer recursos para las necesidades emergentes en la educación teológica a través de narrativas y paradigmas para comprender los rumbos contemporáneos del cristianismo mundial.

Este enfoque ofrece la oportunidad de construir relaciones de vínculos entre instituciones académicas alrededor del mundo para desarrollar emprendimientos de aprendizaje recíproco. De esta manera, las consultas ayudaban al Centro para el Estudio de Movimientos de Revitalización en el Cristianismo Mundial del Seminario Teológico de Asbury a cumplir su misión de "contribuir a la vitalidad de la misión cristiana y las congregaciones locales a través de la síntesis de los aprendizajes de los movimientos de revitalización del pasado y el presente en todo el mundo."

Trasfondo institucional

Cada método tiene un origen específico que se debe comprender para poder entenderlo. En este caso, el método surgió de un proyecto para explorar la revitalización de la iglesia en contextos culturales urbanos en África, Asia, y América Latina. Concretamente, el proyecto consistió en cuatro consultas (Nairobi, Kenia; Dehradun, India; Manila, Las Filipinas; y San José, Costa Rica). Por tanto, el modelo de consulta se orienta hacia un encuentro con el mensaje cristiano en la intersección del cambio religioso y social dentro de las particularidades de estos contextos. Tomando como base una institución wesleyana líder en la educación teológica, este Centro naturalmente tiene otra meta complementaria que es enfocar la relación entre los movimientos de renovación y educación teológica, con sensibilidad a los movimientos del Espíritu, así como a los aportes del cuadrilátero formado por la Escritura, la tradición, la experiencia y la razón. Asbury es un centro de educación teológica y comprende de primera mano el desafío que enfrenta el liderazgo para involucrarse y dirigir movimientos de revitalización y renovación en una amplia variedad de formas. La tradición wesleyana de Asbury está bien ubicada entre contextos eclesiales diversos y expresiones históricas del cristianismo que desde su inicio se enraizó en la praxis, por lo que lo hace un anfitrión especialmente apropiado para una conversación amplia entre diversas expresiones cristianas. Además, este enfoque en los movimientos del Espíritu posiciona el método en el desarrollo del cristianismo mundial en una pneumatología más adecuada.

Diseño de la consulta

En cada consulta se reunieron cerca de 40 participantes representando una diversidad de trasfondos tales como el campo académico, la educación teológica, el liderazgo eclesial, el campo de la investigación y el liderazgo de movimientos de renovación. El grupo se organizó en cinco equipos, o círculos. A cada grupo se le asignó uno de los cinco casos para trabajar durante los días de la consulta. Cada grupo tenía un total de ocho miembros, dos de las cuales eran personas que han preparado el informe inicial. Las otras seis eran personas del área académica y líderes de iglesias de una diversidad amplia de tradiciones cristianas. Cada consulta se inició con una ponencia provocativa que discute una dimensión crítica de la experiencia cristiana dentro del contexto nacional o regional de la consulta.

Los aprendizajes de la consulta se desarrollaron dentro de cada grupo-círculo y se profundizaron a través de las conversaciones en plenaria con todas las personas participantes. Después se compartieron más ampliamente en un evento público inmediatamente después de la consulta y además se distribuyen en videos y publicaciones subsiguientes. En el evento público los y las expositores servían como sintetizadores dentro de la consulta, buscando vincular perspectivas de los distintos casos y círculos. Las personas invitadas para hacer estas exposiciones generalmente eran investigadores en el campo del cristianismo mundial o líderes dentro de Asbury, el Centro o el proyecto en sí mismo. Las personas participantes y las personas designadas en cada círculo presentaron los resultados ofreciendo una nueva luz sobre cada uno de los cinco casos, presentaron las interpretaciones teológicas y las correlaciones de los casos, además de las conclusiones provisionales y percepciones generadas a través del proceso de la consulta.

Más o menos un año antes de la consulta, a cada caso se le asignaron dos colaboradores principales quienes presentaron el caso en la consulta y servían dentro de uno de los círculos como las voces del caso examinado por dicho círculo. Estos dos colaboradores eran autores y líderes (es decir, quienes son líderes pueden escribir y quienes son autores pueden ser participantes involucradas), enfatizando que se trataba de una investigación con participación. Estas dos personas escribieron un trabajo inicial que se compartió con todos los participantes unos dos meses antes de la consulta. También los y las participantes recibieron y revisaron breves presentaciones audiovisuales de todos los casos. La meta no era solamente proveerles de antemano una comprensión profunda del caso particular, sino cultivar un marco comparativo para todos los casos desde el inicio de la consulta. Dicho marco comparativo involucraba no solamente los cinco casos considerados en la consulta, sino también todos los casos que las personas participantes conocían en sus propias experiencias y percepciones.

A lo largo de la consulta se mantenía la dimensión comparativa en forma dinámica. Además, hubo varias sesiones plenarias donde todas las personas participantes se reunieron para analizar y escuchar reflexiones de los otros casos junto con comentarios y críticas de personas designadas para enfocar asuntos particulares que probablemente fueran transversales en todos los casos. Las personas de cada círculo también participaron en grupos pequeños para explorar y compartir percepciones que fueran surgiendo. En la conclusión del proceso se hizo una consideración colectiva de los temas emergentes, aunque sin dejar de reconocer que estos mismos temas se limitaban a los trasfondos, contextos y acercamientos específicos de las personas presentes y los casos seleccionados para la consulta. El trabajo principal de la consulta era el estudio de casos y, por tanto, el mayor tiempo de la consulta se dedicó a esto. Cada círculo trabajó para generar comprensiones más profundas del caso a través de interpretaciones desde perspectivas tanto sociales como teológicas. El informe inicial facilitó este trabajo y se sometió a un proceso de revisión y ampliación después de la consulta para reflejar las preguntas importantes que surgieron en los círculos, especialmente los aportes teológicos del grupo. Dicho proceso dependía de la participación activa en cinco sesiones. Las primeras cuatro sesiones estaban diseñadas para corresponder a los cuatro movimientos del Método del Círculo y la quinta sesión se dedicó a la evaluación y el resumen de la consulta misma.

## El Método del Círculo

### Movimientos del método

El Método del Círculo se relaciona con el círculo hermenéutico (Segundo 1975) y el círculo pastoral (Holland y

Henriot 1981; Wijsen, Henriot, y Holland 2005; Wijsen 2005), entre otras fuentes. Desde hace décadas se han utilizado ampliamente otros enfoques similares, pero en general éstos se basan en formas básicas de comprensión humana que se pueden rastrear a través de varias épocas.[46] En la teología práctica existen muchas variaciones de este enfoque (Osmer 2008; Browning 1991; Whitehead and Whitehead 1995).[47] Una metáfora común que se usa para este planteamiento es el "círculo" (Green 1994) o "espiral" (Wijsen 2005) para hacer referencia a su calidad dinámica y transformadora.

Por consiguiente, el Método del Círculo ayuda a desarrollar formas colectivas e interdisciplinarias de comprensión basadas en estudio de casos. Ofrece un proceso dinámico para la reflexión teológica que inicia y concluye a partir de la experiencia de la acción de Dios en el mundo. En la consulta toma la forma de una conversación estructurada que permite el aprendizaje mutuo y la comprensión de perspectivas de personas de adentro y de afuera, propias y extrañas, de la academia y de la práctica pastoral.[48] El punto principal no es la originalidad del método, sino su coherencia con las formas de construcción del conocimiento que encontramos en las Escrituras y en la historia del cristianismo. Los movimientos del método reflejan las prácticas del discernimiento cristiano que juegan un papel fundamental en el liderazgo y la investigación académica, en la oración y la contemplación. Cada contexto y grupo humano que ha utilizado este método añade algo único a la comprensión de la realidad. Lo mismo pasa en estas consultas.

---

46  Con frecuencia se usa este método para explorar la relación entre fe y justicia. En un contexto católico, las raíces se encuentren en Acción Católica y el método de "ver-juzgar-actual" popularizado por Joseph Cardijn, aunque este método puede rastrearse mucho antes y se puede encontrar en fuentes antiguas.

47  En África, el Circle of Concerned Women Theologians (http://www. thecirclecawt.org/) usa este método, debido a la influencia de Mercy Oduyoye, igual que otros teólogos y teólogas y líderes pastorales en el continente.

48  Así se construye acercamientos asociativos de aprendizaje, una de las formas más básicas para adquirir conocimiento.

El nombre de "círculo" no hace referencia a un modelo abstracto de un "círculo de conocimiento", sino que se refiere a una tradición de construcción de conocimiento con los aportes de todos y todas. Por ejemplo, en un pueblo africano tradicional todas y todos se junta en un círculo, en un palaver, donde se comparte en condiciones de más o menos igualdad y se ofrecen aportes desde sus perspectivas. Para que la teología sea un esfuerzo eclesial, depende de un enfoque como este para la producción de comprensión (Lonergan 1992).

Cada aspecto del método se puede ver como un movimiento que no tiene ni inicio ni fin, y cada uno de los movimientos se encuentra incorporado en cada movimiento. Como tal, estos movimientos no se deben considerar como un juego de pasos para la producción de conocimiento nuevo, sino como senderos dinámicos que llevan a percepciones más profundas y acciones más acertadas. En lugar de verlos como una estructura o una máquina—que inevitablemente lleva a la cosificación convirtiéndose en una interpretación mecánica de la actividad consciente—estos movimientos representan sencillamente elementos o aspectos sobre los que hay que enfocarse temporalmente para asegurar que el discernimiento colectivo sea lo más completo posible.

Entonces, el Método del Círculo recibe su nombre no tanto por ser un "círculo" de pasos que se deben seguir o que debe completar, sino más bien por ser un círculo de personas que se involucran en una reflexión como, por ejemplo, en esta consulta. En lugar de hacer un diagrama de los movimientos—lo cual se puede hacer—éstos deben entenderse como bloques para la construcción de percepción que no deben faltar o ser despreciados. Se encuentran integrados a lo largo del proceso y no meramente como un paso más en una receta. Cada "movimiento" se entiende mejor como heurístico más que como distintivo. Tampoco se puede insistir en que los movimientos deben necesariamente avanzar en un orden fijo de pasos. Los procesos humanos de aprendizaje y acción simplemente varían mucho—debido a las diversas situaciones, a las opciones humanas y las lógicas propias internas y externas—como para insistir en sólo uno de dicho flujo. Aunque el orden de los movimientos que se presenta aquí implica cierta lógica, existen otros: no es el único. En realidad, de alguna manera cada movimiento inevitablemente contiene dentro de sí elementos de los otros movimientos. No se pueden separar unos de los otros sin reducir el proceso entero a una abstracción sin vida. En última instancia, el Método del Círculo tiene que ver con phronesis—sabiduría práctica—y como tal, hace su camino al andar en lugar de seguir una fórmula preestablecida. Hay que reconocer que ninguno de los movimientos se puede resumir en forma adecuada con una sola palabra, y es por eso que más adelante se utilizan parejas de palabras para describir cada movimiento, parejas de palabras que revelan cierta tensión creativa dentro de cada movimiento.

Primer movimiento: Identificar e involucrarse

Se enfoca inicialmente en el "qué" del caso. ¿Qué está pasando? Se busca contar la historia de primera mano, mientras se identifican los actores involucrados y se muestra cómo ellos y ellas se insertan en el caso y su contexto, incluyendo a quienes investigan "desde afuera." Este movimiento tiene un fuerte componente de encarnación, reconociendo que Dios ya está presente en la situación. Una persona, al "involucrarse" en una realidad, también descubre que ya estaba involucrada en ella. La persona que investiga siempre será parte de la realidad y no puede separarse de ella. Parte del trabajo en este movimiento consiste en identificar la propia postura personal y los prejuicios propios para poder sospechar de ellos.

El discernimiento espiritual, por ejemplo, nos llama a ver la realidad como Dios la ve—desde la perspectiva de todo el pueblo de Dios, incluyendo en forma especial a las personas pobres y marginalizadas desde el reverso de la historia (Gutiérrez 1979). Una acción ocurre dentro de otras acciones, vinculada con una multitud de acciones interrelacionadas en cascada. Las preguntas que caracterizan este movimiento averiguan dónde y cómo cada persona establece su "tienda," que siempre es una respuesta a dónde Dios ya ha establecido su tienda divina (Sobrino 2007).

Las siguientes preguntas pueden ser útiles en este primer movimiento:

> ¿Cuál es la ubicación del caso, incluyendo los factores geográficos, sociales, culturales y de otro tipo?
>
> ¿Qué historias cuentan las personas sobre ellas mismas y el caso de la cual forman parte?
>
> ¿Cuáles organizaciones e historias organizacionales son parte del caso, incluyendo los orígenes, el desarrollo, y las estructuras?
>
> ¿Cuáles personas y perfiles personales son parte del caso, incluyendo líderes, miembros, personas de adentro, y personas de afuera?
>
> ¿Qué comprensión sobre Dios y su actuar y sobre la renovación cristiana están presentes en este caso?

Segundo movimiento: Evaluar y analizar

El enfoque en este movimiento busca entender el porqué y el cómo un caso se desarrolló como lo hizo. El movimiento combina el discipulado con el discernimiento y requiere de lentes explicativos que articulen los marcos personales y sociales. A veces niñas y niños preguntan con inocencia "¿por qué?" y continúan con otro "¿por qué?" y después otro. Este movimiento es un encuentro dinámico donde se piensa la pregunta del "¿por qué?" una y otra vez, con la energía de la niñez curiosa.[49] Esto requiere cuestionar las propias acciones o las del grupo. Hay que sospechar de tales acciones e interpretaciones para poder responder lo ampliamente posible a la pregunta: "¿Por qué?"

Las relaciones del porqué y el cómo se pueden mostrar en diagramas y tablas, en oraciones y párrafos cuidadosamente construidos. Sin embargo, estos no pueden tener la última palabra—tal cual una disección puede convertirse en un ejercicio sin vida. Los diagramas y las tablas no sufren, ni lloran, ni ríen

---

49 Esto es similar al acercamiento utilizando en Six Sigma. Véase http://www.isixsigma.com/tools-templates/cause-effect/determine-root-cause-5-whys/.

ni sonríen. Por eso el enfoque de este movimiento debe ser encarnado, así como todo el Método del Círculo, nunca separado del único lugar donde se puede encontrar a Dios—en la creación de Dios, entre el pueblo de Dios. La revelación tiene que ver con relaciones. De ahí que este movimiento enfatiza visualizar la profundidad y complejidad de las relaciones muy claramente en lugar de fracturarlas en pedazos.

Las siguientes preguntas pueden ser útiles en este segundo movimiento:

¿Qué está pasando realmente en este caso desde una visión general, a vista "a vuelo de pájaro"?

¿Cuáles dificultades y oportunidades específicas enfrentan la organización y las personas? ¿Cómo han actuado, incluyendo los momentos cuando han sido tomados por sorpresa?

¿Cómo pueden las y los observadores analizar y teorizar sobre la situación y las acciones realizadas?

¿Dónde se puede percibir más fácilmente la acción divina en esta situación?

Tercer movimiento: Correlacionar y confrontar

Este movimiento pone en relieve los significados y las interpretaciones, tanto las que informan como las que forman. En consistencia con el método, este movimiento examina la interrelación de la comprensión del caso para poder avanzar en esa comprensión. Vincula el desarrollo de la comprensión del caso en particular con conceptos teológicos, historias bíblicas y temas cristianos amplios. En la medida en que se va encontrando la revelación de Dios dentro de la creación, se irá requiriendo una visión sacramental amplia que se abra al tesoro de significados en el encuentro con Dios en la vida cotidiana. Es decir, siempre hay algo más para comprender. Este movimiento es en definitiva el arte de crear vínculos entre comprensiones.

Cuando se emplea la analogía (Tracy 1998), una de las formas más básicas del saber, surge un orden distinto de reflexión teológica que ya se nota en los otros movimientos, pero que aquí se configura en forma distinta (McBrien 1994, 732). En alguna manera, lo que podría parecer un movimiento hacia la abstracción es en realidad un movimiento hacia más especificidad: las correlaciones o afinidades que se visualizan aquí llevan a confrontaciones sorprendentes, tanto a nivel personal como en el contexto del caso específico. Una confirmación clara de este movimiento se encuentra en los sentimientos de asombro y sorpresa al sentir la animación del Espíritu Santo para ver las cosas en forma distinta y más completa (Elie 2004, 256-258). Esto implica un sentido tanto de disonancia como de consonancia. Se trata de agudizar la comprensión, así como de abrazar nuevas comprensiones.

Las siguientes preguntas pueden ser útiles en este tercer movimiento:

> ¿Cuáles conceptos, historias, o significados teológicos, o bíblicos se pueden relacionar con este caso de tal manera que permita avanzar hacia una comprensión sólida de lo que Dios está haciendo en este contexto a través de este caso?

> ¿Qué otras personas, iglesias, u otras experiencias pueden relacionarse con este caso?

> ¿Cómo esta situación desafía o amplía las comprensiones específicas de la experiencia y de la verdad bíblico-teológica?

> ¿Qué comprensiones profundas de verdades bíblicas y teológicas parecen estar emergiendo de la exploración de este caso?

Cuarto movimiento: Empoderar e incrementar

La cuestión central aquí tiene que ver con los pasos siguientes, el paso que consiste en la conversión o metanoia. Se desarrolla un sentido de preparación y de compromiso con la acción. En este movimiento, la pregunta crítica es sencilla: "¿qué hacer?" En un contexto pastoral, el enfoque sería la planificación pastoral y la acción estratégica. En cualquier caso, se exploran las dimensiones normativas en todos los otros movimientos, tal vez con mayor intensidad en el tercer movimiento de correlacionar y confrontar. Si se orienta el proceso del círculo hacia la comprensión teológica, entonces el componente de acción debe enfocarse en el trabajo creativo y transformativo y en las relaciones que avanzan hacia la comprensión. Esto tiene que ver con la respuesta a la acción de Dios en un mundo correctamente comprendido. Existe un elemento que siempre debe ser transformador tanto a nivel personal como a nivel social. La revitalización es comunitaria e implica más que ajustes meramente estructurales—es conversación que da nueva forma a la acción como praxis permanente. Entonces, este cuarto movimiento es mucho más que un simple giro pragmático o estratégico.

Las siguientes preguntas pueden ser útiles en este cuarto movimiento:

¿Cómo profundiza esta nueva comprensión la energía para la renovación cristiana?

¿Cuáles son los próximos pasos para el liderazgo y las personas de la academia, tanto en sus propias acciones y en las acciones colectivas en las que participan?

¿Qué podría limitar al liderazgo y a las personas de la academia en estos próximos pasos?

¿Hacia qué nuevos tipos de casos y nuevas preguntas nos está apuntando Dios para considerar en el futuro?

## Quinto movimiento: Evaluar y resumir

Este movimiento surge de las necesidades de la consulta misma, dado que la consulta depende de una consideración colectiva y comparativa de múltiples casos. La pregunta fundamental aquí es "¿Qué debemos decir?" La meta es plantear y afinar las principales conclusiones críticas del trabajo del equipo para presentarlas en plenaria a todas las personas participantes. Después del proceso de refinar las conclusiones y los aportes de cada grupo en el debate más amplio, éstas se presentan en el evento público subsiguiente y en las publicaciones que surgen a partir de la consulta. Para cada caso, se dedica un capítulo de un libro de una versión revisada y ampliada del informe del caso que se presentó inicialmente al equipo y a la plenaria. Entonces, el producto de este quinto movimiento debe ser bien resumido y presentado en una forma muy clara. Idealmente, debe combinar la historia ubicada en su contexto con temas y perspectivas bíblicas y teológicas.

Las siguientes preguntas pueden ser útiles en este quinto movimiento:

> ¿Cuáles son las conclusiones principales de cada una de las cuatro sesiones de trabajo sobre el caso?

> ¿Cuál es la mejor forma de resumir este caso para presentarlo en plenaria?

> ¿Qué pautas para la renovación cristiana se pueden resumir de este caso para la acción práctica y la exploración académica?

> ¿Cómo han ayudado estas sesiones de trabajo sobre los casos y cómo podrían mejorarse?

> ¿Qué utilidad ha tenido el Método del Círculo y cómo se podría mejorar?

## Conclusión

El marco que sirve de trasfondo para las consultas sobre el cristianismo mundial ofrece una oportunidad para vincular en forma intencional estudios de casos con el quehacer teológico. De esta manera el estudio del cristianismo mundial ya no es solamente descriptivo y analítico, sino también interpretativo, dirigiéndose hacia una comprensión de cómo la gracia de Dios está ampliándose y avivando la tradición cristiana. Las personas involucradas en la educación teológica podrían encontrar en este enfoque no solamente una expresión del método de la teología práctica sino también una fuente de conocimiento para la próxima generación de líderes pastorales en una amplia variedad de contextos.

Apéndice I: Protocolo de entrevistas y producción de videos

A continuación, se presentan los principales tipos de preguntas que se plantearon en las entrevistas a líderes y miembros, entrevistas que se grabaron en video. Además, se grabaron otros videos y fotos de cultos de adoración, actividades, y eventos comunitarios. También se tomaron otras imágenes que reflejan el contexto religioso y social más global. En los informes de los casos enviados antes de la consulta se incluyó un link para el video del proyecto. Este video inicial también incluye materiales de las consultas previas y del proyecto global, así como otro material seleccionado que no forma parte del proyecto. Existe un video editado para cada caso que incluye las entrevistas. Se ha producido otro video con algunas de las entrevistas para el evento público. Después de la consulta, se produjo un video final para presentar los casos junto con partes escogidas de las ponencias, las plenarias y las presentaciones de síntesis de la consulta misma, además de aspectos del evento público.

I. La historia de revitalización / la narrativa central

¿Cuáles han sido los eventos clave en el desarrollo del grupo desde sus inicios hasta ahora, tanto los negativos como los positivos?
¿Cuáles otros logros vienen a su mente? ¿Qué aspectos son especialmente consoladores en un sentido espiritual?

II. Visión

¿Por qué existe este grupo, proyecto, o movimiento?
¿Cómo se articula dentro de los propósitos de Dios?
¿Cómo puede este grupo representar a la iglesia viviendo su llamado como una comunidad del pueblo de Dios?

III. Organizacional

¿Cuáles estilos de liderazgo predominan: táctico o estratégico, involucrado o no comprometido?

¿Cómo crece el grupo o el trabajo? ¿Cuáles han sido algunas de las principales dificultades? ¿Por qué? ¿Cuál fue la respuesta?

¿Qué lecciones se han aprendido que puedan transmitirse a esfuerzos similares en otros lugares?

¿Cómo profundiza el grupo en un espíritu de discipulado, de vivir el Evangelio? ¿Cuáles son algunos de los puntos de conflicto?

IV. Teológico

Cuando piensa en este grupo y su trabajo, ¿cuáles referencias o historias bíblicas le vienen a la mente?

¿Cuál es la actividad más importante que hace su organización? ¿Por qué es así?

¿Cuál ha sido el logro más importante de su organización? ¿Por qué?

¿Qué significa "salvación" para usted? (¿Cuáles palabras usarían los miembros de su grupo?)

¿Qué significa vivir una "vida de santidad"? ¿Puede compartir una historia o un ejemplo?

¿Cómo experimenta usted la gracia de Dios? ¿Puede compartir una historia o un ejemplo?

Dentro de los propósitos de Dios, ¿cuál es la razón más importante para la existencia de su organización?

¿Cómo se conoce o cómo se identifica la iglesia dentro de la sociedad?

¿Cuáles son algunas de sus perspectivas teológicas distintivas, las maneras claves en que ustedes se entienden teológicamente?

V. Social

¿En qué medida se siente vinculado con otros grupos cristianos fuera del propio?

¿Cuál es el papel de una persona cristiana en la transformación de la sociedad o en los cambios culturas?

¿Cómo contribuye el trabajo de este grupo a la transformación de la sociedad? ¿Puede compartir alguna historia o ejemplo?

¿En qué medida el cambio social o cultural que se correlaciona con este grupo puede considerarse sostenible?

¿Cómo podría su ministerio conectarse con puntos de conflicto: en lo social, lo político, o lo cultural?

En treinta años, ¿cuáles diferencias existirán en el contexto local como consecuencia de esto?

## Obras citadas:

Baltodano Arroliga, Sara.
    2013.    "La circularidad hermenéutica en teología práctica rompe el espejismo del paradigma positivista." In Pensar, Crear, Actuar, editado por José Enrique Ramírez Kidd y Sara Baltodano Arroliga, 397-432. San José: SEBILA.

Browning, Don.
    1996.    A Fundamental Practical Theology: Descriptive and Strategic Proposals. Minneapolis: Fortress.

Elie, Paul.
    2004.    The Life You Save May Be Your Own: An American Pilgrimage. New York: Farrar, Straus, Giroux.

Frykenberg, Robert.
    2010.    Christianity in India: From Beginnings to the Present. Oxford: Oxford University Press.

Gadamer, Hans-Georg.
    1984.    "The Hermeneutics of Suspicion," Man and World 17: 313-323.

Green, Laurie.
    1990.    Let's Do Theology: A Pastoral Cycle Resource Book. London and New York: Mowbray.

Gutierrez, Gustavo.
    1979.    La fuerza histórica de los pobres: selección de trabajos. Lima: CEP.

Holland, Joe and Peter Henriot, SJ.
    1983.    Social Analysis: Linking Faith and Justice. Revised and enlarged edition. Maryknoll: Orbis Books.

Lonergan, SJ, Bernard.
    1992.    Collected Works of Bernard Lonergan, Volume 3. Insight: A Study of Human Understanding. Toronto: University of Toronto Press.

McBrien, Richard.
    1994.    Catholicism. Revised edition. New York: Harper One.

Osmer, Richard.
    2008.    Practical Theology: An Introduction. Grand Rapids: Eerdmans.

Segundo, SJ, Juan Luis.
    1975.    Liberación de la teología. Buenos Aires: Lohlé.

Sobrino, SJ, Jon.
    2007.    Fuera de los pobres no hay salvación: pequeños ensayos utópico-proféticos. Madrid: Trotta.

Tracy, David.
    1998.    The Analogical Imagination: Christian Theology and the Culture of Pluralism. New York: Crossroads.

Whitehead, James and Evelyn Eaton Whitehead.
    1995.    Method in Ministry: Theological Reflection and Christian Ministry. Edición Revisada. Lanham: Rowman and Littlefield.

Wijsen, Frans, Peter Henriot, SJ, Rodrigo Mejia, SJ, editors.
    2005.    The Pastoral Circle Revisited: A Critical Quest for Truth and Transformation. Maryknoll: Orbis.

Wijsen, Franz.

2005.    "The    Practical-Theological    Spiral:    Bridging Theology in the West and the Rest of the World." In The Pastoral Circle Revisited: A Critical Quest for Truth and Transformation, editado por Frans Wijsen, Peter Henriot, SJ, y Rodrigo Mejia, SJ, 108-216. Maryknoll: Orbis Books.

# CAPÍTULO 8:
# REVITALIZACIÓN DE LAS MICRO-IGLESIAS EN AMÉRICA LATINA Y EL
# CARIBE

Pablo Richard

El sentido de la palabra "revitalización" depende fundamentalmente del contexto, del grupo social, donde nos situamos. No es una palabra así mágica que lo dice todo. Es una provocación, más que nada, a la acción, pero el contexto influye muchísimo. Más bien debemos hablar de revitalización de los pobres, o revitalización de la pastoral. La palabra revitalización suena muy distinto, si hablamos de revitalización en Nicaragua, si hablamos de revitalización en Cuba, o en Guatemala, o en el Salvador; es muy distinto, que hablar de revitalización quizás en Costa Rica, o en Estados Unidos, incluso hablar de revitalización en África y en Asia, también.

Quiero hablar de las micro-iglesias. Fundamentalmente nos referimos a las comunidades eclesiales de base. Son eclesiales, nosotros subrayamos esto mucho, son comunidades eclesiales, o sea que son Iglesia. Muchos las ven como unos grupitos marginales. Sin embargo, son Iglesia, pero son comunidades de base, iglesias de base. Eso es lo fundamental.

Yo he estado como reflexionando, sobre mi vida en estos cuarenta años. El primer periodo de mi vida fue en Chile. Soy chileno. En el año 1970 fue la elección de Salvador Allende, y el inicio del proyecto socialista en Chile. Después vino el 11 de septiembre de 1973, el primer 11 de septiembre, un día martes, con el golpe militar de Pinochet. Yo llegué a Chile después de largos estudios en el Pontificio Instituto Bíblico de Roma, después de hacer todos los estudios de la teología y la filosofía. Después pasé un año en la Escuela Bíblica de Jerusalén y después un mes en Turquía y Egipto. Me dediqué a viajar. Después de todo eso llegué a Chile, una semana antes de la elección de Salvador Allende. Se formó rápidamente un movimiento que tuvo mucha fuerza, que fue un éxodo de los sacerdotes y de las religiosas y los religiosos hacia la periferia. Salimos de los centros de las parroquias a vivir a las periferias. Las periferias eran donde estaban los más pobres, los más desamparados, los más miserables en su miseria de vida. Entonces, era importante irnos a las periferias. Incluso yo, viniendo desde Roma, me fui a vivir en una población extremadamente pobre. Allí estuvimos hasta que nos sacaron; entonces, para mí fue un cambio muy grande. Además, para nosotros los católicos, creo que más allá influyó mucho el Concilio Vaticano Segundo, de 1962 a 1965. Muchos han criticado el Concilio, que era muy luterano. Yo les decía, "Sí, es luterano", porque fue la respuesta

de la Iglesia Católica a la Reforma. La primera respuesta fue el Concilio de Trento, que fue horrible. La segunda respuesta llegó 400 años después de la Reforma, pero llegó.

También otro evento que tuvo mucha importancia en nuestra vida fue la reunión de la Conferencia Episcopal Latinoamericana de Medellín, Colombia en 1968. Fue el espacio para repensar el Concilio Vaticano Segundo desde América Latina. Fue nuestro concilio. Allí tuvimos los que Enrique Dussel llama los padres de la Iglesia, unos sesenta obispos como Helder Cámara, Manuel Larraín, en fin, toda una generación de obispos, que se reunieron en las catacumbas y que sacaron un proyecto de las catacumbas, una especie de declaración de una reforma de la iglesia en América Latina en Medellín. Y en 1968 nace también la teología de la liberación. Entonces, ese comienzo en los años 70 fue fuerte, fue denso, y se produjo un fenómeno de una convergencia entre los movimientos populares de tendencia izquierda socialista y la iglesia de los pobres. Fue muy productivo, porque los movimientos socialistas populares pensaban que el cristianismo era el opio del pueblo, y descubrieron que no era el opio. Al contrario, era una dinamita, era una fuerza tremenda de liberación. Y nosotros los cristianos descubrimos que los marxistas no eran ateos ni criminales, sino que también en los movimientos populares había muchos valores muy grandes. Entonces, esa aproximación entre movimientos populares y esta iglesia que nacía formó un movimiento que se llamaba Cristianos por el Socialismo, que nació por todos lados como en Argentina, en Perú, y en otros lugares. En Colombia en el año 72 hubo un congreso de este movimiento. La palabra socialismo la tomábamos como post-capitalismo. Nada tenía que ver con el proyecto de Lenin o Stalin, ni mucho menos de la Unión Soviética. Era un socialismo como un proyecto de vida post-capitalista donde los pobres podrían tener un suceso de su historia.

Eso fue como un comienzo, el Concilio Vaticano Segundo, la teología de la liberación, y Medellín. Mi experiencia en Chile fue la de toda América Latina. El surgimiento de la teología de la liberación fue muy fuerte. Después vino el 11 de septiembre de 1973, que fue tremendo, con la ideología de la seguridad nacional y el Plan Cóndor, una lista de toda la gente que buscaban matar en América Latina. Por supuesto, yo estaba en la lista, porque curiosamente los militares le tenían más miedo—eso apareció en el Documento de Santa Fe y muchos de esos documentos de seguridad nacional—le tenían más miedo a la teología de la liberación que al marxismo. Le tenían mucho más miedo a esta iglesia de los pobres que al marxismo, al Partido Comunista. Fue tremendo, las amenazas de muerte, las comunidades arrasadas, las personas desaparecidas. Todos los dirigentes de la población en los suburbios donde yo vivía desaparecieron y nunca más supimos de ellos. Cinco o siete sacerdotes, del grupo que teníamos de la periferia, fueron asesinados de una manera tremenda; al último lo metieron en un saco y lo tiraron de un helicóptero al mar. Nunca más se supo de él. Yo también tuve que ir al exilio. Primero me fui a Perú, pero me echaron. Me fui a Francia pidiendo asilo político. También me amenazaron de muerte en Francia.

Mi verdadera historia y la historia que estoy tratando de compartir tiene que ver con estas comunidades de base, pero no teológicamente en abstracto, sino como surgiendo de una vida. Creo que todo cambió y mi vida cambió también, sobre todo en Centroamérica. En los años 70, estaba caliente Argentina, Chile, Perú, Uruguay; por el sur estaban las cosas, los movimientos, los golpes. Después se puso más caliente Centro América y México, un poquito Colombia; la cosa se trasladó. Por eso, cuando yo tuve que salir de Francia no dude un instante; me vine a Costa Rica. El principal motivo es que aquí no había ejército. ¡Gloria a Dios!

Comenzó en Centro América, y creo que un punto de partida fue Monseñor Romero. Yo tuve la suerte de trabajar año y medio con él. ¿Cuál iba a ser la misión de la iglesia durante la guerra? Fui mucho a El Salvador, y conversamos mucho sobre el tema fe y política. Yo tenía mucho miedo que los cristianos que se iban a la montaña, perdieran la fe. Entonces, yo les conté la experiencia de Chile, el acercamiento entre los movimientos de izquierda, digámoslo así, y la iglesia de la teología de la liberación, donde los cristianos que se comprometían no perdían su fe. Al contrario, la radicalizaban. Y también los movimientos populares, tampoco por trabajar con los cristianos perdían sus ímpetus revolucionarios. Fue todo lo contrario; los cristianos eran para ellos muy importantes. Sé de muchos economistas, marxistas incluso, que decían que un cambio en América Latina no se iba a dar sin los cristianos. Eso era como fundamental. Y después, sobre todo, con Monseñor Romero y con la teología de la liberación eso se fue como siendo más evidente. En ese contexto, hay un resurgimiento muy fuerte de las comunidades eclesiales de base, que les hemos llamado también micro-iglesias. Esta fue una transformación muy grande, porque se unió la inserción social—base, pueblo, indígenas, hombres, mujeres—se unió con la Palabra de Dios, la Biblia, y después con la acción liberadora. El medio entre la inserción social de los cristianos y la acción liberadora estaba la palabra de Dios. Yo, como biblista, he sido muy entusiasmado por la palabra de Dios, por la función de la Biblia, y de enseñar la Biblia, y de dar la Biblia. Me ilumino mucho Lutero, que lo primero que hizo fue traducir la Biblia al lenguaje de la gente, y ponerla en manos del pueblo. Eso fue el gran mérito de las comunidades de base, que la Biblia también salió de las iglesias, salió de las manos de los curas y de los pastores, y estaba en las manos de los campesinos, de los indígenas, de los jóvenes. Fue todo ese movimiento bíblico-popular, que fue lo más sólido que se generó en ambientes cristianos en América Central hasta el día de hoy. En este momento que ha habido una crisis tan grande, lo más sólido que existe es el movimiento bíblico-popular. El secreto ha sido eso, como dice Carlos Mester, poner la Biblia en las manos, en el corazón y en la mente del pueblo. Hay que tener un ojo en la realidad, pero otro ojo en la Biblia. Entonces, ese movimiento bíblico yo lo vi como algo muy importante, y le dediqué toda mi vida, toda mi fuerza, a eso.

Las comunidades de base, lo que tienen de importante, es que no se fundan desde fuera, ni desde arriba; nacen muy desde abajo. Son grupos de campesinos o indígenas, allá en Guatemala o El Salvador que se juntan para rezar. Se juntan porque están angustiados, porque son perseguidos, y se juntan por intereses, por motivos de represión, de persecución. Ahí se juntan, nacen, como un agrupamiento muy natural. La función nuestra era poner en el corazón de esas comunidades, de esas pequeñas iglesias, la Palabra de Dios. Nació el método antiguo del ver, juzgar y actuar.

El ver era el análisis de la realidad; juzgar es discernir a la luz de la Palabra de Dios. Ver, juzgar y actuar. Y después le agregamos celebrar. Ver, juzgar, actuar y celebrar.

Entonces, las comunidades de base fueron generando también ministerios, y el primer ministerio que surgió fue él de los catequistas y el de los delegados de la Palabra de Dios, como se llamaban en Guatemala. Catequistas, delegados de la Palabra de Dios, diáconos, diferentes ministerios surgieron de las mismas comunidades. Nuestra misión fue instruir a estos delegados de la Palabra, entregarles la Biblia, fortalecerlos en el uso de la Biblia y en la lectura de la Biblia. Yo me acuerdo, por ejemplo, en Nicaragua después de la revolución, fue la campaña de la alfabetización que la hizo mi gran amigo Fernando Cardenal, hermano de Ernesto Cardenal. Se usó el método de Paulo Freire, que no solamente es enseñar a leer y a escribir, sino cambiar la mente también de la gente. La principal motivación en Nicaragua fue que el 90% de los campesinos eran analfabetas. Y la principal motivación para aprender a leer, era para leer la Biblia. Así que pobrecito yo, después de que triunfó la revolución, estuve como dos años yendo de un pueblo en otro pueblo, por aquí, por allá, dando cursos de Biblia. No cabía la gente en los locales; teníamos que hacerlo bajo los árboles por el interés que había por la Palabra de Dios. Igual pasó en Guatemala, en el Petén, en el Quiché, también en Honduras. Eso de las comunidades de base y del movimiento bíblico popular va muy unido.

Ahora, pareciera algo conflictivo, y tengo que ser sincero en esto, entre las comunidades de base y la iglesia jerárquica en la Iglesia Católica. Hubo una tensión, pero la tensión era buena. No todos, pero al menos había muchos obispos que nos acompañaban y que nos animaban. Sin embargo, en general hubo una tensión, que nosotros manejamos muy bien. Nunca fuimos a la ruptura; teníamos o tenía yo un slogan que usábamos mucho: "evitar la confrontación y crecer ahí donde esta nuestra fuerza". Así que, si el obispo nos daba una cachetada, decíamos: "Aquí en la otra mejilla, denos otra cachetada". Nunca nos confrontamos. Claro, cuando era una tercera cachetada, decíamos "No, esa no está en la Biblia". Buscamos evitar la confrontación, para manejar este concepto de tensión. Ahora no cabe duda que, en ese momento, apareció un concepto, ya no se hablaba más de "la Iglesia" como concepto teológico. Lo que existen son diferentes maneras de ser iglesia, nuevas formas de ser iglesia. Entonces, defendíamos nuestra manera de ser iglesia en las comunidades de base. También veíamos que había como dos modelos de iglesia. Había un modelo piramidal donde la autoridad está en la cúspide; están el Papa, el obispo, los curas y finalmente los pobres laicos que tenían que obedecer. Ese modelo de iglesia lo rechazamos de frente. Surgió un nuevo modelo de iglesia como comunión de comunidades, donde la autoridad no está arriba, sino que está en el corazón de las comunidades. A esos obispos les obedecíamos y les decíamos, "Mire, señor, bájese del trono, y venga aquí, y vamos a reconocerlo." Sin embargo, siempre está la tensión. Como soy de la Biblia, estudio mucho a San Pablo. La tensión entre el Evangelio y la ley, eso va a ser eterno. Incluso hoy día el Papa, hasta él está en eso, entre el Evangelio y la ley porque la ley está ahí. Hay que romper con la ley. La fe se daba en la ruptura de la ley, no en la obediencia de la ley. Creer y tener fe era romper con la ley. Como dice San Pedro, la ley da fuerza al pecado que nos lleva a la muerte.

Este movimiento bíblico tiene su expresión en lo que llamábamos la lectura orante de la Biblia. Las comunidades se reunían para rezar, para comprometerse, etc., pero en el corazón era la lectura orante de la Biblia, que tiene los siguientes pasos. Lo primero era poner en las manos de la gente la Biblia. Todo el mundo llegaba con su Biblia. Después veíamos Mateo 25, las Bienaventuranzas. La primera pregunta es "¿qué dice el texto?" y para eso "¿qué leen ustedes en el texto?" Segundo, "¿qué nos dice el texto?" Ya el texto, después de ser leído, se transforma en Palabra de Dios. Después viene "¿cuál es nuestra respuesta a la Palabra de Dios?" Si escuchamos la Palabra de Dios, no podemos seguir siendo iguales. No podemos quedarnos indiferentes frente a la realidad. Entonces ese era el camino. Finalmente había la oración comunitaria. Este método se empezó a difundir y no éramos nosotros que lo guiamos, sino eran los delegados de la Palabra o los catequistas. No éramos los dueños de las comunidades, ni éramos los jerarcas de las comunidades. Las comunidades estaban en redes. Decíamos en broma, que antes era el tiempo de los elefantes, ahora es el tiempo de las hormigas, de las arañas.

¿Qué es lo que hacen las arañas? Redes. Ya los elefantes fueron teólogos, obispos, políticos. Ahora ya es el tiempo de las arañas. Redes, esa fue la palabra clave. Redes, enredarse unos con otros.

Un punto muy importante en todo este trabajo es definir el sujeto. ¿Quién es el sujeto en todo este proceso? Ahí la teología de la liberación nos dio una pista cuando dice que la teoría es el acto segundo. El acto primero es la acción y en la acción el sujeto fundamental es la gente del pueblo, la gente, los ministros los que llevaban adelante el movimiento bíblico. Ellos era el sujeto del movimiento bíblico; no era yo, ni era un teólogo. Uno visitaba, ayudaba, estaba ahí, pero tratábamos que los pobres mismos fueran sujetos de la interpretación bíblica. Eso fue fundamental.

También en lo de la Biblia usamos una frase de San Agustín, que decía que la Biblia es el segundo libro de Dios. El primer libro de Dios es el libro de la vida. Y en el libro de la vida están los que son sujetos de la vida en todos los campos, en todos los ámbitos: familiar, social, del barrio. Son los sujetos del libro de la vida, y a partir del libro de la vida, leemos la Biblia, y la Biblia nos enseña donde está Dios, donde Dios se revela. La Biblia nos revela la Palabra de Dios, pero también nos revela donde Dios se revela. Por eso la Biblia es importante. Sin embargo, el libro de la vida es primero. También otra guía que teníamos, que lo sacamos de San Ireneo, que decía, "La gloria de Dios es el ser humano vivo" y "La gloria del ser humano, la gloria de la visión de Dios". Monseñor Romero creía mucho esto, y él le cambiaba a Ireneo para decir, "La gloria de Dios es el pobre vivo" y "La gloria del pobre es la Palabra de Dios, la visión de Dios". Eso daba vuelta a la cortina, dio vuelta a la imagen. Ya la iglesia no es esa iglesia jerárquica donde arriba hay un obispo y abajo están los miserables laicos, y las miserables laicas, sino que se dio vuelta a toda la tortilla.

Vamos a entrar ahora al problema más difícil, que es el tema de la espiritualidad. Se ha hablado mucho de la espiritualidad en las pequeñas comunidades de base centradas en la Palabra de Dios, pero en la acción llevada por estos sujetos, la palabra espiritualidad era muy importante. ¿Pero qué era la espiritualidad? Aquí salió una definición importante. La fe en Dios tiene contraparte. No es el ateísmo, sino la idolatría. El problema no son los ateos. Los ateos son nuestros amigos. El problema son los idólatras; ese es el problema. Lo publicamos en un libro que se llamaba La lucha de los dioses (1980). Salió en inglés, en francés, por todos lados. Monseñor Romero lo tenía entre sus libros, y yo le hice una dedicatoria. La lucha de los dioses. El Dios de la vida, y los ídolos de la muerte. Hay dos tipos de idolatría. La primera, quizás la más peligrosa, es deformar la imagen de Dios, deformar el rostro de Dios. Hablar de Dios es muy peligroso. Decimos muchas veces, "Dios quiere", "Dios bendiga", "Dios para acá". ¡Cuidado! Siempre tenemos que contextualizar, hablar del Dios de Jesús, el Dios de la vida, el Dios del Éxodo, porque si no especificamos, podemos caer en la idolatría. Cuando alguien me dice, "Yo creo en Dios," yo le pregunto "¿en cuál dios?" O cuando un ateo me dice. "Yo, Padre, soy ateo." Pregunto, "¿de cuál dios eres ateo? ¡A lo mejor somos ateos del mismo dios!" Una vez llegó un muchacho a mi oficina que tenía 12 años, que me dijo. "Padrecito, yo soy ateo." "¡Qué bueno!" le dije. Tiene la cabeza limpia de imágenes de Dios y así tiene más apertura para encontrar a Dios. Y la fe no es creer en Dios, sino buscar a Dios, ese Dios que encontró Moisés en la zarza ardiente. "He escuchado el clamor de mi pueblo, y he decidido liberarlo" (Éxodo 3, 9-10). En ese Dios creo.

El otro tipo de idolatría, que se opone a la fe en el Dios de los pobres, en el Dios de Jesús, en el Dios de la Vida, no es deformar el rostro de Dios, sino son cosas o personas que se divinizan. Ya no es el rostro de Dios que se deforma, sino la divinización, la deificación de las cosas, de las personas, de las estructuras, de los maestros, de los curas, de los pastores. Esa idolatría es la más peligrosa. ¿No es cierto? Vivimos en un mundo muy idólatra. Hace poco, un teólogo norteamericano hablaba mucho de la muerte de Dios. Y un día dijo, "Dios no se ha muerto, se transformó en oro." O sea, el oro se hizo dios, la idolatrización del dinero. Pero también vivimos en un mundo tremendamente idolátrico. Las nuevas catedrales son los bancos. Las nuevas iglesias son los supermercados. Ahí hay una idolatría tremenda. La ideología neoliberal es profundamente idolátrica porque idolatriza los productos. Un producto es bueno porque se vende, no porque es útil. Entonces, vivimos en un mercadeo profundamente idolátrico. Yo tenía otro amigo cura que me decía, "A mí me encanta ir a los más grandes supermercados." Y yo decía, "¿cómo?" "Si," me decía, "para ver todas las cosas que no necesito y romper la idolatría." Esto es muy importante, porque nos dejamos siempre llevar por esa idolatría del mercado. Y la ideología neo-liberal es profundamente idolátrica. Está la idolatría económica, la idolatría política, pero digo que la peor de todas es la idolatría religiosa.

En la teología de la liberación y las comunidades de base, hemos luchado mucho contra los ídolos. No contra los ateos, sino contra los ídolos. El problema es la idolatría. Entonces, anunciar el Evangelio es un acto de anti-idolatría. Y el evangelio, justamente el Dios del Evangelio, El Dios de Jesús, El Dios del Éxodo, El Dios de los profetas, es profundamente anti-idolátrico. Esa es una característica fundamental. ¡Así que tengan cuidado cuando hablen de Dios! Pónganle siempre un apellido: el Dios del Éxodo, el Dios de Jesús, el Dios de la Vida, porque cuando se habla de Dios, yo creo en Dios, quiero llevar le gente a Dios, ¿de cuál dios estamos hablando? ¿No será de un dios que nos hemos inventado? No hay cosa más fácil que inventarse un dios y de repente estamos cumpliendo la voluntad de un dios que nos fabricamos. Entonces, es muy peligrosa la idolatría. No es el ateísmo, es la idolatría.

En la teología de la liberación, nosotros siempre hablamos de una opción preferencial por los pobres. No es una opción por los pobres, es una opción preferencial por los pobres. Y con los ricos, digámoslo así, seguimos la política de Jesús, quien dijo "Es más fácil que un camello pase por el ojo de una aguja, que un rico entre al reino de los cielos." (Mateo 19, 24). Y "Bienaventurados los pobres, porque de ellos es el reino de los cielos" (Mateo 5, 3). Entonces, no es que los estamos excluyendo, es que ellos mismos se excluyen. Lo que tenemos que hacer es abrir las manos, invitarlos, trabajar con ellos. Entonces, yo no rechazo a esa clase social, pero les propongo la conversión en el seguimiento a Jesús, muy radical, y que las riquezas estén al servicio de la vida del pueblo y no al servicio del mercado. Si están dentro del mercado, no tienen salvación.

Hoy en día, además de una opción preferencial por los

pobres, hablamos de una opción de género, de una opción por los indígenas, y de una opción preferencial por los jóvenes. No es para tratar de meterlos a la fuerza en una iglesia porque ellos no quieren saber nada de Dios, y nada de iglesia. Entonces, hay que entrarles por otro lado; hay que escucharlos. La opción por los jóvenes es muy importante. Muchos jóvenes entran en pequeñas comunidades. Son más bien de movimientos, movimientos de jóvenes, de todo tipo, pero no están en movimientos de jóvenes muy ligados a las iglesias.

Otro problema ahora es la violencia. Lo he abordado mucho en El Salvador. Ahí están las tres grandes pandillas. Nosotros hemos planteado una política de escuchar. En el seminario, nos ensenaron a hablar, pero nunca nos ensenaron a escuchar. Mira, yo me he sentado a las dos de la mañana con pandilleros. Además, como saben que uno es cura y como que le tienen respeto y hablo de Monseñor Romero. Cuando fue la celebración de los 35 años, y de la beatificación de Romero, hicieron un pacto de tres días sin violencia, en honor a Monseñor Romero. Escuchar, hay que escuchar, porque la cosa es tremenda, los pandilleros son criminales. Para entrar a una pandilla hay que matar a tres personas y lo dicen, pero empecé escuchándolos, escuchándolos a ellos. Empecé a pensar, ¿cómo es posible tanta violencia? Después en México, tuve una reunión con las comunidades de base seguido por un seminario sobre la violencia y el crimen trasnacional organizado. Trabajamos un texto de San Pablo, que es muy importante, la Carta a los Efesios, que dice: "Nuestra lucha no es contra la carne y la sangre sino contra los poderes." (6,12) Entonces, lo más importante es contra las fuerzas sobrenaturales del mal. Porque es muy curioso, hay gente que degüella a diez personas y después llega a su casa, toma café con su esposa, como que no ha pasado nada. Igual pasó con el tipo que tiró la bomba de Hiroshima. Llegó a su casa y dijo que nada había pasado. También ahora en el ISIS y los movimientos islámicos terroristas, matan gente y no pasa nada. Entonces, hay una fuerza sobrenatural del mal. Ahí está el problema. No está tanto en personas, sino en las estructuras. Entonces uno ve que el trabajo con ellos es liberarlos, sobre todo de esa fuerza sobrenatural del mal. Hay allí una fuerza sobrenatural que los lleva a matar con buena conciencia. ¡Es tremendo! Ahora cuando fui a Ciudad

Guzmán, entrando en la ciudad había doce personas colgadas de un puente peatonal. Después me dijo el párroco, "Mira, sabemos exactamente quien lo hizo. ¿Quieres reunirte con ellos?" Por supuesto que sí. Empecé a preguntar y ellos me dicen que los sacaron a unas fuerzas como demoniacas, que les llevan a matar, pero no quieren matar. Entonces, descubrí un poco esas fuerzas sobrenaturales del mal. No se trata solamente de luchar contra la guerrilla, y meterle la policía y meterlos presos y golpearlos. Por ahí, responder con la violencia a la violencia no produce mucho. Entonces, viene una respuesta. Lo que hay que hacer es escuchar, y descubrir dónde están esas fuerzas sobrenaturales del mal. Yo paso horas escuchándolos, escuchándolos y escuchándolos, y tratando como de purificarlos de esas fuerzas del mal.

Por último, para nosotros nos ha dado mucho ánimo la elección del Papa Francisco. Creemos cada día más, porque lo atacan justamente, que es un signo de que vamos bien. Si el Opus Dei lo ataca, quiere decir que vamos bien. Pero evidente, este Papa ha abierto muchos nuevos espacios y la crítica que ha hecho a la economía de mercado es la más fuerte que se ha hecho. El problema ecológico ha sido el más fuerte. Cuando fue al Congreso de los Estados Unidos, fue muy duro. Cuando fue a la Asamblea de las Naciones Unidas, fue muy duro. Se reunió con los movimientos sociales en Santa Cruz, Bolivia; se reunió con los movimientos sociales en Roma. Realmente, ha sacado a la Iglesia de sus espacios tradicionales jerárquicos. Entonces, nos ha abierto a nosotros muchos espacios.

Entonces, ¿cómo sería una comunidad de fe revitalizada? En primer lugar, lo que dijo el Papa: "¡Sal, sal de la iglesia! ¡Yo quiero sacerdotes con olor a oveja! ¡Salir!" Yo creo que lo principal, la primera revitalización, es que salgan de la iglesia, que se vayan a los barrios, que se vayan a los campesinos, y no a las iglesias de los centros para hacer la misa el día domingo. Realmente, revitalizar un poco es vaciar las iglesias. Tenemos que hacer ahí un trabajo de limpieza. Poner la iglesia, reconstruir la iglesia en otro contexto, en otro espacio. Yo trabajo mucho ahora con la gente de la calle, con homosexuales y con prostitutas. Me voy a las siete de la mañana y tenemos la reunión con una comunidad de base con prostitutas que están terminando su trabajo para escucharlas, y escuchar a los gay, etc. Cuando me pregunta dónde está mi parroquia, responde que mi parroquia es la calle. Yo no pongo un pie en una parroquia. Yo creo que ahí estamos revitalizando la iglesia, al sacar a la gente de la parroquia para afuera. El mayor enemigo que tenemos para este trabajo que estamos haciendo en la Plaza de la Dolorosa es la parroquia de la iglesia. Nuestros principales enemigos son los feligreses de la parroquia, porque dicen que dejamos todo sucio, que se llena ahí de prostitutas, y travestis con unas minifaldas. Entonces, no nos dejan entrar en la iglesia. Entonces, revitalizar la Iglesia es abrir las puertas para afuera y que la gente salga para afuera. Nunca yo he visto alguien de la iglesia, que está en frente, venir a ayudarnos, Ahí juntamos más de 120 muchachos y muchachas, pero los de la iglesia no están. Revitalizar es que salgan, eso es.

Obras citadas:

Richard, Pablo, et. al.
    1980.    La lucha de los dioses: los ídolos de la opresión y la búsqueda del Dios liberador. San José: DEI y Managua: Centro Antonio Valdivieso.

# CAPÍTULO 9:
# REFLEXIONES SOBRE REVITALIZACIÓN

I. Una palabra acerca de la revitalización
Herbert Mauricio Álvarez López

II. ¿Revitalización de la misión?
Karla Ann Koll

III. De lo local a lo cultural
H. Fernando Bullón

IV. Caminos de resistencia y transformación en búsqueda de la vida
Priscila Barredo Pantí

## I. Una palabra acerca de la revitalización

### Herbert Mauricio Álvarez López

Cuando uno camina en la selva o en los bosques, de pronto encuentra "mudadas" o piel de serpientes. Ellas cambian la piel para poder crecer, pues ésta no crece en las mismas dimensiones que crece el cuerpo. Ese cambio de piel ayuda a la salud de la serpiente para liberarse de parásitos adheridos o del deterioro que produce la carencia de humedad o de alimentación. Una piel nueva, entonces, es un nuevo empezar, una revitalización. En ese proceso, sin embargo, la serpiente se hace más vulnerable hasta que la nueva piel se fortalezca y por lo tanto se protegen con mayor inactividad. Revitalización para prolongar una vida sana.

Las comunidades indígenas o campesinas que tienen como alimento el sagrado maíz, repiten anualmente en el proceso de siembra, el mismo mecanismo para preparar la tierra. La revitalizan, es decir, la limpian, la remueven, mezclan y entierran en la tierra el monte arrancado o la caña de la anterior cosecha para crear el humus necesario. Hacen un surco nuevo. En palabras ancestrales, se alimenta a la sagrada madre tierra para que pueda darnos de nuevo el sustento diario. Revitalización como alimento para seguir viviendo.

Según la Real Academia Española, la palabra revitalizar es "dar más fuerza y vida a algo". Es un deseo connatural humano la búsqueda de la vida, la promoción de la vida, y ésta, la vida, es una constante evolución. Las experiencias de revitalización en las iglesias cristianas suponen, primeramente, las nuevas formas que el Espíritu suscita para vivir renovadamente el mensaje de Jesús de Nazaret, el Cristo, a partir de contextos específicos. Esto se refiere, por tanto, a los nuevos impulsos, los nuevos métodos, las viejas prácticas que podrían seguir siendo usadas hoy en claves renovadas, los nuevos entendimientos, los nuevos conceptos, los nuevos contextos, las nuevas acciones pastorales, las nuevas opciones, el nuevo Espíritu de una comunidad cristiana en el constante devenir de la historia.

Pero, es necesario enfatizar que la revitalización debe ser entendida también en clave de resurrección. No es sólo dar más fuerza y vida, sino también puede ser un cambio radical. Erradicar las prácticas que impiden el Reino y crear algo radicalmente nuevo. Los hijos de la Luz (1 Tes 5,5) no deben temer. El Espíritu de Dios, gran Madre y gran Padre, siempre está en su comunidad. Cuando la serpiente cambia su "mudada" tiene un tiempo de vulnerabilidad; cuando hay nuevas irrupciones de prácticas pastorales o de entendimientos conceptuales, comúnmente hay temor y condena, pero si eso fuera fiel al espíritu del Reino, entonces, no hay que temer. La lógica de la vida misma daría la razón; las comunidades confrontadas con el Espíritu percibirían la lucidez y pertinencia de lo radicalmente nuevo.

Hay que atreverse a dejarse llevar por el Espíritu, a creer en Él, a fiarse en Él. ¿Cuántos años, cuántas veces hemos preferido sedentarizarnos en normas sobre las cuáles tenemos poder, en "lo seguro", en lo que mantiene una estructura o una visión, cuyos resultados no hacen transformar la realidad? Él, el Espíritu Santo nos mueve, o nos debe mover, y eso significa atreverse a lo impensable pero fiel a la Buena Nueva. Cuando eso sucede, cuando eso suceda, cuando surjan propuestas radicales fieles al Espíritu de la Buena Nueva, seremos confrontados para hacer una elección, que ojalá sea positiva, en el espíritu de la palabra ancestral maya del Popol Wuj: "Que todos se levanten, que se llame a todos, que no haya un grupo, ni dos grupos de entre nosotros que se quede atrás de los demás".

El proceso de revitalización en las comunidades cristianas

Es evidente que hay una experiencia eclesial cristiana, en el caso latinoamericano, de 523 años. Esta experiencia está presente e influye históricamente en la realidad actual. Y en esta realidad actual con características específicas de posmodernidad en la que nos ha tocado vivir, hay desafíos propios con los cuales tenemos que confrontar nuestras antiguas y actuales formas de experiencia de fe y dilucidar si responden hoy a las exigencias y a las preguntas actuales.

El tiempo mismo, las diversas épocas, nos obligan a cambiar de piel para poder crecer. La esencia continúa, la pasión por el Reino de Dios, anunciado por Jesús de Nazaret, pero la forma de hacer presente ese Reino, la piel, se renueva y se revitaliza para hacer congruente con los signos de los tiempos, la propuesta de Jesús. Los signos de los tiempos pueden mostrarse en claves culturales, políticas, económicas, ecológicas, diversidades humanas, religiosas, etc.

Puede haber un aburrimiento, un cansancio, una deficiencia en la respuesta a las preguntas actuales de los creyentes en una comunidad eclesial. Y eso hace buscar, crear y organizar nuevas respuestas. Puede haber desafíos antiguos y nuevos en la realidad como la continuidad de la pobreza, el desastre ecológico, la irrupción de la diversidad sexual como sujeto humano y cristiano, la migración, los conflictos bélicos modernos generados desde matriz religiosa, el sentido de vacío existencial en contextos de abundancia material, la corrupción de aparatos de gobierno, el deseo interno de buscar la experiencia espiritual en contexto postmoderno,  la violencia desmesurada en diversas realidades, los avances de la ciencia, etc.

Los cristianos estamos inmersos en estas realidades nombradas, y la necesidad de una revitalización cristiana es parte de la evolución de la vida, movidos ya sea por el desasosiego con prácticas cristianas que ya no ofrecen sentido de vida o bien de contextos sociales específicos que claman una respuesta en espíritu humano y cristiano. Los cinco estudios de caso en este proyecto representan cinco experiencias de revitalización cristiana, todas válidas, creativas, humanamente solidarias, evangélicas. Son cinco intentos de vivir de manera renovada nuestra experiencia de Jesús, de hermandad, de hijas e hijos de Dios.

La realidad actual responde mayormente a un modelo globalizante de influencia neoliberal, cuyas características principales en diversos niveles son el culto a la individualidad, la producción y crecimiento del capital como medida de éxito de la acción humana a costa de grandes masas humanas marginadas, explotadas y desechadas; la tecnologización a gran escala de la mayor parte de acciones humanas, y una influencia mundial de los medios de comunicación para informar, pero también para moldear maneras específicas de vivir. En resultados prácticos constatamos la existencia de un sector de la humanidad que accede a niveles de vida de calidad material alta, y al mismo tiempo grandes masas que constituyen mayoría humana en condiciones de pobreza y exclusión en un ambiente ecológico profundamente degradado.

Para los desafíos que plantea la realidad a la vida de los creyentes y no creyentes, no hay un modelo único de revitalización cristiana. Cada contexto suscita su propia respuesta. Pueden ser modelos de revitalización a partir de comunidades macro-eclesiales como las mega-iglesias o  de comunidades micro-eclesiales como las comunidades eclesiales de base u otros movimientos.

La presencia cristiana en la realidad mundial que había sido proclamada en periodo de extinción al igual que la presencia de la acción de otras religiones no ha hecho más que aumentar. Pero, para el bien de la humanidad cabe preguntarnos si eso es bueno para el desarrollo humano o no.

¿Cuál es la medida para una revitalización consecuente
con nuestra fe?

A pesar de la diversidad de contextos a los cuales hay que responder como experiencia cristiana, a pesar de los diversos puntos de vista que se tenga para abordar un proceso de revitalización, hay algo, debe haber algo, que sea el faro, la luz, la guía que inspira y define un camino.

Creo que lo central de las comunidades cristianas es "el anuncio de la Buena Nueva del Reino de Dios". Así lo expresa la Buena Nueva según San Lucas 4, 43-44: "Pero él les dijo: ´También en otros pueblos tengo que anunciar la Buena Nueva del Reino de Dios, porque a esto he sido enviado´. E iba predicando por las sinagogas de Judea". Hay un envío una misión bien definida.

Entiendo el Reino de Dios como el esfuerzo que el Hijo, Jesús de Nazaret, para mostrarnos cómo es el Padre y cómo debemos ser los seres humanos; siendo él el revelador del Padre, y él el modelo de humano. Si entendemos quién y cómo es el Dios de Jesús, y somos como Jesús fue, habrá llegado a nosotros y a la creación, la salvación; y se extenderá a todos los seres humanos creyentes y de buen corazón, el Espíritu y la realidad de vida de hijas e hijos de Dios.

Esta salvación significa tener sentido de vida a partir de mi relación con Dios a través del seguimiento de Jesús, inspirados por el Espíritu. Pero inspirados ¿a qué? Inspirados a gozar de la vida en cuanto a buscar la plena realización de ella según nuestra historia individual en contextos sociales.

Esta promoción de la vida que ofrece el ideal y la tarea del Reino debe contar con el elemento específico de la promoción individual y la promoción social. La promoción individual como sanar a la persona de sus heridas personales de vida: maltrato, autoestima, enfermedades, discriminación, divorcio; y la promoción social como el hacerse cargo de la lucha por la justicia social.

Hemos llamado durante mucho tiempo a la no encarnación del mensaje cristiano en las realidades sociales como un divorcio entre fe y vida. Está claro que en un continente caribeño-latinoamericano donde la mayoría somos cristianos y al mismo tiempo la mayoría viven en situación de pobreza y exclusión, hay una contradicción y un escándalo. Está claro que esa evidencia de la realidad nos grita a voces que estamos siendo Iglesia, pero no Reino de Dios. La voz profética de Jon Sobrino es sincera y verdadera cuando dice que el Reino de Dios se acerca, el Reino de Dios ya está aquí, pero nada ha cambiado, o al menos, casi nada o no mucho. (Sobrino 2000, 179)

Siendo el cristianismo la religión del amor y la justicia, no estamos viviendo lo que predicamos. Es incompatible el cristianismo con realidades de injusticia. Pero nos hemos acostumbrado a una doble moral, a una falta de compromiso, y podemos vivir muy bien sin que nos afecte el sufrimiento de la mayoría.

Sospecho entonces, que la mayor parte de las experiencias cristianas actuales atienden solamente al individuo. Atienden sus necesidades de acogida y restauración, su autoestima o su integración en la familia o el contexto de su jurisdicción eclesial, que acaba por convertirse en un oasis aislado de las otras y los otros, que nos interpelan. Hacemos énfasis en lo celebrativo, en lo litúrgico, en lo corporativo, que es bueno pero no único y exclusivo. Y olvidamos que al ser relacionales, personas que salen más allá de su familia o de su Iglesia, nos afecta lo que las estructuras socio-políticas crean con nosotras-os, sin nosotras-os o a pesar de nosotras-os.

Las actuales experiencias de revitalización son una oportunidad que debe ser aprovechada. Debe reinventarse además de los métodos, las acciones de concienciación de una necesidad olvidada consciente o inconscientemente: el cambio personal es en tensión con el contexto de cambio estructural. El acercamiento personal de Jesús a mi persona implica una doble respuesta: a nivel personal individual y a nivel de compromiso responsable en la búsqueda de un mundo mejor a partir de la justicia social.

Esto es lo que Jesús de Nazaret deseaba que percibieran profundamente sus discípulos, es el amar a Dios y al prójimo como a ti mismo (Mc 12, 28-31; Mt 22, 34-40; Lc 10, 25-28; Jn 13, 34-35). Es tan central en los discípulos de Jesús, que las cuatro buenas noticias, los cuatro Evangelios, nos lo recuerdan, nos lo piden. Es inmensamente increíble cómo nos gusta "adorar a Dios" (liturgias, rezos, lecturas, oraciones, estudios, etc.) y al mismo tiempo olvidar al prójimo, no amarle como a nosotros mismos. Ambas cosas deben ser parte de la vida cristiana, si falta una no somos fieles al Reino; habremos traicionado la Buena Noticia.

La nueva mudada de la serpiente predijo un nuevo comienzo. La tierra preparada para la siembra del maíz mueve a la espera del grano que colmará el hambre. Las experiencias de revitalización cristiana son la esperanza de sentido de vida de una vida humana en clave individual y social. Tenemos el desafío de crear un cielo nuevo y una tierra nueva en el espíritu de Apocalipsis 21, un lugar donde seamos el pueblo de Dios y Dios esté con nosotras, con nosotros, como Uk´u´x K´a, Uk´u´x Uleu (Corazón del Cielo, Corazón de la Tierra) para que todos produzcamos Vida.

## II. ¿Revitalización de la misión?

### Karla Ann Koll

Soy misionóloga. Miro a las experiencias eclesiales y de las organizaciones basadas en la fe en América Latina, incluyendo los casos presentados en este libro, con ojos de misionóloga. Muchas veces pienso que la misionología, un campo interdisciplinario por definición, es el último refugio académico para las personas que rehusamos especializarnos. Ser misionóloga me permite ser un poco historiadora, un poco antropóloga, un poco socióloga, un poco ecóloga, un poco biblista, un poco teóloga Es así porque la misión de Dios abraca todo el mundo, no solamente la vida humana sino todo lo creado.

Siguiendo a David Bosch, afirmo la imposibilidad de ofrecer una definición definitiva de la misión por ser la expresión de la relación dinámica entre Dios y el mundo. Todos los ámbitos de la vida humana y toda la creación son objeto del amor salvífico de Dios. En nuestro tiempo, identificado por Bosch como la era ecuménica, se concibe varias facetas de la misión y se propone varias vías de colaboración con el proyecto salvífico de Dios para iglesias y para creyentes (2012, 24-25, 451). La invitación para participar en la misión de Dios viene de Jesús. En Juan 17,18 Jesús, como parte de la oración que hace por sus seguidores, dice a Dios, "Como tú me enviaste al mundo, yo también los he enviado." Cuando Jesús aparece a sus discípulos y discípulas reunidos después de la resurrección, repite las palabras de envío (Juan 20,21). No hay ninguna limitación en los textos. Todas las personas que quieren ser seguidores de Jesús son enviadas al mundo en el amor de Dios. Por eso, afirmamos que la misión es de Dios, porque es Dios que nos envía al mundo por Jesucristo.

Este proceso de consultas parte de la premisa que Dios está trabajando en el mundo y pregunta qué está haciendo Dios en los distintos contextos, buscando signos de revitalización como indicadores del actuar de Dios. Sin embargo, la revitalización no parece ofrecer criterios teológicos claros para discernir la acción divina en el mundo hoy. Debemos seguir preguntando, ¿revitalización de qué? Sin duda, vidas están siendo transformadas en cada uno de los casos presentados. ¿Pero está

siendo revitalizada la misión? Podría ser que en estos casos lo que se ve es una revitalización de los sujetos, ¿pero las personas transformadas se consideran sujetos de la misión de Dios?

En América Latina ha existido y existen hoy varios movimientos enfocado en la revitalización de la misión que han hecho aportes teóricos y prácticos importantes. Trabajé en Guatemala por trece años con CEDEPCA, el Centro Evangélico de Estudios Pastorales en Centroamérica. CEDEPCA nació de una experiencia de evangelización aquí en América Latina. Evangelismo a Fondo fue un proyecto lanzando por la Misión Latinoamericana en 1959. Buscaba movilizar a las personas de las iglesias evangélicas a evangelizar a sus vecinos. También utilizaba los medios de comunicación en formas innovadoras en aquellos momentos. Organizaron campañas nacionales en varios países, trabajando con muchas denominaciones. Después de diez años, algunos líderes del Evangelismo a Fondo—Plutarco Bonilla, Guillermo Cook y Orlando Costas—empezaron a cuestionar lo que estaban haciendo. Se había movilizado a las personas de las iglesias a evangelizar. Las iglesias evangélicas habían crecido. Sin embargo, no se notaban cambios en las comunidades alrededor de las iglesias. Las condiciones de vida para las mayorías en América Latina estaban deteriorándose. Una de las conclusiones de estos líderes fue que había un problema con el modelo de iglesia en el campo evangélico. Las iglesias eran "pastorcéntricas"; el ministerio era del pastor, no de los miembros. Evangelismo a Fondo había logrado llenar las bancas de las iglesias, pero no había movilizado a estas personas a participar activamente en el trabajo misionero fuera de las iglesias. Bonilla, Cook y Costas tomaron pautas de la renovación pastoral que se estaba experimentando en la Iglesia Católica en América Latina, en la cual se definía la pastoral como el trabajo organizado de la iglesia en cumplimiento de la misión de Dios, lo que hoy más bien se llamaría la acción misional. Lanzaron una nueva organización continental basada aquí en Costa Rica, el Centro Evangélico Latinoamericano de Estudios Pastorales (CELEP) para promover la pastoral y capacitar a personas de las iglesias, no solamente a pastores, para participar en la misión de Dios (Costas 1984).

Algunos modelos de misión y evangelización son centrífugos, enviando las personas desde un centro, la iglesia en este caso, hacia los alrededores. Otros modelos son centrípetos, atrayendo personas a la iglesia. Como una primera aproximación al análisis de la revitalización de la misión, podemos preguntar por la relación entre los movimientos centrífugos y los centrípetos en cada caso presentado. Esto es importante, porque ser enviado o enviada al mundo no es cuestión necesariamente de un cambio de lugar, sino tiene que ver con la postura asumida frente al mundo. La Iglesia Católica en Cuba, aun durante los años cuando no tenía la posibilidad de salir de los templos y manifestarse públicamente, estaba siendo enviando al mundo por Dios. ¿En qué medida se percibe la revitalización de la misión en cada uno de los casos analizados? ¿Cuál es la relación que se puede detectar entre los movimientos centrífugos y los centrípetos, hacia afuera y hacia a dentro, en cada uno de los casos? ¿Las personas que se sienten atraídas a las iglesias también se mueven desde las iglesias para trabajar en las comunidades?

Para A-Brazo, las iglesias evangélicas sirven como punto de entrada en las comunidades. Movilizan a las personas en las iglesias en servicio de sus vecinos y vecinas. También conscientemente capacita a las personas de las iglesias para la misión integral, como sujetos de la misión. Sería muy interesante saber por lo menos dos cosas más. ¿Sigue la movilización de los miembros de las iglesias en servicio de su comunidad una vez que haya terminado el proyecto específico? ¿Hay un componente centrípeto, es decir, el involucramiento de la iglesia en la comunidad atrae más personas a la iglesia?

En el Proyecto Educativo Puente Belice, se cuida mucho dentro del proyecto en sí a no utilizar un lenguaje religioso explícito. Pero quedan las preguntas sobre la relación entre la vida de la parroquia y el proyecto. Seguramente algunas de las personas jóvenes que reciben una educación y también logran una inserción laboral a través del proyecto participan en la vida de la parroquia. ¿Están siendo formados como sujetos de la misión de Dios, que entienden su responsabilidad de trabajar para la transformación de su comunidad y de su nación?

En la historia de la Iglesia Nueva Jerusalén en La Chureca se ve claramente los movimientos para adentro y para afuera. La pastora Magdalena inició predicando a las personas, atrayéndolas con una proclamación del amor de Dios. Trabajaron juntos y juntas en la transformación de su situación de vida, logrando mejoras muy visibles en su comunidad. ¿Siguen movilizados en el trabajo de misión? ¿Su visión ya se extiende más allá de su propia comunidad?

La Iglesia Católica en Cuba ha pasado por distintas etapas, donde se puede visualizar una relación cambiante entre los movimientos centrípetos y los centrífugos. Pasó por un periodo de silencio, más bien de ser silenciada, donde la iglesia no tenía ninguna presencia pública. Era un tiempo de profundización y de purificación de la fe en Jesucristo de las personas que quedaron en las iglesias. Los esfuerzos de estas personas, muchas de ellas mujeres laicas, no solamente mantuvieron viva la iglesia, sino también la fe en los contextos familiares. Cuando ya la fe religiosa es permitida, ya es posible para la iglesia salir y empezar a ocupar espacios pequeños, a servicio de las personas necesitadas, como en los comedores para ancianos. En los momentos actuales se ve movimientos para afuera en varias actividades misioneras, incluyendo las casas de misión, las movilizaciones para visitar las casas y escuchar a la gente, los esfuerzos de Cáritas de Cuba en responder a los desastres causados por fenómenos naturales. Pero también hay mucho movimiento hacia adentro, muchas personas nuevas llegando a las parroquias con poco o nada de formación religiosa.

Por último, está el caso de Vida Abundante, una mesa-iglesia que he visitado dos veces. Confieso que tengo muchas reservas frente a este estilo de iglesia. Busca atraer a personas y las atrae. El movimiento centrípeto es muy claro. Personas llegan de muchos lugares para los cultos. ¿Pero qué pasa en los lugares que viven? Una amiga mía estaba pastoreando una iglesia menonita un tiempo en la Ciudad de Guatemala. Me contaba de una mega-iglesia que enviaba un bus para recoger personas en el barrio para ir al culto los domingos en la mañana. Las personas ponían su mejor ropa y escapaban del barrio por algunas horas. Lo peor, me decía mi amiga, era que estas personas no se comprometieron con los esfuerzos de mejorar la vida en el barrio. No era parte de su compromiso de fe. Las personas que respondieron a la encuesta hecha en esta iglesia indicaron estar satisfechas con sus vidas espirituales. Basadas en estas respuestas, el autor y la autora del estudio concluyeron que Vida Abundante representa una experiencia de revitalización espiritual. ¿Pero es una revitalización de la misión? El lema de la iglesia es "Haciendo de cada miembro un discípulo de Cristo", ¿Qué quiere decir discípulo para esta iglesia? El informe menciona algunos esfuerzos de esta iglesia con mujeres que han sufrido maltrato y con niños y niñas abandonados. Sin embargo, en la encuesta no hubo preguntas que permitieron visualizar el nivel de involucramiento de las personas en esfuerzos de servicio fuera de la iglesia. ¿Será que la mayoría de estas personas que asisten a esta iglesia son espectadores?

La hermana Doctora Ondina Cortes ha insistido que debemos buscar no una revitalización espiritual, sino una revitalización evangélica, que combina la renovación espiritual interior con la dimensión comunitaria. Pablo Richard afirma que la revitalización pasa por salir de las iglesias. Esto creo firmemente. Sin embargo, aún en el caso de las comunidades eclesiales de base, hay un movimiento para adentro. La lectura comunitaria de la Biblia y la oración están en el corazón del movimiento.

Para profundizar más sobre la cuestión de la revitalización de la misión, quiero regresar a dos aspectos interrelacionados del contexto centroamericano: la violencia y la inequidad económica. No debemos perder de vista el hecho de que América Latina es la región del mundo donde el mayor porcentaje de la población se identifica como cristianas y cristianos. Al mismo tiempo, es la región con mayor inequidad en la distribución de riquezas e ingresos. El triángulo norte de América Central—Guatemala, El Salvador, y Honduras—experimenta los niveles más altos de violencia en el mundo para un área donde no hay un conflicto armado activo. ¿Acaso Dios no nos está llamada a través de estas estadísticas para repensar como participamos en la misión de Dios en esta región?

En el caso de la violencia, Offnut y Romero han indicado

que el trabajo de A-brazo no ha tenido mucho éxito en bajar los niveles de violencia en las comunidades salvadoreñas. Hace falta analizar con más profundidad las causas de la violencia. ¿Quiénes se benefician de los altos niveles de violencia en la región? Los y las jóvenes que entran en las pandillas ya no se organizan para presionar por cambios estructurales en sus sociedades, sino construyen sus propias estructuras. Para las élites que buscan generar ganancias a través de megaproyectos que requieren poca mano de obra, el hecho de que los pandilleros se matan entre sí mientras miles de jóvenes huyen de la región para escapar de la violencia perpetrada por las pandillas reduce la presión por cambiar el modelo de desarrollo para incorporar a más sectores de la población en la fuerza laboral. También es importante recordar que las pandillas son solamente la cara visible de la violencia. Mientras los jóvenes ejecutan las extorciones y los asesinatos, las estructuras del crimen organizado se enriquecen. Los altos niveles de violencia justifican expansión de las fuerzas policiacas y militares. Poblaciones aterrorizadas fácilmente dan su voto a fuerzas políticas conservadoras que prometen una mano dura contra la violencia. ¿Qué hacen las iglesias en un contexto así? En Guatemala, se habla en voz baja de las "narco-ofrendas" que reciben algunas iglesias. Si la sangre de Cristo puede quitar las manchas del pecado del alma pecador, ¿no puede también lavar el dinero? Conozco pastores en Honduras que cada día tienen que decidir si la iglesia va a pagar "el impuesto" a la pandilla para que permitan a las personas llegar para poder celebrar un culto. ¿Cómo hablar de la revitalización o la revitalización de la misión en tales contextos? ¿Cómo desarrollar un análisis adecuado y una acción misional capaz no solamente de salvar vidas sino de desafiar sistemas basados en violencia?

Me llama mucho la atención la imagen del puente. Me pregunto si no seguimos con una mentalidad de misión como rescate, aunque hoy no es para rescatar almas del infierno sino para permitir a individuos, y a veces comunidades, escapar de los infiernos creados por nuestras sociedades. Puentes son muy importantes. Permiten la movilización de personas y recursos de un lado de una brecha al otro. Pero a final del día, la brecha sigue existiendo. Algunos jóvenes en Guatemala logran una educación que les permiten acceder a puestos de trabajo en la economía formal. Algunas comunidades en El Salvador logran mejoras en sus cultivos y así reciben mejores ingresos. Aunque el informe sobre Vida Abundante no explica en que consiste los ministerios de dicha iglesia con mujeres que han sufrido maltrato o con niños y niñas abandonados, es probable que sean servicios dirigidos a individuos y no a la eliminación de causas sistémicas. Atención a las necesidades concretas de personas es vital para la revitalización de la misión. El concepto de misión integral ha hecho un aporte importante en este sentido, especialmente en iglesias evangélicas, a insistir que el evangelio tiene que ver con toda la persona humana. También la misión integral habla de la importancia de la justicia (Padilla 2006). Sin embargo, tiene sus limitantes como marco teológico porque no incorpora un análisis social capaz de vislumbrar el pecado estructural que genera sociedades marcadas por la exclusión, la violencia y la inequidad.

Me parece que el caso de la pastora Magdalena y la Iglesia Nueva Jerusalén en La Chureca nos aporta un elemento importante para la revitalización de la misión. Voy a llamar este elemento la indignación, este fuerte sentimiento que Magdalena experimentó cuando se dio cuenta que personas en su país estaban viviendo en la basura. La indignación surge en este espacio entre lo que experimentamos y como sentimos que el mundo debería ser.[50] ¡Seres humanos no deben buscar su comida entre la basura tirada por los habitantes de la cuidad! Es una protesta contra una sociedad y un mundo globalizado que producen, como nota Zygmunt Bauman, personas desechables (2005). Creo que la indignación nos conecta con el Dios de la Biblia. Allí nos encontramos con el Dios del Éxodo que escucha los gritos de la comunidad esclavizada y actúa para liberarla (Éxodo 3,7). Escuchamos a Jesús, Dios entre nosotras y nosotros, denunciar la exclusión social de su tiempo a través de anunciar la llegada de un reinado en lo cual los últimos serán los primeros (Lucas 13,30). Dios el Espíritu Santo nos capacita para escuchar los gemidos de toda la creación (Romanos 8,22-23).

Nuestra capacidad de sentir indignación está muy relacionada con el horizonte escatológico que tenemos. Bosch ha

---

50 Es interesante notar que el último libro del pedagogo Paulo Freire, quien se dedicó su vida a la transformación social y cuyo trabajo influyó mucho el desarrollo de la teología de la liberación en América Latina, se llama Pedagogía de la indignación (2012).

notado la importancia de la visión escatológica para determinar el modelo de misión (2000, 606-619). La misión revitalizada, como "acción en esperanza" (Bosch 606) no busca regresar a un pasado idealizado, sino se orienta hacia el futuro que Dios quiere para toda su creación. Uno de los aportes de la teología de la liberación en América Latina ha sido la recuperación del Jesús histórico y la centralidad del reinado de Dios en todo el actuar de Jesús.[51] En español, hablamos ahora del reinado de Dios, para enfatizar el actuar de Dios y superar una idea territorial del reino. De hecho, no vivimos ya en un reino; es una estructura política fuera de nuestra experiencia. Brian McLaren ha escrito un bonito artículo buscando nuevas metáforas para hablar del reinado de Dios (2006). De las sugerencias ofrecidas por McLaren, mi favorita es "el sueño de Dios", es decir, las intenciones y esperanzas que Dios tiene para toda su creación. En la medida que nos acercamos más y más a Dios a compartir sus sueños, debemos quedarnos cada vez más insatisfechos e insatisfechas con la situación en el mundo donde la inequidad económica crece, donde más de 800 millones de personas no tienen suficiente que comer, donde la violencia cobra la vida de miles de jóvenes, donde mujeres y niños y niñas sufren maltrato, y donde las personas ancianas son abandonadas.

Debemos hacer nuestras las palabras del himno escrito por Edmundo Reinhardt de Brasil:

Anhelo de tierra sin males, Edén de las plumas y flores,
De paz y justicia hermanando, un mundo sin odio y dolores.

Anhelo de un mundo sin dueños, sin débiles y poderosos,
Derrota de todo sistema que crea palacios y ranchos.
Nos diste, Señor la simiente, señal de que el reino es ahora.
Futuro que alumbra el presente, viniendo ya estás, sin demora.

51   El trabajo del teólogo jesuita Jon Sobrino (1977, 1999) ha sido clave.

Venga tu reino, Señor, la fiesta del mundo crea recrea,
Y nuestra espera y dolor, transforma en plena alegría.[52]

## III. De lo local a lo cultural

### H. Fernando Bullón

### Consideraciones previas

La presente reflexión, se hace desde mi perspectiva como especialista en ética social, en relaciones, en misión, en responsabilidad social y en desarrollo. Por lo tanto, estoy más interesado en algunos de las interrogantes del set de preguntas relacionadas que se plantearon en relación con los casos presentados:

- ¿Cuál es el papel de una persona cristiana en la transformación de la sociedad o en los cambios culturales?
- ¿Cómo contribuye el trabajo de este grupo a la transformación de la sociedad?
- ¿En qué medida el cambio social o cultural que se relaciona con este grupo puede considerarse sostenible?

- ¿Cómo podría su ministerio conectarse con puntos de conflicto: en lo social, en lo político o en lo cultural?
- En treinta años, ¿cuáles diferencias existirán en el contexto local como consecuencia de esto?

En relación a los análisis de los casos presentados (aparto el caso cubano), lo que se percibe en general es que manifiestan

---

52 "Jesucristo, esperanza del mundo", Celebremos juntos #95.

gran énfasis en lo social como aspecto fundamental de la revitalización.   Observo un cierto enfoque al "proyectismo". Tres de los casos presentados son proyectos sociales especiales u ONGs, como si la naturaleza de la respuesta para la revitalización fueran los "proyectos" especiales de tipo social ("proyectismo"). En el caso de mega-iglesia, se expresa el crecimiento necesario de la iglesia (incorporación nuevos creyentes) para renovación espiritual, alcanzar a las clases medias, la educación y los ministerios de servicios varios, pero igualmente se enfatiza el "proyectismo".

## Reflexiones/Sugerencias

Una misión holística y acción de todo el pueblo de Dios (versus el riesgo de encargar a un equipo profesional la acción revitalizadora/"proyectismo").

El llamado "mandato cultural" (Gén. 1,28) implica el encargo de parte de Dios al ser humano de la administración de la creación y el desarrollo de la sociedad y la cultura. Por lo tanto, hay una tácita afirmación de la legitimidad e importancia de todas las vocaciones y de todas las disciplinas del conocimiento—humanidades, ciencias naturales y sociales, las artes—y sus múltiples derivaciones, desarrollos y aplicaciones, ya que son producto del ejercicio de las facultades especiales dadas al ser humano que lo capacitan para cumplir dicho mandato cultural. Este mandato no se anuló con la Caída, sino que, a partir de ella, necesitó ser asumido dentro de la perspectiva redentora del proyecto salvífico de Dios, del mensaje vivificante del Evangelio y del horizonte escatológico de los valores del Reino de Dios.

El pueblo (laos) de Dios, siendo "real sacerdocio", es fundamentalmente laicado con diversidad de dones, formaciones y experiencias de vida,  y que está inserto y disperso en la actividad cotidiana del mundo. El cuerpo carismático-diacónico manifiesta la diversidad de dones y recursos en función del servicio del cuerpo y para la misión. Por tanto, hablar de la iglesia es hablar básicamente del laicado en su totalidad, con excepción de la posición clerical del pastor, o pastores "ordenados" asociados si fuese una iglesia de gran tamaño.

Y es el pueblo (laos) de Dios en su totalidad que es misionero y está llamados al "ministerio". Cada miembro está vinculado a una vocación y cuerpo de conocimientos disciplinarios particulares con los cuales debe ejercer su rol dentro del cuerpo social, en cumplimiento del mandato cultural y el servicio a la sociedad: en la industria, el comercio, los servicios, en el sector público en sus múltiples dependencias, en el sector privado en sus diversos tipos de organizaciones. En fin, en todo el entramado institucional de la sociedad que en el medio moderno y urbanizado tiende a ser complejo y muy diversificado. Inspirados por la visión y valores del Reino de Dios, buscarán validar plenamente los frutos del impacto transformador del Evangelio en todas las dimensiones de su existencia, manifestando la multiforme gracia de Dios a través de los dones recibidos, y asumiendo así su identidad como su pueblo, en su misión de "ser bendición para el mundo" en un sentido pleno.

## Implicancias formativas del liderazgo para la acción multidisciplinaria y la trascendencia social

En sí, el grueso del pueblo de Dios en América Latina parece no estar orientado misionalmente para la trascendencia social porque no ha comprendido las dimensiones implicadas en el ejercicio de las diversas vocaciones y la aplicación de las disciplinas vinculadas, en conexión con los valores del Reino, y para el mejoramiento y transformación de la sociedad: la justicia, la integridad, la solidaridad, la excelencia en el servicio, todas ellas articuladas a través del quehacer cotidiano en el cuerpo social.

El pueblo no está equipado para pensar y reflexionar sobre la responsabilidad humana a la luz de las demandas de la época, debido a que no dispone de criterios para poner a prueba las actitudes, los comportamientos o los sucesos de la cotidianeidad contemporánea, lo cual también requiere el concurso de las diversas disciplinas del conocimiento. Los datos que se tienen acerca de la intrascendencia del aporte del pueblo cristiano en la confrontación o solución de una diversidad de problemas sociales, a pesar de su crecimiento numérico, es debido en gran medida a la incomprensión de estos asuntos.

Por lo tanto, se hace indispensable que los diferentes niveles del liderazgo eclesial tengan una formación de carácter más interdisciplinario con el fin de imprimir una perspectiva más holística a la misión eclesial en América Latina. Así, descubriendo y aprendiendo a trabajar con el potencial interdisciplinario representado en las congregaciones, el pueblo debe transformarse en fuerza misional dispersa en el conglomerado social.

Partiendo de dicha consideración, parece insólito que en el mundo actual se mantenga el modelo de "seminario" como institución principal para formar el liderazgo de la iglesia. O si éste se justificara, que se mantenga aislado de todo contacto con otros espacios institucionales de educación superior. O, aún peor, que todavía existan círculos que piensan que trasformar un seminario en un centro educativo con formación interdisciplinaria sea una desviación de la misión de la iglesia.

Afirmamos que el modelo universitario es el mejor entorno para formar el liderazgo del pueblo de Dios, desclericalizando la visión actual y convirtiéndola en una de carácter más integral, correspondiente a la realidad del mundo y el desarrollo de la sociedad y la cultura que el Creador nos ha encargado desde el principio. Asimismo, los entornos educacionales más ecuménicos prepararán al liderazgo para el diálogo y la acción constructiva en un mundo globalizado y plural como lo es el mundo actual. Peligros en el fenómeno "mega" protestante: Ahistoricidad por falta de encarnación y falta de parroquialidad de las congregaciones

Uno de los fenómenos de los últimos tiempos, es el surgimiento de la gran iglesia local, las así llamadas "mega" y "kilo" iglesias. Estas en sí, parecen responder a la sociedad de masas típica de las grandes urbes, que está acostumbrada a los eventos de atención masiva en estadios, cines, parques, etc. por razones de entretenimiento u otros propósitos. Quienes participan de estas iglesias usualmente no viven en el barrio en que está ubicado el templo, sino que se desplazan desde diferentes puntos de la metrópoli o la gran ciudad. Algunas se han organizado para facilitar la movilización de la gente, proveyendo una flota de buses desde diferentes puntos de la urbe.

Quienes han analizado la dinámica misionera de iglesias con congregaciones que no son estrictamente parroquiales, han podido descubrir una doble fracturación que afecta el adecuado proceso de desarrollo de las iglesias y sus membrecías. Por un lado, los miembros se desentienden de su barrio o comunidad—su evangelización y desarrollo social—ya que su iglesia está por otro vecindario. Pero, por otro lado, los creyentes tampoco evangelizan en el barrio donde está ubicado el templo, porque aducen que vive en otra comunidad. Así, la feligresía vive en el "limbo" de la vida templo-céntrica y fundamentalmente cúltica. Si por alguna razón algún vecino de su barrio se interesara en el evangelio, resulta más difícil convencerlo que se desplace voluntariamente hasta el otro lado de la ciudad para hacer vida congregacional. Hay, pues, una visión ahistórica y desarticulada, que tiene sus conexiones con una incomprensión o reduccionismo en cuanto a la integralidad de la misión cristiana.

Reconociendo lo vital de la parroquialidad de la iglesia, el templo en que se reúne ésta, debe ser la base física desde donde se irradie y sirve a la comunidad en que está ubicado el local de reunión. Por ello, se hace imperativo otras alternativas. Si ha de mantenerse el modelo de la "gran iglesia", ésta debe estar afirmada en una estructura de base celular dispersa, en donde sea factible la vida de relación más cercana de los miembros (koinonía), y que

éstos cumplan su rol histórico en las comunidades en que viven. Estas células deben ser, a su vez, fermento de iglesias formales e independientes en sus propias localidades. De lo local a lo cultural / ampliación de las densidades morales y ético-sociales renovadas

Parece que anhelamos trascendencia de los meros casos locales a una influencia más sistémica sobre la sociedad y la cultura. Es un problema del nominalismo, de los elementos de la religiosidad popular tanto en el catolicismo como en el protestantismo actual. Es un problema que se refleja en la cultura y sus falencias (en su dimensión ético-social diversa).

En ese sentido, vale la pena tomar en cuenta los estudios que analizan el impacto de la religión en la cultura y el desarrollo de los pueblos; de cómo ésta transforma las visiones y comportamientos de los feligreses que comienzan a impregnar con su ética y moral la sociedad con consecuencias económicas, políticas y culturales (por ejemplo, el caso de la Reforma Protestante en ciertos países europeos, o el avivamiento wesleyano en Inglaterra).

Hay estudios específicos de Mariátegui (1980), y de Zea (1970) acerca del contraste entre las dos Américas—la del norte (protestante) vs. la del sur (católica)—en cuestiones de desarrollo económico, social, cultural. Gramsci investigó con respecto de la Europa nórdica vs. la meridional, reconociendo el impacto de la Reforma Protestante que generó una diferencia en su desarrollo (F. Piñón G. 1987, 63-79 y R. Díaz-Salazar 1993). Estos estudios apuntaban a que el tipo de cristianismo encarnado por el protestantismo tenía mayor consistencia que se reflejaba en sus efectos sistémicos. Tanto así que Gramsci plantea la necesidad de una reforma moral y cultural para poder avanzar en transformaciones duraderas y de alcance civilizatorio (aunque él lo plantea desde su perspectiva secular y socialista, no religiosa).

Posiblemente lo protestante bien asumido, y según sus mejores antecedentes históricos, podría ser una alternativa que contribuya a incrementar el desarrollo de la región latinoamericana. Pero ello implicaría la necesidad de superar diversos aspectos que le permita acceso a las esferas de influencia social (política, medios de comunicación, etc.), condiciones que actualmente no existen por el peso hegemónico de lo católico-corporativo todavía presente (Bastián 1990).

No obstante, el Protestantismo Latinoamericano actual refleja contradicciones en sus manifestaciones del protestantismo histórico (ilustrado) versus el Pentecostalismo masivo, despegado de lo político, milenarista. Por otro lado, el vasto sector protestante se encuentra todavía y fundamentalmente dentro del proyecto liberal modernista, pero que todavía no ha podido abrirse de manera más significativa y racional a los aportes y vías reconstructivas de la opción socialista (si no marxistas, tampoco de otro tipo), que promueve esquemas más solidarios según el testimonio de la Escritura (teología trinitaria, comprensión de la Iglesia como cuerpo carismático-diacónico).

Se añade el asunto de la falta de unidad. En conjunto, su atomización y falta de unidad ha debilitado al movimiento protestante para una acción más eficaz que permita mejores balances en el pensamiento, y una intervención más coordinada en lo estratégico y metodológico, deteniendo, y aún obstaculizando, su mejor contribución a las transformaciones que requiere el continente.

En el subsector ecuménico, su desbalance en el enfoque integral de la misión que dejó de lado la importancia de la evangelización, ha implicado que con el tiempo éste quede reducido numéricamente, lo cual determina su poca gravitación social e influencia, en primer lugar dentro del propio sector protestante, y mucho menos en la población en general. Así, en momentos cruciales de elegir representantes al poder político, a pesar de ser tal vez el sector más consciente y capacitado en asuntos sociales, en realidad no cuenta con suficiente soporte de las bases ciudadanas que tengan una visión de patria desde las propias perspectivas protestantes. Por el contrario, aquellos del subsector que estarían menos conscientes y capacitados en cuanto a lo social (especialmente el protestantismo popular o pentecostalismo), dadas sus amplias bases eclesiales, colocan representantes que para muchos de los otros subsectores del

protestantismo (ecuménico y evangélico), no llegan a representar lo mejor de la tradición y del aporte histórico social del protestantismo mundial y regional.

En el subsector evangélico, aparte de la atomización y asociación con dogmatismos variopintos (algunos de ellos todavía no muy claros en cuanto a lo social), y tal vez por la falta de precisión en cuanto al lugar de lo técnico-especializado vinculado a la transformación social, determina que los esquemas más globales de "misión integral" o de "Reino de Dios" (utopía-proyecto histórico-valores), no tengan una viabilización hacia lo concreto, comenzando por la ausencia de vocaciones en campos específicos y la falta de aportes teóricos y praxiológicos correspondientes en conexión a dicha visión.

Actualmente, los países nórdicos, de prevalencia protestante, son el centro hegemónico de la economía neoliberal, lo cual amerita una seria reflexión y una acción comprometida y transformadora por parte de los mismos protestantes nórdicos.

Igualmente, amerita una tensión dialogante y transformadora entre protestantes del sur y del norte por un cambio sistémico a nivel global.

## IV. Caminos de resistencia y transformación en búsqueda de la vida

### Priscila Barredo Pantí

Dios hoy nos llama a un momento nuevo,
a caminar junto con su pueblo.
Es hora de transformar lo que no da más;
y solo y aislado, ninguno es capaz...
Es Dios que aún nos convida a trabajar,
su amor repartir y las fuerzas juntar.[53]

Nuestra reflexión bíblico-teológica liberadora parte de las realidades y situaciones concretas de nuestros países en América Latina y el Caribe que cargan con una historia de opresión, avasallamiento y colonización. Los efectos siguen evidenciándose en las desigualdades económicas, políticas y/o culturales instauradas como una forma de colonización intranacional, desatando toda clase de desigualdades que mantienen a millones de personas en los márgenes de la sociedad. La causa se encuentra en los poderes de dominación que representan estructuras arraigadas que ejercen control en el campo socio-político y económico y que en el pensamiento paulino son denominados "principados y potestades".

Por tanto, aunque estos poderes oprimen, a veces con discursos y gestos aparentemente de progreso y beneficio, tenemos la certeza que la proclamación contundente y tangible del evangelio que trae esperanza y resistencia promueve la liberación de estas fuerzas a través de la denuncia y el desenmascaramiento.

---

53  Traducción de Pablo Sosa, fragmento del canto "Momento nuevo", una creación colectiva de Brasil basado en Eclesiastés 4.12. Encontrado en el cancionero Celebremos juntos #129 (San José: SEBILA, 1989).

En otras palabras, las buenas noticias de salvación producen transformación en concordancia con el ejemplo y el mensaje de Jesús, cuya propuesta es una nueva forma de vida, una lógica de contra-poder y de confrontación al sistema dominante establecido que promueve la desigualdad y la exclusión.

## ¿Cómo resistir el mal en el mundo?

La resistencia al mal es un desafío constante que debería tener formas específicas de acción. Si bien es cierto que muchos de los proyectos e iniciativas emprendidos por distintas agrupaciones cristianas revelan el carácter del mensaje liberador de Jesús de opción preferencial por las personas empobrecidas, también es cierto que debemos procurar que sean inherentes al evangelio y que contribuyan a remover las estructuras de poder. No es una tarea sencilla en lo absoluto. Estamos tan permeados de un sistema colonial-capitalista-patriarcal-adultocéntrico-antropocéntrico-individualista que a veces sin pretenderlo somos cómplices de ese modelo neoliberal que se disfraza. Así a veces entramos en contradicciones imperceptibles a nuestros ojos, cuerpos, espiritualidades, pensamientos, prácticas y discursos. De ahí su complejidad. Estos poderes pueden utilizar la buena voluntad de las comunidades de fe conscientes de su llamado transformador, enmascarando sus verdaderas agendas de cooptación con políticas y programas "de avanzada de apoyo a los necesitados". Así enuncia la máxima gatopardista, buscan "cambiar para que nada cambie."[54]

Por supuesto, no considero que estemos frente a un esquema simplista de "buenos" y "malos". No es que quienes tenemos un compromiso con la justicia nos eximimos completamente de prácticas incoherentes. Tampoco creo que las estrategias de manipulación ideológica penetren con facilidad como si la población careciera de criterios, presa inerte de los poderosos. En definitiva, pienso que hay que apostarle más a la gente. Esto es, desafiar su conciencia, humanidad y sensibilidad con reflexiones críticas que promuevan un estilo cooperativo en el que las ideas, sentimientos y acciones no queden en lo abstracto.

---

54  Paradoja expuesta por Giuseppe Tomasi di Lampedusa, en la novela Gatopardo escrita entre 1954 y 1957.

El mensaje expresado en Efesios 6,13-17 da pistas importantes con la imagen de la armadura de Dios como la forma de resistir el mal del mundo: el cinturón de la verdad, la coraza de justicia, el calzado del evangelio de la paz, el escudo de la fe, el casco de la salvación y la espada del Espíritu, que es la palabra de Dios (el mensaje de Jesús, El Cristo).

Si percibimos en este texto una incitación a las comunidades cristianas a emprender una lucha de resistencia activa, no violenta, contra las formas reales con las que las instituciones y sistemas gobiernan la sociedad, imponen condiciones que deshumanizan y destruyen la vida de ciertos sectores de la población, podemos construir sobre esa base una praxis cristiana actual de discernimiento y acción social y política. Con los descriptores aplicados a las diferentes piezas de la armadura encomendada para esta tarea se señalan las cualidades y valores que deben caracterizar a las personas y las comunidades que encaran a estos potentes adversarios (Foulkes 2011, 142).

Irene Foulkes propone leer el pasaje desde el "reverso", es decir, preguntarnos cómo rechazar la mentira, la injusticia, la maldad, la intimidación, la opresión de las estructuras dominantes religiosas, políticas y económicas. Es un planteamiento subversiva que otorga poder a quienes seguimos el movimiento de Jesús, el Cristo, pero desde otra lógica: la de resistencia, no de dominación. Hemos visto movimientos que denuncian y confrontan desde plataformas académicas, artísticas, campesinas, y hay evidencias innegables de organizaciones que descolocan los andamiajes poderosos. El periodista uruguayo Raúl Zibechi explica:

> En las dos últimas décadas los movimientos vienen recorriendo una serie de caminos...No se trata de un camino, ni de un movimiento, sino de tendencias que parecen encaminarse en direcciones afines... En algunos casos se transita por caminos que parecen no llevar a ninguna parte; o directamente no hay un caminar permanente (exterior, visible), aunque siempre hay un fluir (o hay silencios en vez de palabra y acción, como nos enseñan los

zapatistas) (Zibechi 2007, 93).

El permanente riesgo que tenemos es dejar de lado las travesías y bifurcaciones que vivimos como tribus de lucha y únicamente concentrarnos en "los resultados", sintiéndonos descalificados por creer no haber logrado nada importante.

Como colectivos y como agrupaciones de fe comprometidas hemos de afirmar, en primer lugar, que nuestra esperanza viene del Dios compañero pero no de aquel que tiene todos los hilos del mundo en sus manos; en segundo lugar, hemos de enfocar nuestro trabajo en la transformación de nuestras relaciones personales y con la naturaleza; y, en tercer lugar, hemos de primar la intimidad y solidaridad, fortaleciendo así nuestros lazos de amistad y esfuerzo conjunto. De otra manera, aunque los proyectos sean legítimos y urgentes, tendrían una base frágil que no soportaría los embates perversos de esa maquinaria de coacción y desprestigio orquestada por los que sólo buscan su beneficio a costa de millones de personas y del entorno.

Silvia Rivera Cusicanqui insiste que aún en las derrotas se debe conservar la llama del cambio y no dejarla extinguir, manteniéndola como una brasa bien arropada que al día siguiente se sopla y está viva de nuevo.

> Esa es la gran metáfora para los tiempos malos. Hay que cuidar esa brasa, hay que abrazarla y arroparla para que se mantenga respirando y no se enfríe. Eso en el futuro va a dar un chispazo y luego un incendio. Pero el problema con las derrotas es que se deja apagar la flama: la gente emigra, se va, se dedica sólo a su vida personal (Rivera Cusicanqui 2016).

## Los medios de comunicación independientes:
### El horizonte que se abre

Los medios de comunicación independientes son formas

concretas para que las comunidades de fe puedan revitalizarse mediante la proclamación de la vida. Aclaro que no me refiero al llamado "cuarto poder" vinculado a los oligopolios mediáticos con contenidos de control ideológico que juegan un papel fundamental en el fortalecimiento de estructuras de opresión.

Ante esta situación, una de las formas más efectiva de resistir el mal es a través de los medios de comunicación alternativos (páginas web, blogs, redes sociales, radio y televisión online, entre otros) al producir y apoyar contenidos críticos, reflexivos, contestatarios, ágiles. En nuestro continente están emergiendo agrupaciones cristianas de comunicación con compromiso político, conciencia de género y preparación bíblico-teológica que colaboran con otros colectivos y agrupaciones afines no confesionales.

## Las juventudes que tiran los muros abajo: El caos de la revolución

Es clave visualizar sectores de juventudes que emergen con pensamiento crítico, compromiso social y político acorde a su época para la revitalización de las iglesias y su accionar en el mundo. A veces escucho frases de menosprecio marcado y desconfianza latente hacia las personas jóvenes: "los jóvenes hoy son muy apáticos", "siempre metidos en el internet", "tienen crisis de fe y ya no quieren compromiso con la iglesia". Muy al contrario de lo que algunos adultos afirman, las nuevas generaciones no son homogéneas sino que representan un caleidoscopio de juventudes.

Hay jóvenes que lejos de dejar de creer y de abandonar las prácticas espirituales, están en búsqueda constante de experiencias de fe que evoquen y representen libertad, creatividad, solidaridad, propósito y comunidad. Contamos con jóvenes, que si bien todavía se mantienen en la estructura tradicional de iglesias u organizaciones cristianas, están comprometidos con la transformación de esas estructuras proponiendo nuevas formas de ser iglesia y facilitando propuestas colectivas de acción. Además, se capacitan para aportar desde la socio-pastoral y la reflexión bíblico-teológicas con un acercamiento interdisciplinar que trasciende los espacios eclesiásticos. Hay jóvenes que se ubican en espacios públicos para hacer incidencia pública positiva como activistas y gestores de iniciativas de transformación. Son ciudadanos y ciudadanas con conciencia social y política desde sus perspectivas como creyentes del Dios de la justicia, la libertad, el amor y la diversidad.

No, estas personas jóvenes no están enfrentando una "crisis de fe". La crisis es con la institución religiosa, con lo pre-establecido, con la inequidad y la falta de propósito en las macro estructuras. Ya lo decía el antropólogo José Martín Barbero, "los jóvenes siguen queriendo ser ciudadanos pero de otro planeta, otra sociedad, otra familia, otra escuela". Lo emulo diciendo: los jóvenes siguen queriendo ser creyentes, pero de otra iglesia. Hacen cuestionamientos a los modelos tradicionales de familia, trabajo, pareja, educación e iglesia. Basándome en el análisis de Martín Barbero, este distanciamiento no requiere los audífonos de un iPod o smartphone; no es que están ausentes de la realidad debido a que la virtualidad los ha capturado. No. La juventud no necesita de eso para estar en su propio mundo, creando códigos dentro y fuera de las redes sociales que para muchos adultos parecen "caóticos" porque no los entienden: "Hay que dejar de tener miedo al caos, porque de éste puede brotar un orden menos injusto, menos tramposo, menos opresor, necesitamos un caos para reinventar esta vieja sociedad que vive la etapa más cruel y libertina del capital."[55]

Es indudable, entonces, que lo institucional, eso que se ha construido desde arriba con una lógica jerárquica patriarcal y colonial, es lo que están trastocando los movimientos juveniles, feministas y campesinos. Están explorando otras formas de organización lejanas a los sindicatos o grupos insurgentes que, con todo y su reconocido valor, se conformaron con la misma estructura centralizada y vertical.

### Caminos para transitar hacia la revitalización: Rutas para la descolonización y despatriarcalización

No es sencillo hablar sobre la descolonización y despatriarcalización de las sociedades, iglesias, misión y

---

55 Véase entrevista realizada por CLACSO TV, recuperado de: https://www.youtube.com/watch?v=VdvwSHvEob0

teología como caminos para la revitalización. No obstante, debo mencionarla apenas como provocación para el cambio que queremos vivir como creyentes, recordando que no hay descolonización sin despatriarcalización. Para dar un viraje a estos paradigmas, debemos comenzar reconociendo que nuestra fe cristiana, aunque hoy la re-leemos y la re-significamos en clave liberadora de justicia, tiene sus orígenes en el genocidio de nuestras ancestras y nuestros ancestros indígenas en nombre de la "evangelización". Es una historia de avasallamiento y despojo a poblaciones que resistieron audazmente ante el oprobio innegable y supieron re-organizar sus prácticas, creencias e identidades.

A partir de la re-lectura de nuestra historia surge la reflexión que conduce a acciones concretas de descolonización de nuestros discursos, ideas, propuestas y estilos de vida. El evangelio anunciado por Jesucristo es contrario a la condenación y maltrato de la vida en todas sus representaciones. La pensadora Silvia Federici describe la agenda violenta de grupos poderosos a nivel internacional emanada de esta visión patriarcal y colonial (los principados y potestades a los que me he referido antes):

> Hay una relación muy directa entre los intentos del Estado hoy… de profundizar el control y vigilancia sobre el cuerpo de las mujeres, y este impulso a la política extractivista … Creo que el elemento común está en estos intentos de los gobiernos hoy, en la nueva ola de acumulación originaria, de extender su control sobre toda la riqueza natural, todos los territorios, rurales, urbanos, y también sobre el cuerpo de las mujeres. El capitalismo y los gobiernos que lo representan, los objetivos de los inversionistas capitalistas han intentado controlar el cuerpo de las mujeres, porque lo ven como un recurso natural, como una máquina de producción de fuerza de trabajo, y algo que debe ser controlado (2016).

Por supuesto, la labor apremiante que tenemos con la vida de las personas y la naturaleza requiere esfuerzos colectivos simultáneos. Ahora bien, desde la fe cristiana, el punto de partida debería ser la descolonización y despatriarcalización de la teología, pues es de donde se derivan nuestras concepciones de Dios, de su Palabra y de nuestra misión como cuerpo de Cristo. La teóloga brasileña Silvia Regina De Lima Silva muy contundente subraya la desligitimización de esa teología racista y la recuperación de una teología negra que reconozca el rostro negro como "imagen y semejanza de Dios":

> La lucha contra la discriminación y el racismo hace que esta teología esté enraizada en los movimientos y organizaciones de los empobrecidos y empobrecidas y se una a otros grupos que comparten la misma realidad de exclusión. Conscientes de la exclusión creciente que promueve la globalización neoliberal, pensamos la negritud y el compromiso feminista desde el mundo de los pobres y buscamos juntos el otro mundo posible, la sociedad que respete la vida, proteja los más débiles, posibilite a cada una e a cada uno ser con dignidad en las diferencias (2010, 92).

## Conclusión

Estamos encaminándonos hacia la construcción de un mundo donde muchos mundos son posibles. Mundos sin distingos de etnia, clase, género, edad, orientación sexual. Mundos que caminan hacia las utopías de igualdad reconociendo la diversidad, la justicia, la solidaridad y amor a la humanidad y la creación de la que somos parte y que nos constituye como seres creados. Mundos que desenmascaren los sistemas que promueven la depredación de la vida en nombre del "desarrollo" y "crecimiento económico", que promete "calidad de vida" para los pueblos, pero que solo sirve a los intereses de las élites y las oligarquías. Estas son fuerzas opresoras a las que el artesano de aquel pueblo insignificante de Galilea confrontó con su mensaje y práctica subversiva, proponiendo un nuevo orden en el que no hay cabida para "los que se consideran jefes de las naciones y oprimen a los súbditos, y los altos oficiales que abusan de su autoridad". Más bien tomó partido por aquellos que, como él, viven en la lógica de la solidaridad y que encarnan el evangelio para servir y "para dar su vida en rescate por muchos" (Mc 10, 41-45). Tal como señala el teólogo chileno Pablo Richard: "El sujeto-individuo dice: 'Si no hay para todos, que por lo menos haya para mí'. El sujeto-comunidad dice: 'Si hay para todos, entonces hay para mí'" (2004, 24). Y este sujeto-comunidad es el pueblo, el cual está conformado por personas que cambian la historia, que construyen activamente las bases para destronar los sistemas dominantes y opresores. Transforman la historia no en una lucha facilista, partidista, irracional o vengativa de unos contra otros, sino es una rebelión que se caracteriza por la búsqueda de la justicia y la igualdad en la que nadie, en nuestra esperanza y utopía realizable, viva a costa del más débil. El filósofo argentino Enrique Dussel lo señala de la siguiente manera:

> Articulada a la cuestión del "pueblo" se encuentra la del ejercicio del "poder popular", como un sistema político que cree nuevas instituciones de participación en todos los niveles de las estructuras políticas, en la Sociedad civil y política del Estado,
>
> y constitucionalmente. La democracia real se liga a la organización efectiva de la participación político-popular (2013).

Para finalizar quiero rememorar aquella tarde del siglo I, cuando el maestro del pueblo, mostrándonos sus manos y su costado en señal de que la vida había vencido sobre la muerte, exclamó: "¡La paz sea con ustedes!" y luego, "Como el Padre me envió a mí, así yo los envío a ustedes" (Jn 20.21). Es en su resurrección donde cobra vida la misión cristiana liberadora, es en ella donde se muestra la vida como plenitud, esa que triunfa sobre la injusticia, la maldad y la opresión.

¿Y cuál es esa vida plena propuesta en medio de un contexto de violencia, desamparo, discriminación y explotación contra todo lo creado? ¿Es una buena nueva que se hace práctica en el camino o una que se grita desde el balcón? Es una noticia que desde siempre ha anunciado al Dios de la Biblia representada en la Nueva Jerusalén, la ciudad profetizada en Isaías 65. Una tierra en la que se edifican casas para ser habitadas; en la que se plantan viñas y se vive con los frutos de la cosecha. En el sueño realizable de Dios existe una sociedad distinta en la que prevalece la justicia, el amor, el gozo, ¡la celebración!

Obras citadas:

Bastian, Jean Pierre.
    1990.    Historia del Protestantismo en América Latina. México, D.F.: CUPSA.

Bauman, Zygmunt.
    2005.    Vidas desperdiciadas. La modernidad y sus parias. Barcelona: Paidós.

Costas, Orlando E.
    1984.    "El CELEP y la pastoral." Pastoralia 6, nos. 12 & 13 (julio-dic.): 81-90.

De Lima Silva, Silvia Regina.
    2010.    "Abriendo Caminos, Teología Feminista y Teología Negra Feminista Latinoamericana". Revista Magistro 1/1: 82-95. http://publicacoes.unigranrio. edu.br/index.php/magistro/article/view/1055/618. Accesado 10 junio 2016.

Díaz-Salazar, R.
    1993.    Gramsci y la construcción del socialismo. San Salvador: UCA Editores.

Dussel, Enrique.
    2013.    "Cinco tesis sobre el populismo". http://www. medelu.org/Cinco-tesis-sobre-el-populismo. Accesado 20 junio 2016.

Federici, Silvia.
    2016.    "Acumulación originaria y violencia contra las mujeres". Entrevistada por Manuel Bayón, 4 de junio. https://resumen.cl/articulos/silvia-federici-acumulacion-originaria-violencia-las-mujeres. Accesado 20 junio 2016.

Foulkes, Irene.
2011. "Autoridades, potestades, dominios… ¿Qué hacer con los 'poderes' en Efesios?" en Revista de Interpretación Bíblica Latinoamericana (RIBLA) 68: 130-142.

Freire, Paulo.
2012. Pedagogía de la indignación: cartas pedagógicas en un mundo revuelto. México, D.F.: Siglo Veintiuno.

Marátegui, J.C.
1980. Siete ensayos de interpretación de la realidad peruana. Lima: Ed. Amauta.

McLaren, Brian.
2006. "Found in Translation." Sojourners (March). https://sojo.net/magazine/march-2006/found-translation. Accessed January 15, 2016.

Padilla, C. René.
2006. ¿Qué es la misión integral? Serie del Camino No. 1. Buenos Aires: Kairós.

Piñón G, F.
1987. "Antonio Gramsci y el análisis del fenómeno religioso". Cristianismo y Sociedad XXV/91: 63-79.

Richard, Pablo.
2004. "¿Cuál es el sujeto capaz de construir 'otro mundo'?" En ¿Es posible otro mundo? Reflexiones desde la fe cristiana, ed. Dom Demetrio Valentini. Bogotá: Indo-American Press Service.

Rivera Cusicanqui, Silvia.
2016. "Una candidatura índigena puede alborotar el sueño de los poderosos: Silvia Rivera". https://desinformemonos.org/una-candidatura-indigena-

puede-alborotar-sueno-los-poderosos-silvia-rivera/. Accesado 29 de diciembre de 2016.

Sam Colop, Luis Enrique, trans.
2008.   Popol Wuj. Guatemala: Cholsamaj.

Sobrino, Jon.
1977.   Cristología desde América Latina: esbozo a partir del seguimiento del Jesús histórico. México, D.F.: Ediciones CRT.

Sobrino, Jon.
1999.   Fe en Jesucristo: ensayo desde las víctimas. San Salvador: UCA.

Sobrino, Jon.
2000.   Jesucristo libertador: lectura histórica-teológica de Jesús de Nazaret. 4ª ed. San Salvador: UCA.

Zea, L.
1970.   América en la Historia. Madrid: Ed. Revista de Occidente.

Zibechi, Raúl.
2007.   Autonomías y emancipaciones: América Latina en movimiento. Lima: Universidad Nacional Mayor de San Marcos y Fondo Editorial de la Facultad de Ciencias Sociales, Perú.

# CAPÍTULO 10:
# REVITALIZACIÓN, RENOVACIÓN Y AVIVAMIENTO

Logros, desafíos y promesa

Néstor Medina

Los cinco casos presentados en este libro ha sido analizados usando el marco de la revitalización. En los siguientes párrafos presentaré algunas reflexiones sobre ciertos aspectos de los casos y temas que surgieron en las discusiones durante el proceso de la consulta. En cierta medida las preguntas y discusiones fueron familiares para mí. En la década de 1980 cuando partí de El Salvador camino a Estados Unidos, ya las iglesias estaban confrontando enormes desafíos parecidos a los tratados en este proceso. Guatemala, El Salvador y Nicaragua estaban en "guerra civil" y Honduras se había convertido en base militar estadounidense. Sudamérica, desde Panamá hasta Chile, se estaba recobrando de traumas provocados por una larga lista de dictaduras militares. La guerra de guerrillas estaba aún fuerte en sus luchas contra gobiernos de derecha. Y los países del Caribe también tenían sus propios desordenes sociopolíticos. Recuerdo que en aquellos días la conversión de Nikki Cruz y las personas que se convertían de la drogadicción o que dejaban las guerrillas eran los ejemplos del avance del evangelio.

Ciertos factores contribuyen o previenen la revitalización de la iglesia. Hay aspectos que muestran cambios radicales en la forma cómo la iglesia se entiende a sí misma. Surgen una variedad de preguntas, por ejemplo: ¿cómo respondemos a los retos presentes que enfrenta la iglesia?; ¿cuál es nuestra vocación como pueblo de Dios en el contexto latinoamericano?; ¿cuál es nuestro papel en esta encrucijada histórica?; ¿de qué manera trabajamos para que las personas puedan ser desafiadas por el reino de Dios? Esta última pregunta nos ayudó a recobrar la respuesta de Jesús cuando Juan el Bautista le manda a preguntar si él era de veras el que habría de venir o si debían esperar a otro: "Vayan y díganle que los ciegos ven, los cojos andan, los leprosos quedan limpios, los sordos oyen, los muertos vuelven a la vida y a los pobres se les anuncia el mensaje de salvación" (Mateo 11, 5). También recobramos el pasaje de Isaías 55,1 como una promesa de la anticipación del Reino de Dios: "los que no tengan dinero, vengan, consigan trigo de balde y coman; consigan vino y leche sin pagar nada". Tal promesa subvierte el presente sistema que cosifica todas las cosas incluso la vida misma.

Se necesita ejercitar cierto grado de sospecha porque los métodos antiguos ya no logran responder a los desafíos contemporáneos. De igual manera, la revitalización de la iglesia debe ir más allá de una simple espiritualización en la que las personas ven la religión como forma de escape social. En cada uno de los estudios de caso presentados hay aspectos que son criticables y también contradictorios dentro de sí mismos. Caminamos en la cuerda floja al considerar casos que demuestran cierto grado de "éxito", pero también que hay casos que no siguen los patrones tradicionales de éxito que sin duda también representan buenos ejemplos de revitalización. Sin embargo, estos ejemplos no deben ser interpretados solamente como temas de estudio o de análisis, sino como expresiones de un proceso complejo en el que las personas cristianas se convierten en sujetos históricos. Los ejemplos nos presentan una serie de lecciones de las que podemos aprender y que al repasarlos podemos discernir la acción y voluntad de Dios para los pueblos latinoamericanos.

## Discerniendo las señales de los tiempos

Por supuesto, no son pocas las veces en que la iglesia se ha encontrado en encrucijadas históricas similares y que ha tenido que reinventar y repensar lo que significa ser iglesia y seguir a Jesucristo. Repetidas veces, y en diferentes contextos, la iglesia ha tenido que recrearse para poder responder a los desafíos sociales, políticos, económicos y religiosos de su tiempo.

A menudo los cambios que se interpretan como signos de revitalización de la iglesia tienen conexiones globales y fuerzas relacionadas con cambios mayores de carácter geopolítico, aunque estos se manifiesten de manera local y concreta. Por ejemplo, con todo y sus limitaciones la Iglesia en Cuba nos ayuda a ver cómo la marea de cambios políticos y sociales impacta la participación o abstención de participación social de la iglesia en los procesos nacionales.[56]

56  En este caso un impacto directo se relaciona con el éxodo de líderes de iglesias, particularmente clérigos y ministros saliendo de la isla huyendo de las condiciones que se gestaron después del triunfo de la revolución. De igual manera, la Iglesia Católica en Cuba, más que cualquier otra denominación, ha logrado tener una postura de reconocimiento por el gobierno. El acercamiento del gobierno revolucionario a la Iglesia Católica es muy diferente cuando es comparado con las iglesias protestantes o las iglesias pentecostales. La

Han ocurrido enormes cambios en la iglesia desde mediados del siglo veinte. Aunque ya parece que el evento del Segundo Concilio del Vaticano (1962-1965) ha perdido un poco de su fuerza renovadora, en Latinoamérica las conferencias generales del episcopado latinoamericano—especialmente la V Conferencia en Aparecida en 2007—preservan la fuerza original de Medellín en 1968. Aparecida buscó estar directamente enfocada en la vida misma de los pueblos. Se encuentran ecos en las pronunciaciones recientes del Papa Francisco en Laudato Si.[57] Coincidentemente, el mismo papa desempeñó un rol muy importante en Aparecida, en ese entonces como el Cardenal Jorge Mario Bergoglio. Movimientos locales, como el Encuentro Nacional Eclesial Cubano (ENEC), han probado ser fuerza revitalizadora para la iglesia.

Por otro lado, entre los protestantes, los encuentros del movimiento de Lausanne, el Consejo Mundial de Iglesias y otros esfuerzos ecuménicos han tomado expresiones diversas. El más reciente fue el de Edimburgo en el 2010 en conmemoración de los 100 años de la Conferencia Mundial Misionera (1910), que buscó repensar el significado de la evangelización en el siglo veintiuno.

En Latinoamérica, el Consejo Latinoamericano de Iglesias, cuya formación en la década de 1980 buscaba renovar la iglesia en medio de un ambiente de rechazo al ecumenismo, también se ha convertido en una fuerza de renovación. Igualmente, el Congreso Evangélico Hispano-Americano en La Habana, Cuba, (2009) logró reunir representantes de los países latinoamericanos celebrando la rica diversidad de expresiones cristianas en Latinoamérica. Además, el Congreso Latinoamericano de Evangelización (CLADE) y el Consejo Nacional Cristiano Evangélico (CNCE) también han demostrado nuevas energías.

Tampoco podemos olvidar que el Pentecostalismo ya cumplió 100 años y ha entrado en la etapa de replantear su

---

experiencia católica en las Unidades Militares de Ayuda a la Producción también debe complementarse con la experiencia de los protestantes, particularmente de los Testigos de Jehová y Mormones, y cualquier otro grupo que se opusieran al formato dictatorial del gobierno revolucionario.

57  http://www.vidanueva.es/2015/06/18/enciclica-laudato-si-del-papa-francisco-pdf/.

teología buscando rearticular las conexiones entre la llenura del Espíritu y una vida cristiana que se vuelca hacia los excluidos de la tierra, como lo diría Frantz Fanon (1963). Esto se manifiesta, por ejemplo, en la Red Latinoamericana de Estudios Pentecostales (RELEP). Hoy en día, cuando muchas mega-iglesias demuestran enormes recursos económicos, según Yamamori y Miller (2007) muchos pentecostales están reconfigurando el evangelio incluyendo un mayor compromiso social. De hecho, me parece que lo que está por surgir es una especie de teología pentecostal de la liberación (Medina 2016). No podemos ignorar este hecho porque el pentecostalismo, junto con el movimiento de renovación carismática y las iglesias neo-pentecostales, está creciendo a pasos agigantados. Jenkins (2011) diría que el rostro y el carácter de la iglesia y el cristianismo está siendo reconfigurado con nuevos actores.

Estos son pequeños ejemplos de un giro mayor en una serie de cambios del cristianismo a nivel mundial. El giro es histórico. El mal llamado tercer mundo contiene ahora la mayoría de los cristianos del mundo. El mercado local y global religioso se ha diversificado, e incluso podemos decir que con este giro se confirma fuertemente la verdad de que los pobres se convierten en los destinatarios privilegiados del misterio de Dios en África, Asia, Oceanía y las Américas—como lo diría la profesora Wanjiru Gitau (capítulo 1). La misma teología está cambiando. Los nuevos sujetos teológicos están abriendo espacios y haciendo que voces sean escuchadas. No quiero entrar en romanticismos; los desafíos son muchos y los recursos materiales a veces son escasos o inexistentes.

Parte de la complejidad del análisis surge de la categoría revitalización, heredada de Anthony Wallace, que abarca tres aspectos: primero, el aspecto social mayor, estudiando distintos sectores de la sociedad con un enfoque en el cómo contribuir e introducir cambios en la sociedad; segundo, el aspecto personal, enfatizando los procesos cambiantes que las personas experimentan y cómo éstos se viven o se adaptan en los nuevos contextos individuales; tercero, desde una perspectiva teológica. Es decir, la revitalización es un acto de discernimiento de lo que Dios está haciendo hoy en medio nuestro, buscando las semillas-señales de la actividad divina que pueda ayudar a otros grupos en otros lugares a aprender de nuestras experiencias. Queda claro, sin embargo, que revitalización abarca mucho más. A veces parece tener una función como de un sibolet, es decir, que intenta encerrar o incluir fenómenos complejos aunque sean irreductibles a categorías fijas. De hecho, avivamiento y renovación comparten el espacio semántico con revitalización, pero los mismos también sugieren otros aspectos que amplían la complejidad de los fenómenos que se intentan describir. Por lo mismo, quiero proponer que entendamos revitalización no como algo negativo, como una realidad a la que le hace falta algo, sino como una acción, una manera de vivir la fe que surge de una conciencia social; un proceso de repensar, de reestructurar o de reorientar la manera en la que vemos las cosas. La revitalización, entonces, es un reconocimiento consciente de los procesos sociales cambiantes. Se responde a ellos no como una reacción, sino como una pro-acción, es decir, con acciones que busquen prevenir que la iglesia se vuelva completamente irrelevante.

## Tres claves teológicas

Elaboraré tres cosas positivas que enriquecen nuestro entendimiento de revitalización. Después haré algunos comentarios en relación a una serie de los retos que nos quedan por considerar. Quiero sugerir que estos tres elementos pueden servir como criterio para considerar una verdadera revitalización.

### Nuevas teologías y otros conocimientos

Los casos presentados demuestran el carácter inconcluso de nuestra reflexión teológica. No es así porque no hayamos avanzado o ahondado en nuestras discusiones, sino porque la iglesia está confrontando una mezcla de desafíos que se entretejen y que demandan un repensar teológico que responda de manera relevante.

La expansión del cristianismo en el mundo ha sido acompañada por profundos giros geopolíticos y teológicos que es nuestra responsabilidad retomar. No es por accidente que a menudo se diga una y otra vez que las nuevas generaciones tienen que hacer nueva teología. Hablo de la teología no como conocimiento escondido o como estudio al que solamente los expertos tienen acceso, sino de una teología como parte del intercambio dinámico de reflexión que ocurre en las comunidades de fe de las que somos parte.

Pudimos darnos cuenta que no hay fórmulas universales que importamos desde afuera. Lo que me preocupa, entonces, no es tanto el tipo de teorías o teologías que podamos hacer uso, sino de lo que encontramos implícitamente en cada propuesta. Es decir, qué propuestas estamos haciendo cuando no usamos las perspectivas teóricas o teológicas foráneas. Eso nos lleva a que tenemos el imperativo de pensar nuestros problemas con nuestras propias herramientas y no con esquemas prestados. Para poder hacer eso necesitamos reinsertarnos en el texto bíblico. La Biblia es nuestro texto sagrado, subversivo y transformador. Solamente así podremos confrontar la idolatría dentro y afuera de la iglesia, como lo diría Pablo Richard (capítulo 8). Nuestro contexto social, material y político nos invita a reconsiderar el evangelio de nuevas formas de tal forma que pueda responder a los desafíos que confrontamos hoy en día. Asimismo, necesitamos retomar y reconsiderar el papel de la cultura no como aspecto independiente de las actividades de fe de las personas, sino como parte constitutiva de la manera que las personas tejen sus vidas y se ayudan de elementos religiosos para dar sentido y confrontar la realidad. Pudimos ver que desde las bases no se trata de entrar en una repetición acrítica de los elementos de nuestra fe, sino de crear una teología vivida, que logre ser profética y relevante dentro de su propio contexto social.

Se hizo evidente la necesidad de construir teologías desde las bases. Me refiero no a posturas que niegan nuestras teologías heredadas, sino a nuevas reflexiones que las enriquezcan, pero que en algunos casos también corrijan su eurocentrismo e irrelevancia. De hecho, el cuadrilátero metodista es útil como herramienta para construir nuestra teología: la razón, la tradición, las escrituras y nuestras experiencias, en verdad constituyen fuentes claves que nos pueden ayudar a pensar teológicamente de forma más integral.

Nuestras experiencias y retos son propios y eso hace que

las teologías importadas o prestadas sean insuficientes. Hay una obligación teológica de hablar desde nuestros propios espacios culturales y desde nuestras propias experiencias de fe en un Dios vivo que renueva nuestras vidas. Este proceso de consulta nos retó a imitar a Cristo de manera concreta a una praxis de santidad, es decir, a una acción que resulta de una reflexión intencionada que busca transformar, como lo diría María Pilar Aquino (2002, 137).

El sentido de iglesia está siendo redefinido: eclesiología

Como ya mencioné anteriormente, la pregunta sobre lo que significa ser iglesia no es nada nueva. Pero el significado básico del criterio del pueblo de Dios o el cuerpo de Cristo nos puede ayudar a reclamar el rol que tenemos dentro de esta compleja red de factores, elementos y actores. Hay toda una gama de recursos literarios que ayudan a interpretar lo que queremos dar a entender por iglesia. No hay duda que pensar una teología de la iglesia en lo abstracto es mucho más fácil que pensarla tomando en consideración los diferentes contextos y a veces aspectos contradictorios; en otras palabras, a partir de la voz de las personas que hacen la iglesia. A mi manera de ver, se han resaltado dos aspectos en los casos: primero, la iglesia como espacio de comunidad y familia; y segundo, la iglesia como colectivo de transformación social.

Los ejemplos de la iglesia Vida Abundante (capítulo 5) y de la iglesia en La Chureca (capítulo 2) nos demuestran la importancia de responder a las necesidades del grupo familiar desde sus horizontes particulares. Ser iglesia en ese contexto no se enfoca en los individuos como si éstos estuvieran separados de sus conexiones familiares y sociales. La iglesia, por tanto, se orienta a la gran variedad de tipos de relaciones de las personas las cuales pueden ser reproducidas como parte de una comunidad mayor, de tal manera que las familias como núcleos sociales sean protegidas. Desde esta perspectiva, la iglesia se torna en espacio de enriquecimiento de relaciones personales gracias a la fe compartida por quienes participan, pero también por sus intereses (Vida Abundante) y luchas compartidas [iglesia de La Chureca, Puente Belice (capítulo 3), organización A-Brazo (capítulo 6) y la iglesia en Cuba (capítulo 4)]. Confirmando esto, Roberto Goizueta

(1999) diría que la iglesia es espacio de acompañamiento donde las personas se identifican con el sufrimiento de Jesucristo y lo acompañan, y a su vez Jesucristo las acompaña porque conoce sus sufrimientos y luchas.

Los programas de A-Brazo, del Puente Belice y de La Chureca nos muestran cómo las iglesias pueden ser parte activa del proceso de transformación social respondiendo a los retos inmediatos. Las circunstancias de desastres naturales, disrupción social por razones de crimen o de profunda pobreza no son aspectos a los que las iglesias pueden dar la espalda porque esos fenómenos de fragmentación social también tocan a la iglesia y al pueblo cristiano. La miseria y el dolor acaecen igualmente dentro y fuera de la iglesia, de manera que la respuesta de la iglesia a su membrecía/participantes por extensión también es una respuesta al contexto y a los problemas sociales que la rodean. La iglesia cobra un carácter doble. Por un lado, la iglesia como espacio de transformación social introduce a las personas creyentes como embajadoras del reino de Dios. Por el otro lado, la membrecía de la iglesia juega un papel importante como agente social y cultural. Aquí podemos recobrar la noción del sacerdocio de todas las creyentes y todos los creyentes (1 Pedro 2,5-9).

Uno de los aspectos más innovadores que surgió en algunos de los casos es el trabajo de colaboración inter-eclesiástico, es decir, trabajos profundos de redes y puentes atravesando las fronteras denominacionales. A pesar de que muchos liderazgos de iglesias con frecuencia no conciben la idea de trabajar juntos, o a veces no colaboran porque quieren proteger sus territorios, los proyectos del Puente Belice, de La Chureca, de A-Brazo demuestran que la iglesia en algunos casos se tendrá que reinventar y cruzar-romper fronteras religiosas y denominacionales. Lucas 9,50 dice "porque él que no está contra nosotros, está a nuestro favor". Estos proyectos nos hacen ver que las personas son las que constituyen la iglesia. De una manera circunscrita por su contexto, la Iglesia Católica en Cuba está teniendo que recobrar la noción del pueblo como la iglesia y no la institución (ekklesia) como respuesta al fenómeno de las casas

culto. Por su constitución difusa, esas casas culto ofrecen otros modelos de iglesia con un liderazgo laico que evita estructuras y modelos verticales extremos liderados por clérigos.

Cada estudio del caso muestra que la actitud de la iglesia hacia las personas ha cambiado. Antes la iglesia esperaba que la gente viniera y solamente se la atendía dentro del templo. Ahora, la iglesia en los diferentes contextos está yendo afuera de sí, a encontrar a las personas donde ellas están. Por esa razón su sentido de santidad se ha ampliado y la separación entre los espacios sagrados y seculares está desapareciendo. El mundo es nuestra parroquia, diría el grupo de A-Brazo. Al salir al mundo la iglesia está convirtiendo los espacios "seculares" en espacios de manifestación divina. A mi manera de verlo esta es una nueva forma de hacer misión.

## Nuevo entender teológico de nuestra humanidad

Una de las características particulares de los diferentes casos vistos es el enfoque más amplio e integral hacia las personas. En la iglesia Vida Abundante hay un compromiso claro para acompañar a las personas en su caminar proveyendo una red amplia de servicios. En este caso fue importante ser críticos sobre posturas y propuestas de oferta y demanda en el contexto eclesiástico que se centran en una espiritualización individualista de la experiencia cristiana. No obstante que la lectura de la Biblia, la oración y el ayuno juegan un gran papel, en algunos de los ejemplos pareció que la espiritualidad o la salud espiritual no se reducen solamente a dichas prácticas. La espiritualidad de las personas, entonces, abarca las múltiples relaciones con la familia, la comunidad, el propio sentido de ministerio y una actitud de servicio hacia otras personas. El programa de A-Brazo, por ejemplo, invierte sus esfuerzos creando redes de cooperación más a nivel inter-eclesiástico y como resultado alcanza a las personas en varios niveles. La iglesia de La Chureca y el proyecto del Puente Belice, por ejemplo, alcanzan a las personas a niveles más básicos de educación, comida, y seguridad personal. Mientras tanto, la Iglesia Católica en Cuba redescubre lo esencial de la fe ya que su posición social se ha desplazado a los márgenes sociales.

De una u otra forma, lo que vemos es la redefinición

del evangelio o de la evangelización como respuesta social de carácter integral y propuesta de vida que descansa en los valores del evangelio de compasión, gracia y amor. Además de proveer educación espiritual, también se busca suplir las necesidades más básicas como comida, seguridad, consejería o grupos de apoyo, junto con las necesidades de desarrollo personal tales como educación y capacitación en computación. De manera sorprendente los recursos disponibles se multiplican, como lo hiciera Jesús en Juan 6, cuando alimentó a miles con los propios recursos del pueblo. Debemos recordar que fue un niño pobre—el menos esperado, del que nadie hubiera pensado que tuviera algo que contribuir—quien termina proveyendo de su pobreza y de sus recursos limitados. Es su acto desinteresado que culmina en un milagro. Lo poco que tenía fue multiplicado para el bien de las multitudes. Así es que yo observo que esta revivificación está ocurriendo en nuestro tiempo porque el pueblo con sus acciones da señales del proyecto divino. De esta forma estamos vislumbrando el Reinado de Dios.

Desde esta diversidad de estudios de casos vimos la recuperación de la dignidad de las personas y, en algunos casos, de sus propios derechos humanos y de trabajo. No es solo cuestión de reclamar los derechos humanos, sino de realizar una declaración vehemente de que todas las personas están creadas a la imagen y semejanza de Dios. Podemos vislumbrar que la revitalización de las iglesias continuará y tomará mayor ímpetu cuando dejen de buscar almas solamente para convertirlas y se acerquen a personas con quienes caminar lado a lado, acompañándolas como gesto y parte misma de la vida cristiana. Los proyectos estudiados ya lo están haciendo en mayor o menor grado. Debemos afirmar que estos ejemplos reflejan el deseo de Dios para las personas. En otras palabras, no es la intención de Dios que las personas sean pobres, que sufran opresión, que experimenten violencia, que vivan una vida de desempleo y de escasez y sin acceso a una educación básica. Eso no significa rechazar la asistencia en las necesidades básicas, pero ésta no es suficiente como medio de transformación social. Es por esa razón que debemos ir más allá para lograr impactar el tejido social. Cuando las iglesias reflejan el compromiso por la totalidad de la persona, eso en sí mismo nos hace vislumbrar el Reinado de Dios. El enfoque deberá valorar a las personas por el mero hecho de ser creación de Dios. Esta actitud de valoración la percibimos, por ejemplo, en la pastora Magdalena ya que la condición de pobreza, insalubridad y de miseria de las personas en La Chureca no le impidió ver la imagen de Dios reflejada en ellas. En sus palabras: "Antes de que sean buenos ciudadanos o personas que van a votar, quiero que sean hijos e hijas de Dios."

Cuando la iglesia se vuelca hacia las personas pobres y marginadas y busca mejorar sus condiciones de vida, se convierte en una voz profética. Su predicación del evangelio incluye interpelar a las estructuras sociales presentes que menosprecian a una buena porción de la población. Cuando la iglesia es profética encarna la promesa escatológica de Jesús en la sinagoga: "El Espíritu del Señor está sobre mí, porque me ha consagrado para llevar la buena noticia a los pobres; me ha enviado a anunciar libertad a los presos y dar vista a los ciegos; a poner en libertad a los oprimidos; a anunciar el año favorable del Señor" (Lucas 4,18-19).

En otras palabras, el mismo evento de la encarnación de Jesús al asumir nuestra humanidad se convierte en un espacio profético de proclamación del jubileo de Dios, de restauración de las personas, de renovación basada en el intento divino de amor, esperanza y dignidad de las personas y en clara oposición a las fuerzas que destruyen la vida. Esta lógica de restauración del ser humano y de la vida se contrapone a la cultura global dominante de consumo, de acaparamiento de bienes materiales, de concentración de dinero en unos pocos, de monopolios tecnológicos, de explotación de los recursos naturales no renovables, cultura dominante que se construye sobre las espaldas de los excluidos, diría el Papa Francisco en Laudato Sí.

Esto nos lleva necesariamente a reencontrarnos con el texto bíblico. Recuerdo cómo María Alarcón, una de las personas que trabaja en la Chureca, interpreta su experiencia de salir del basurero con gran dignidad comparando este evento a la liberación de Israel en el libro de Éxodo. Mientras tanto, la pastora Magdalena Herrera nos invita a confiar en el poder de Dios. El Éxodo como clave interpretativa había surgido mucho antes entre las teólogas y los teólogos latinoamericanos de la liberación.[58] Y en la entrevista de doña María recobra vida. ¡Dios ha venido a los pequeños! La Chureca y el proyecto del Puente Belice demuestran el poder de Dios: Dios continúa salvando personas alcohólicas, drogadictas, criminales, pero también las restaura como seres humanos, como ciudadanos, y las convierte en fuerzas positivas de impacto y transformación social. Uno de los aspectos clave del trabajo en el Puente Belice es trabajar con la juventud para romper los ciclos de pobreza y violencia. Junto con la iglesia de La Chureca destaca cómo la juventud y los creyentes en general se convierten en agentes de cambio dentro de sus mismas comunidades a pesar de enfrentar enormes obstáculos.

Entonces, quiero proponerles tres criterios teológicos claves para examinar la revitalización del cristianismo: la construcción de una teología propia; un nuevo entender de iglesia que corresponda con la realidad de los pueblos; y una nueva visión de nuestra humanidad vista desde el ejemplo de Jesucristo. Eso no quita los peligros y retos constantes y presentes de la cosificación de la iglesia, la comercialización del evangelio y la coaptación de la misión. Sin embargo, la revitalización entendida como proacción hace que la iglesia no se paralice.

## Los retos de los desajustes sociales

En los diferentes casos presentados, se hace evidente también que la iglesia en Latinoamérica (particularmente en Centroamérica) enfrenta enormes desafíos. En las siguientes líneas menciono algunos de ellos para repensarlos, a manera de enriquecer las posibilidades de una revivificación-renovación permanente.

### Humanización de la miseria

En cuanto a la pobreza, crimen, corrupción, desempleo, entre otros, tenemos que tomar en cuenta que esos son síntomas de un desajuste social mayor. No existe el hambre, el desempleo, la pobreza. Lo que existe son hombres, mujeres y niñez que tienen hambre, que no tienen trabajo, o que viven en condiciones de escasez y pobreza. La iglesia puede ayudar a la sociedad a entender que estos problemas no solamente son problemas de

---

58   Ver por ejemplo José Severino Croatto (1978, 1983).

carácter social, político, o económico, sino que fundamentalmente son problemas de carácter espiritual.

La iglesia tiene una voz propia que debe usar para desafiar y empujar a la población entera en la dirección de una sociedad más justa y hacia una mejor calidad de vida. "Pues tuve hambre, y ustedes me dieron de comer; tuve sed, y me dieron de beber; anduve como forastero y me dieron alojamiento. Me faltó ropa, y ustedes me la dieron." (Mateo 25,35-36). Este pasaje constituye un llamado vocacional para la iglesia. "Lo que quiero de ustedes es que me amen, y no que me hagan sacrificios; que me reconozcan como Dios y no que me hagan holocaustos" (Oseas 6,6). Estas palabras son guía sobre lo que significa seguir a Cristo, al mismo tiempo que muestran valores sociales. La iglesia puede proveer un marco teológico más amplio desde donde la salvación en Cristo incluya liberación material, espacio de salud física, mejoramiento económico de las personas impobrecidas y, por supuesto, restauración espiritual. Por lo mismo, nuestra teología deberá ser una bioteología, que demuestre preocupación por la vida misma de las personas. Esta meta es consistente con la intención original de nuestro creador.

Como dice el documento de Puebla, la iglesia se convierte en fuerza de evangelización de la cultura. La continuación y el avance de la revitalización de la iglesia necesitan que adoptemos una actitud autocrítica. En otras palabras, la revitalización de la iglesia también incluye la evangelización de nuestra cultura dentro y afuera de la iglesia, como lo diría el papa Pablo VI en su Evangelii Nuntiandi[59] y ahora lo ha repetido el Papa Francisco in Laudato Si. Vimos que la Iglesia Católica en Cuba, en Santa Clara, ya se está enfocando en esa vertiente. Pero cabe afirmar que cuando la iglesia busca transformar el contexto más amplio, sucede que ella misma es evangelizada. La iglesia se da cuenta que responder a los problemas sociales no es un aspecto periférico-marginal del evangelio, sino parte constitutiva de la vida cristiana y del patrón de vida que Jesucristo nos ha dejado.

Confrontar el dolor de la migración

Mucho se habla ahora de las masas de seres humanos moviéndose a través de fronteras políticas, dejando atrás el

---

59  Http://w2.vatican.va/content/paul-vi/en/apost_exhortations/documents/ hf_p-vi_exh_19751208_evangelii-nuntiandi.html.

mundo, amistades y estilo de vida que tenían en busca de un lugar en donde puedan tener un mejor futuro. En algunos casos es la única alternativa que les queda para poder salir de la pobreza. Los obstáculos son enormes y las personas terminan arriesgando sus vidas, la estabilidad de sus familias y la posibilidad de ver de nuevo a los seres queridos que dejaron atrás en sus países de origen. La iglesia está siendo desafiada a responder a la realidad de migración, extender su hospitalidad y ayuda tanto a las personas que emigran, que salen de sus países, como a las personas que se quedan atrás cuando un miembro de su familia emigra, así como aquellas personas que inmigran, que entran al país desde otras naciones. En cada uno de estos casos los retos son diferentes y enormes, pero la iglesia puede convertirse en un espacio de consuelo, acompañamiento y ayuda para que las personas logren establecerse en sus nuevos países. Tanto en la inmigración como en la emigración, la iglesia debe tomar en serio las palabras de Jesús con respecto a la hospitalidad, a ser buen samaritano y buena samaritana (Lucas 10, 25-37).

La reconfiguración de la iglesia está tomando lugar a varios niveles. La iglesia se ha convertido en un fenómeno transnacional. Si en algún momento hablábamos de internacionalismo, ahora no podemos evitar hablar de las conexiones de iglesias a través de fronteras políticas nacionales. De hecho, cuando las personas migran, también llevan consigo sus tradiciones de fe, sus culturas, y éstas las ayudan a confrontar los retos de su nuevo contexto. La iglesia también está siendo reconstruida porque ahora habita múltiples contextos nacionales con fluidez. Por lo mismo, ya no se puede hablar de fronteras religiosas o identidades fijas sino de contactos fluidos y porosos.

Junto con la inmigración, los cambios que están ocurriendo traen profundos impactos culturales. La juventud está siendo más afectada por la importación de elementos culturales y valores diferentes que causan tensiones generacionales en términos de música, concepción del servicio/culto y de respeto a los espacios sagrados. Es importante promover el desarrollo de espacios amplios donde nuestra juventud pueda funcionar sin sentirse restringida o juzgada, sin abandonar valores importantes de devoción, compromiso social y servicio.

## Voz social profética

Los males sociales, la violencia de las maras, la pobreza, la falta de cuidado médico, y la migración no pueden separarse del macro-contexto de los tratados de libre comercio y de la expansión del capitalismo arrasador y voraz. Todas y todos participamos en el mismo, pero a su vez somos víctimas en cuanto nuestros pueblos, nuestro trabajo, los recursos naturales, y nuestra misma vida son reducidos a productos de consumo.

En algunos casos, las iglesias se acomodan reflejando la lógica del mercado enfatizando las estadísticas como medida de la espiritualidad del pueblo. En otros casos, se asume que el número de la membrecía de una iglesia es muestra de la actividad divina y que la "prosperidad" de Dios solamente puede ser marcada por la acumulación de bienes materiales y la ostentosidad. En otros casos, las personas participan en base al capital social con el que entran a la iglesia. Si para Dietrich Bonhoeffer la cuestión era la gracia barata, para nosotros es la vida abaratada. Pero cómo lo dirían las hermanas Ondina Cortés y Laura María Fernández Gómez: "La revitalización de la iglesia no está medida por el crecimiento institucional, sino por la calidad de la vida cristiana y comunión como resultado de la reconciliación humana, espiritual, personal y social".

El ejemplo de Cuba, aunque muy particular en comparación al resto de Latinoamérica, nos ayuda a ver que la iglesia debe verse también como fuerza social contribuyente a la construcción del carácter social del país entero. En el video de La Chureca, la pastora Magdalena decía que cuando las personas iban a la iglesia aprendían a ser ciudadanos. Kevin Lewis O'Neill (2010) en su estudio en Guatemala también muestra cómo las iglesias sirven para incorporar a las personas a ser mejores ciudadanos.

Pero, no se trata solamente de incorporarnos acríticamente. La iglesia debe recobrar su voz profética condenando las estructuras sociales fundamentales que causan la pobreza, el analfabetismo, el poco o ningún acceso al cuidado médico y otras situaciones similares. Es apropiado que la iglesia se tome la tarea de cuestionar los mecanismos sociales que hacen difícil que tanta gente salga de la pobreza, que tenga seguridad en sus vecindarios, o que prevengan el fácil acceso a las drogas. Isaías 58,6 nos ayuda recordándonos la postura de Dios: "El ayuno que a mí me agrada consiste en esto: en que rompas las cadenas de la injusticia y desates los nudos que aprietan el jugo; el que dejes libres a los oprimidos y acabes, en fin, con toda tiranía." Eso también significa ser ciudadano.

Autocrítica de las estructuras internas

Parte de esa revitalización y voz profética de la iglesia será trabajar en contra de las estructuras sociales y culturales que causan la discriminación de nuestros pueblos indígenas y afrodescendientes. Las clases sociales aún predominan dentro de la iglesia y en algunos casos las diferencias raciales son muy notorias. La revitalización de la iglesia dependerá de apropiarnos de Gálatas 3,28 donde en Cristo hay un efecto democratizador humanizante, donde todas las personas sean iguales y todas puedan contribuir ricamente a la construcción del reino, y donde ninguna persona sea marginada por su trasfondo cultural, social, educativo o de género. La iglesia deberá poder hacer lo mismo que Pablo hizo celebrando la vida de Febe (Romanos 16, 1-2). Nuestra teología tiene que abrir espacios para valorar las contribuciones y el enorme trabajo en la iglesia de nuestras hermanas, madres, esposas e hijas. El cristianismo tiene el potencial de transformar a los hombres y romper los patrones culturales del machismo (Santos 2012, Brusco 1995). Además, tiene el potencial de reeducar nuestra misma sociedad.

El cuidado por la naturaleza

La evangelización de nuestras culturas tendrá que incluir el redescubrir de nuestra responsabilidad con la naturaleza. Tendremos que abandonar enfoques centrados en los intereses humanos y darnos cuenta que la raza humana es parte misma de la creación. Es decir, recobrar esa relación de balance entre ser alimentados por la tierra y no destruirla. Franz Hinkelammert diría que las fuerzas del capitalismo rapaz han tomado una postura como aquella de cortar la rama del árbol sobre la que estamos sentados (1995, 215). Igualmente, James Cone (2000) nos recuerda que la lucha contra otras formas de injusticia tiene que tomar en cuenta la destrucción de la naturaleza como otra forma de injusticia en la que todas las personas estamos implicadas y somos responsables. La iglesia debe de poder renovarse siendo ejemplo del mandato divino de cuidar la tierra (Gen 1,28). Ahora, más que nunca, no podemos ignorar lo que Pablo dijo hace más de 2000 años: La creación se queja y sufre como una mujer con dolores de parto" (Romanos 8,22). Como cristianos y cristianas debemos gemir junto con el Espíritu por nuestra tierra porque es creación de Dios.

## A manera de conclusión

El futuro hacia una revitalización de la iglesia en Latinoamérica se nos presenta prometedor. Mientras tanto, tenemos que tener en cuenta que en Latinoamérica hay un número creciente de personas no-creyentes que han abandonado las expresiones institucionalizadas del cristianismo. El estudio de la iglesia Vida Abundante nos muestra que la mayoría de los nuevos miembros de las iglesias ya eran "convertidos" de otras iglesias. La pregunta entonces será considerar cómo alcanzar aquellos sectores que se han separado de la iglesia.

Sin embargo, no podemos subestimar la importancia de la providencia y la gracia divina, y el trabajo del Espíritu Santo en la revitalización de la iglesia. Amor, paz y esperanza. Aquí sí podemos adoptar el sentido profundo wesleyano de la presencia y la actividad del Espíritu Santo. De hecho, lo que está ocurriendo puede llamarse más apropiadamente una revitalización, una renovación y un avivamiento de la iglesia. No podemos tampoco olvidarnos que nuestros esquemas son imperfectos. Habrá que pensar en la actividad del Espíritu fuera de los espacios eclesiales y considerarla como signo de los tiempos. Esta vez de manera integral debemos tomar en cuenta el aspecto físico, emocional, social, político y otros que puedan contribuir y motivar a las personas a escuchar la invitación de Dios en el Evangelio. Es el Espíritu quien nos está guiando a vivir nuestra humanidad, quien nos ayuda a imaginarnos dentro del plan y propósito divinos cuyo ejemplo encontramos en Jesucristo. Es el Espíritu quien impulsa las masas, causa los movimientos, irrumpe, y es quien nos llama a mayor comunión entre tradiciones religiosas. Y es el Espíritu el que promueve la comunidad entre los hijos y las hijas de Dios.

Obras citadas:

Aquino, María Pilar.
    2002.    "Latina Feminist Theology: Central Features." In A Reader in Latina Feminist Theology: Religion and Justice, ed. María Pilar Aquino, Daisy L. Machado, and Jeanette Rodríguez, 133-160. Austin, Texas: University of Texas Press.

Brusco, Elizabeth E.
    1995.    The Reformation of Machismo: Evangelical Conversion and Gender in Colombia. Austin, TX: University of Texas Press.

Cone, James.
    2000.    "Whose Earth is It Anyway?" Cross Current 50/1-2: 36-46.

Croatto, José Severino,
    1978.    Exodus: A Hermeneutics of Freedom. Trans. Salvator Attanasio. Maryknoll, NY: Orbis Books.

    1983.    "Biblical Hermeneutics in the Theologies of Liberation." Trans. Robert Barr. In Irruption of the Third World: Challenge to Theology, ed. Virginia Fabella and Sergio Torres, 140-168. Maryknoll, NY: Orbis Books.

Fanon, Frantz.
    1963.    The Wretched of the Earth, preface by Jean-Paul Sartre, trans. Constance Farrington. New York, NY: Grove Press.

Goizueta, Roberto S.
    1999.    Caminemos con Jesús: Toward a Hispanic/Latino Theology of Accompaniment. Maryknoll, NY: Orbis Books.

Hinkelammert, Franz J.
　　1995.　Cultura de la esperanza y sociedad sin exclusión. San José, Costa Rica: Departamento Ecuménico de Investigaciones.

Jenkins, Philip.
　　2011.　Next Christendom: The Coming of Global Christianity. Oxford, UK: Oxford University Press.

Medina, Néstor.
　　2016.　"Entre (Otros) Conocimientos and the Struggle for Liberation: Remembering the Legacy of Otto Maduro (1945–2013)," Perspectivas 13: 82-89. http://perspectivasonline.com/downloads/entre-otros-conocimientos-and-the-struggle-for-liberation-remembering-the-legacy-of-otto-maduro-1945-2013/.

Miller, Donald E. and Tetsunao Yamamori.
　　2007.　Global Pentecostalism: The New Face of Christian Social Engagement. Los Angeles, CA: University of California Press.

O'Neill, Kevin Lewis.
　　2010.　City of God: Christian Citizenship in Postwar Guatemala. Berkeley, CA: University of California Press.

Santos, José Leonardo.
　　2012.　Evangelicalism and Masculinity: Faith and Gender in El Salvador. Plymouth, UK: Lexington Books.